JN409445

당신도 하고 싶었던 이야기들

* 출간(出刊)의 변(辯)

두 번째 칼럼집 「당신도 하고 싶었던 이야기들」의 발간 준비를 마치고서 맑은 공기를 마시고 싶어 시가지 외곽으로 벗어나면서 차창 밖으로 펼쳐지는 초록의 풍경에 흠씬 젖어들었다.

나의 삶은 현실과 감정이 뒤엉킨 혼돈 속에서 삶의 계단을 만들어 갈 때마다 그것들의 높이와 깊이를 헤아리다보니, 늘 자유롭지 못했던 시간들이 세월에 묻혀 빠르게 흘러가버렸다.

사람들은 너나없이 자신이 걸어 온 세월과 환경에 왜곡된 지식의 감정으로 주관적인 잣대를 갖고 세상을 재단해가다가, 서로들 낡아지는 굴레 위에서 "나는 잘 살아왔을까?" 하고, 지긋한 시선으로 회상하면서 눈가에 맺혀지는 이슬을 머금어 가는 외로운 나그네가 되어간다.

생각은 자기의 운명을 결정하는 바로미터다. 누구에게든 진심을 담은 생각을 건넬 때는 어설프고 서툰 것도 같지만 '나와 상대방'의 마음을 움직일 수 있다고 한다.

삶의 궁극적인 목표가 되는 '행복'이라는 정점의 일부분이 자녀들에 대한 기대치가 아닌가 한다. 욕심을 부려가면서라도 목표를 달성하려 하다 보니, 자녀들의 취향과 적성을 파악하지 못한 체, 부모들의 생각대로만 이끌려고 하는데서 뒤따르는 잔소리가 갈등의 골이 되어 깊어져 간다.

자녀교육에 관한 평소의 교육관을 오랜 시간에 걸쳐 다듬고 또

다듬었다. 덜 익고, 덜 채워진 생각에다 색칠마저 부족하니, 맵시가 아름답지를 못하다.

낙조(落照)를 바라보는 시선이 연륜의 감정을 말해주고 있는 나이에 얽혀버린 실타래의 삶을 벗어나, 만족을 느끼고 싶은 심정으로 이 책을 출간한다.

본문의 글들은 2007년 5월부터 2014년 5월까지 전북일보와 한국문학신문 그리고 원광보건대학에 재직하면서 학보에 실린 것들을 내용별로 정리하였다. 귀중한 시간을 할애(割愛)하여 졸저(拙著)를 읽고 계실 분들에게 감사를 드리면서 이야기에 공감하는 독자(讀者)들이 여럿이었으면 한다.

우리들의 꿈이고 삶의 희망인 사랑스런 자녀들이 기성세대들에 의해 멍들지 않고, 밝고 맑게 자라가기를 기원해 본다.

끝으로 이 책이 세상에 나오기까지 오랜 세월동안 곁에서 도움을 주신 김 재호 논설위원님과 임 수홍 사장님에게 깊은 감사를 드린다.

2014년을 건너가는 길목에서

河雲 김 형 중

Chapter 1 ; 人生! 삶은 부메랑이다.

CONTENTS

Chapter 2 ; 言語! 말은 생각을 담아내는 도구(道具)다.

Chapter 3 ; 자녀 교육! 다시 생각해보자.

CONTENTS

Chapter 4 ; 나눔과 배려! 뒷모습이 아름다운 사람들.

Chapter 5 ; 文化! 다문화 사회의 현실.

Chapter 1

人生! 삶은 부메랑이다.

고운 말이 인격을 만든다.

다듬어 가는 인생.

달콤한 맛으로 길들여진 인간의 본능.

「~ 답게.」 사는 길을 찾아.

언어구사의 바로미터는 인격이다.

윤리와 도덕이 묻혀가고 있다.

인격의 기초는 가정과 학교 교육에서.

인생은 선택이다.

역지사지(易地思之)의 교훈.

인생은 한 편의 드라마다.

의미 있는 삶을 위하여.

J·Q 와 거짓말.

핑계는 삶의 습관이다.

「나」 다운 나를 만들자.

고집(固執)이 부른 눈물.

☞. 다른 사람의 장점(長點)보다는 결점(缺點)만을 찾아내려 한다거나, 실수(失手)를 꼬집어 지적하여 면박(面駁) 하는 언행은 냉정한 사람들의 몫이다. 사람들은 그런 사람과 어울리기를 좋아하지 않을 것이다.

☺. 나는 인간성이나, 성품을 타인들로 부터 어떻게 평가받고 살아왔을까?

☏. 상호 존중은 인간의 가장 기본적인 예의다.

1. 고운 말이 인격을 만든다.

먼 곳을 향해 쏘는 화살이 더 멀리 날아간다고 했던가? 하늘을 가르면서 높이 나는 새가 가장 먼 곳을 바라 볼 수 있다고 한다. 높고 푸른 꿈을 안고 살아가는 젊음의 새내기들은 직장이든 학교든 간에 평소에 간직한 아름다운 꿈을 현실에서 한 걸음 더 나아가 미래라는 지면(紙面) 위에 그려내기 위해 많은 시간들을 투자해 가고 있을 것이다. 하지만 그 많은 투자의 대부분이 혹시 지식 위주(爲主)로만 방향을 찾은 것은 아니었던가? 하고 우리는 한 번쯤 생각해 볼 일이다.

사람답게 살기 위해 땀을 흘리며 쌓아 올리는 지식이나, 상식은 반드시 '인격(人格)'의 토대 위에 얹혀 있어야만 보석처럼 영롱해질 것이다.

사실 교육의 초점을 취업이나 입시에 맞추는 분위기가 매우 강하다보니, 인성(人性)의 중요성을 제대로 잡아주고 안내하는 기회가 사라져 가는 것이 오늘날 교육과정의 현주소다. 그러다보니, 교양과 인성교육의 중요성을 말하면, "이 바쁜 세상에 눈앞에 닥친 입시준비도 힘든데 무슨 잠꼬대냐."는 냉소(冷笑)가 되어 싸늘하게 돌아온다.

그러나 참다운 인간의 기본을 버리고, 권세나 물질만능의 욕구충족에만 안주할 수는 없다. 많이 배워 학식이 많은 사람과 교양 있는 사람은 결코 같을 수 없다. 아무리 공부를 많이 한 지식인이나 전공분야에 조예가 깊은 교수나 박사라 하더라도 언행이 단정하지 못하면, 그는 일개 학자일 뿐이지, 교양인 또는 지성인(知性人)은 아니다. 따라서 넓고 깊은 학식을 지녔어도 교양을 겸비하지 않았다면 그것은 사장(死藏)된 껍데기에 불과할 뿐이다.

교양인을 가늠하는 척도(尺度) 중 가장 빨리 알 수 있는 것은 그 사람이 언어 구사를 어떻게 하느냐? 하는 행위의 정도에서 나타난다. 거친 말로 상대에게 씻지 못할 상처를 주려 하거나, 모함을 하려고 꾸며진 언행으로 피해를 주는 비신사적 행동을 한 사람은 끝내 자신도 그렇게 상처를 받고 자멸(自滅)할 수밖에 없다.

임어당박사의 「생활의 발견」 이란 에세이 중에 "미인(美人)은 말을 할 줄 알아 꽃보다 낫고, 꽃은 향기가 있어서 미인보다 낫다. 동시에 미인과 꽃을 한 손에 쥘 수 없을 때에는 향기를 뿜는 꽃보다도 말을 하는 꽃을 택하겠다."라는 구절은 '말이 얼마나 중요한가?'를 단적으로 시사 해 준다.

우리들은 생명을 지켜주는 공기의 고마움에 무감각한 것과 같이, 눈만 뜨면 모든 욕구를 충족시키기 위해 날마다 의사전달을 해주는 언어의 존재가치에 별다른 관심을 두지 않고 살아간다. 바르게 말하고 철자법 따라 글을 쓰는 문제는 전문가에게 맡기고, 그저 자기는 의사전달이나, 하는 기능만 갖고 있으면 된다는 안일한 사고가 현대인들의 비극이다.

"말 한 마디로 천 냥 빚을 갚는다."라는 속담의 의미를 깊게 느끼면서 사용했으면 한다.

교양의 정도를 무시하고, 그저 생활수단의 학식에만 전념하는 오늘의 사회에서 교양 있는 언어를 구사하는 격식 있는 지식인들이 많아질수록 더욱 밝은 사회로 발전하리라고 확신한다. 서구(西歐)의 대학에서는 2학년 때까지는 교양과목을 더 중시하여 수강(受講)하고, 3학년이 되어서야, 자기가 나아갈 전공분야를 선정하여 공부에 심혈을 기울인다고 한다.

대학이란 어떤 지식인만을 양성하는 곳이 아니라, 지성을 갖춘 시민을 양성하기 위해 일반적인 개론의 학문을 가르칠 뿐이다. 더 나아가 참된 지성인으로 성장할 수 있도록 기초를 마련하여 자신을 위하고, 사회에 봉사할 줄 아는 정신과 지식을 쌓는 곳이 대학의 근본 목적이다.

젊은이들이 올바른 사고를 갖고, 또 바르고 고운 말을 사용하는 참신한 인격자가 되기 위해 자신을 가꾸어 간다면, 다가오는 내일은 더욱 밝고 아름답게 꽃피워 질 것이다.

✍. 2007년 5월 30일 – 전북일보

2. 다듬어 가는 인생

순수(純粹)와 평화의 상징인 토끼들이 어수선했던 지난해의 어둠을 밀어내며, 우리들 곁으로 성큼 다가왔다. 모두가 밝은 꿈으로 새해를 맞이하면서 올 한 해 동안 꼭 하고 싶거나, 해야 할 목표를 설정했으리라. 이제 막 사회에 첫 발을 내딛으려는 젊은이들에게 환한 웃음꽃이 피어나는 토끼의 한 해가 되었으면 한다.

우리들의 삶이 고난과 힘든 일에 부딪힐 때마다, 새로운 힘이 솟아오르듯 길을 걷는 나그네가 언덕이 있고, 굽이치는 고비가 있어야 숨고르기도 하고, 평탄한 길과 비교가 될 것이다. 이처럼 인간사도 누군가를 멀리 두고 그리워한다거나, 회포를 풀 때 먼 훗날 가장 아름다운 추억이 되지 않을까? 한다.

사상가(思想家)인 몽테뉴는 그의 「수상록」에서 "인생의 가치는 우리가 살아 온 세월의 길이에 있는 것이 아니라, 아무리 오래 살아도 얻는 것이 적을 수도 있으며, 인생에서 얼마만큼 만족을 찾느냐? 하는 것은 몇 살이라는 나이로 정해지는 것이 아니고, 오직 자신의 의지에 달려 있다."라고 했다.

공자(孔子)는 평소에 이웃집에 놀러가는 것을 매우 즐겼다고 한다. 그 이웃집에는 돌을 다루는 석공(石工) 기술자가 살고 있었는데, 일반인들이 보면 쓸모가 없다고 버리는 돌덩이도 그의 손을 거치면 금방이라도 날 것 같은 새의 모양으로 바뀌는 기능을 보고 감탄을 하곤 했단다.

공자가 어느 날 석공의 집을 찾았는데, 석공은 노(魯)나라의 어느 명의(名醫)를 위한 비석(碑石)을 만드느라 여념이 없었다. 그 모습을 보고 "어떤 누구는 하늘을 떠다니는 구름처럼 이 세상에 왔다가, 어느 새 흔적(痕迹) 없이 사라져 가지만, 어떤 사람은 자신의 이름을 비석에 새기고, 역사에 오래오래 남아 사람들의 기억에 남는 보람된 인생을 살다가는 것일까?"라고 중얼거렸다.

그러자 그 석공이 공자에게 말하기를 "자네는 일생을 어떻게 살고 싶은가?"라고 물었을 때, 공자는 "자기 이름을 세상에 남기는 것은 하늘에 오르기보다 더 어렵지 않겠습니까?"라고 대답했다. 이에 석공은 머리를 가로 저으면서 "그보다 어렵지는 않겠지, 하지만 하잘 것 없는 이 돌덩이도 정교하게 다듬어진 비석으로 다시 태어나기 위해서는 석공의 정성과 함께 많은 시간과 각고의 노력이 필요하다네."라고 말했다.

석공의 수만 번의 망치질이 결국은 향기를 내뿜는 아름다운 꽃 조각으로 새겨져 가는 것이다.

어느 철학자는 높은 나무의 열매를 바라보면서 "그 높이를 헤아려 보지 않는 사람은 어리석은 사람이다."라고 했다. 우리는 늘 변화의 흐름 속에서 살아가야만 하는 운명이다. 분명한 것은 나는 '나'에게서 달아날 수 없고, 이 지상(地上)을 벗어나 살 수 없듯이 고통과 즐거움을 느끼는 것, 또는 목표를 세워 꿈을 이루려 노력하는 일의 주인공은 바로 '나'일 것이며, 아울러 고통과 즐거움을 만들어 내는 사람도, 인생을 설계하고, 꿈을 이뤄내고자 하는 그 주인 또한 바로 '나'일 것이다.

사람들은 저마다의 꿈이 있기 마련이다. 그러나 그 꿈을 자기 것으로 만들어내기 위해 얼마만큼 땀을 흘리며 정성을 들였는지가 성공의 바로미터(barometer;지표. 표준. 척도)다. 그래야만 자신의 숨결과 심장의 박동을 실감하고, 인생의 특별한 의미를 새길 수 있을 것이다.

인생은 단 한 번의 행운이자, 흥미롭고 스릴 넘치는 소중한 지구 여행(地球 旅行)이다. 그러나 현실은 생각하는 것처럼 그리 쉽지만은 않다. 자신을 돌보지 않은 게으른 사람은 화살처럼 빠른 속도의 세월에 실려 어느 순간 차가운 겨울 문턱에서 쓸쓸하고 고독한 모습으로 초라하게 서 있을 수도 있다. 누구나 '이래서는 안 되지!'하고 후회를 하면서도 습성을 바꾸는 데는 상당한 노력이 따를 것이다.

하루를 살고 난 후, 잠들기 전에 자신을 뒤돌아보자. 그리고 거울에 내 모습을 비춰보며, 한 번뿐인 내 인생을 서두르지 말고, 세련되게 다듬어가자. 그래야 귀여운 토끼들이 반겨할 것 같다.

✍. 2011년 1월 5일 – 전북일보

3. 달콤한 맛으로 길들여진 인간의 본능(本能)

이성(理性)으로 사물을 분별할 나이에 접어 든 사람이라면 누구나 한 번 쯤 행복한 삶을 그리워할 것이다. 그렇지만 행복의 조건이 어떤 것이냐? 하는 질문에는 사람마다의 의견이 다를 것 같다. 자기가 바라는 것들이 충족될 때, 즐거움과 함께하는 미소가 행복이라고 한다면 단어의 뜻 맞춤에 가까이 간 것일까?

'차(車)를 탈 수 있는데도 건강을 위해서 걷는 사람은 행복한 삶을 찾아가는 사람'이라고 한다. 인간은 쾌락을 추구하면서 고통을 회피하려는 근본적인 성향을 지닌 가운데 욕망이 충족된 상태에서 행복감을 맛본다는 표현이 가장 일반적인 행복론이다. 그러나 행복은 욕망의 충족 이외에 타인과의 비교나 지향하는 목표를 받아들이는 과정에서 다양하게 나타나는 심리적 요인의 영향을 받는다.

식도락(食道樂)으로 행복을 느끼는 사람들은 혀로 느끼는 맛 중에 가장 짜릿한 맛은 단맛이라고 한다. 그러기에 사람들은 단맛에 엄청난 집착을 보이는데, 당류(糖類)는 우리들 몸속에 들어가면서부터 힘이 솟는 강한 에너지원이 된다. 그러다보니 먹잇감이 눈앞에 있으면 웬만한 지성과 인격으로는 견뎌내기 힘들 정도로 이성을 무너뜨리는 단맛은 가장 동물적인 맛이라고 한다.

삶의 단맛이든 혀로 느끼는 달콤한 맛이든 단맛이 인간 본능의 맛이라면 건강이 허락하는 한 무제한으로 이를 즐기는 것도 그리 나쁘지는 않을 것이다. 거친 세파를 헤엄치며 살아가는 수많은 사람들이 느끼는 달콤한 맛은 과연 어떤 것들일까? 누구나 눈만 뜨면 정신없이 쫓아다니는 크고 위대한 마력(魔力)을 가진 돈(富)이나, 명예, 권력의 욕구를 채우는데 가까이 갔거나 아니면, 목표로 한 것들을 모두 이루어냈을 때, 그 사람은 삶의 행복을 느끼면서 환하게 웃어 보일 수 있을 지?

적자생존(適者生存)의 논리가 이끌어가는 세상을 살아가는 고달픈 현대인들은 어떤 가치기준을 갖고 사느냐에 세상을 보는 시각이 달라질 것이다. 아무래도 삶의 질서를 지켜가면서 살아가는 참다운 멘-토가 옆에 있다면 아름다운 행복을 더 맛볼 수도 있을 것이다. 미국의 클린턴 대통령이 전국의 고등학생 대표로 백악관을 방문하였을 때, 젊고 매력 있는 케네디 대통령과의 짧은 시간의 만남이 그를 정치가로 만든 계기가 되었다고 한다. 우연히 감명을 받은 인상이 자기의 운명을 결정지어버리는 단순하고 싱거운 것도 우리들 인생이다.

행복의 경계를 날마다 넘나드는 사람들은 어느 때 무엇을 단맛으로 느끼며 살아갈까. 높고 많은 것들을 소유하고 싶은 습관에 길들여져 있고, 맛있고 편안한 것에 젖어들어 조금만 '더-더'하다가 자기도 모르는 사이 깊은 늪에서 빠져 나오지 못한다. 모든 사람들의 삶이 모두 뜻대로만 진행된다면 자나 깨나 고민하고 격한 성정(性情)으로 목숨을 버리는 비극은 세상 끝 저만치 멀어질 것이다.

한국의 음식 맛은 어머니의 손끝에서 나온다는 말도 옛이야기가 되어 버린 지 오래다. 혀끝의 맛도 세월이 지나면서 남녀노소가 다르게 느끼며 살아간다. 유행도 변하고 풍습도 옛 전통을 무시하는 지구촌시대라서 그런지 사람들의 심성(心性)도 정도를 넘어 너무 격해지고, 삶의 질은 높아졌다하지만 그 수준은 교활하고 매몰찬 이기주의에 젖어 사람냄새가 거의 나지 않는다.

너나없이 차분하게 자신을 돌아다보는 시간은 줄어들고, 주위를 둘러 볼 마음의 여유도 없이 무엇에겐가 쫓기듯 정신을 못 차리고, 허둥대며 세월에 묻혀가고들 있다. 어쩌면 치열한 삶의 신경통을 앓아 온 한 시대의 중심에 선 사람들이 의욕을 잃고 제 자리를 떠나가는 현실에서의 상실감을 갖는 것은 힘에 겨운 삶의 전쟁터에서 지쳤기 때문일 것이다.

가식(假飾)으로 포장된 것들로 생존의 본능을 방패삼아 삶의 공격을 멈추지 않으려고만 하다 보니, 사람들의 손만 닿으면 모든 것들이 더럽혀지고, 발길이 스쳐 가면 하나같이 지저분해져 버린다.

너와 내가 함께 하는 공동체를 이루기위해서라도 세속적인 자기 잣대로 경계선을 긋지 말고, 이기심과 아집을 버리고 편안해보자.

오미(五味)중에서 영양가가 높고 맛이 있다는 음식은 꼭 단맛으로만 결정지어지는 것은 아니라고 한다.

✍. 2012년 5월 24일 - 전북일보

4.「~ 답게.」사는 길을 찾아

맛있는 물은 향기가 없고, 멋있는 사람은 언행이 아름다우며, 자신을 포장하지 않는다고 한다. 사람들의 생각과 문화의 변화, 지구의 지각 변동 등이 가져 온 가치관의 혼돈이 삶의 의미를 어느 한 방향으로만 운전하기엔 무엇인가를 망설이게 한다.

로마시대의 철학자이자, 정치가였던 키케로는 인간이 극복해야 할 결점에 대해 "변화를 해야 한다는 것을 알면서도 걱정만 하고, 변하지 못하는 것과 자기의 사고방식이나 행동양식을 자신의 위치나 아집으로 타인에게 강요하는 것"이라고 했다.

내 마음이 아름다우면 나를 둘러싸고 있는 주변까지도 그 향기가 은은하게 전해져서 동화(同化)된다고 했으니, 남의 언행을 그르다고 단정 짓기 전에 상대방의 입장에서 돌이켜 본다면 아마도 주위의 지인(知人)들은 "저 사람은 매우 좋은 사람"이라고 칭찬을 해줄 것이다. 과연 내 주변에 '나'를 그렇게 아껴주고, 멀리서 칭찬해 줄 사람들이 얼마나 있을까? 하고 한 번쯤은 뒤돌아 볼 일이다.

특히 조직을 이끌면서 자신만 돋보이면 그만이라고 생각한다거나, 구성원들은 그저 종속된 존재이기에 무조건 자신을 위해 충성과 봉사를 해야 한다고 강요했던 리-더들은 생각의 변화를 가져오는 지혜로운 길을 찾아야 존경받는 경영자로 기억될 것이다.

"혀를 다스릴 수 있는 사람은 마음을 다스릴 수 있고, 마음을 다스릴 수 있는 사람은 행동을 다스릴 수 있으며, 행동을 다스릴 수 있는 사람은 자신의 운명을 다스릴 수 있다."고 했다.

현란(眩亂)한 언어와 그릇된 생각과 행동으로 짧은 시간 동안에 상대를 현혹시키거나, 속일 수 있을지는 모르지만 결코 오래가지는 못할 것이며, 내 생각만 옳다는 자가당착(自家撞着)으로 독선을 저지른다면, 그 사람의 곁은 시나브로 찬바람에 휩싸일 것이다.

복잡한 삶을 영위하는 사람들에게서 한가지의 욕심을 버리면 열 가지의 근심이 사라진다고 했다. 지금 갖고 있는 것들에게서 만족하지 못하는 사람이 장차 바라는 것들이 모두 채워졌다고 해서 흡족해 하며 기뻐할까?

사람은 원하는 것을 얻었을 땐 그것이 욕심이었다는 사실을 잊어버리고, 또 다시 다른 현상에 집착하는 습성이 있다. 이런저런 충족을 위한 행동으로 인해 인간은 마음의 자유를 잃어버리고 결국은 슬픔의 늪으로 빠져들어 간다. 이와 같은 원인은 두 갈래로 열려 있는 생각의 차이에서 온 것이다.

인생은 흘러가는 것이 아니라, 차곡차곡 하나 둘씩 채워간다고 한다. 사람을 사람답게 만드는 것은 사려 깊은 마음과 따뜻한 사랑이다. 부(富)와 권력과 명리(名利)에 젖어 살아가는 지구촌의 그 많은 사람들은 나름대로의 인생을 잘 산다고들 하지만 진실로 '~ 답게'사는 사람은 얼마나 될까?

돈이 권력을 이긴다고 하는 세상, 그러기에 대부분의 사람들은 돈 앞에서는 혈연이나 친구도, 명예나 인격도 버려가면서 재물의 축적을 위해 혈안이 되어 있지 않은가? 이 세상은 많은 것들을 돈으로 살 수 있는 세상이다.

그러나 인격과 지성, 사랑, 마음 등은 살 수도 없고 값을 매길 수도 없다. 하찮은 것이라도 마음을 담아서 상대에게 건네준다면 그것을 받는 사람은 소중하고 큰 것이 될 것이지만, 아무리 큰 것일지라도 거드름을 피우거나, 생색을 내면서 마음을 실어 보내지 않는다면, 받는 사람으로부터 고맙다는 겉치레 인사를 받을 뿐이다.

사람답게 산다는 것은 지위나 명예, 연령과 성별, 빈부(貧富)의 차이보다는 올바른 생각과 꾸밈없는 말과 아름다운 행동의 실천에서 오는 것이다. 말은 그 사람의 인품을 그려낸다. 잘못 판단되어진 생각의 말을 함부로 뱉어낸다면 상대로부터 오해를 불러일으킬 수도 있다.

아름답게 보려거든 한 번만 바라보고, 정확하게 보고 싶거든 두 번을 보아야 한다고 했으며, 소원의 목적을 달성하고자 하는 사람은 그 일을 해결할 정확한 방법을 찾아 나서고, '나'와는 상관이 없으니, 될 대로 되라는 생각을 가진 사람은 핑계나 구실만을 찾는다고 했다.

✍. 2008년 6월 25일 -전북일보

5. 언어구사의 바로미터(barometer)는 인격(人格)이다.

「말하기 좋다하고 남의 말을 것이 / 남의 말 내 하면 남도 내말 하는 것이 / 말로써 말이 많으니, 말을 말까 하노라.」 조선 중기 작자 미상(未詳)의 이 시조(時調)는 지적(知的)으로 이해하기보다는 정적(情的)인 감상이 더 가까울 것 같다. 즉 무익하고 불합리한 말은 화(禍)의 근원이 되므로 조신(操身)하라는 경고로 예나 이제나 한결같은 진리가 아닌가 한다.

말은 생각을 담아 자기의 의사를 표출시키는 수단이다. 생각이 맑으면 말 또한 맑게 전달되며, 생각이 저속하거나, 어두우면 표출되는 말은 야비(野卑)하고 거칠 것이다. 살다보면 때로는 재물을 잃는 경우가 있더라도 신뢰를 잃어서는 안 되는 상황에 부딪힐 수 있는데, 신뢰는 곧 언어로부터 시작되며, 그 언어는 자기를 속이는 일이 없어야 하고, 솔직담백해야 상대를 이해시키며 설득할 수 있을 것이다.

말을 하다보면 자칫 실언(失言)할 수도 있고, 본심과는 달리 마음에도 없는 말을 하고서 곧바로 후회하기도 한다.

말은 그 사람의 인격이며, 지식과 교양과 자존심으로 쌓아 올린 그 인격체가 망가지는 것은 한 순간일 수도 있다. 원인은 모두 자기로부터 시작되어 타인의 평가를 받는다.

한 번 왔다 가면 같은 유형으로는 다시 오지 않는 것들이 있다는데, 시간과 기회와 말(言語)이라고 한다. 그런데 우리들의 짧은 생각으로는 시간은 무궁무진한 것 같고, 기회는 누구에게나 일생동안에 세 번은 온다고 하고, 말은 하고 난 뒤 잘못되었다고 생각하면 반복할 수도 있지 않느냐고 반론을 제기한다면 앞에 언급한 말은 말장난이었을까?

기초가 단단하지 않은 사상(砂上)의 누각(樓閣)처럼 인격이 덜 갖춰진 지식만으로는 타인들로부터 존경을 받을 수 없다.

지성인을 가늠하는 척도 중 대표적인 것은 그 사람의 행동과 언어를 구사하는 행위일 것이다.

거친 말로 상대에게 큰 상처를 주었거나, 음해나 모함(陰害, 謀陷)으로 생명에 영향을 주었다거나, 작은 완장(腕章)을 차고 무차별의 힘을 자랑해서 상대의 자존심을 상하게 하는 일은 있어서는 안 될 일이다.

말(언어)에는 질서가 있어야 듣는 사람이 혼란이 없으며, 작은 혀(舌)놀림이 자신을 더럽힐 수도 있고, 나아가 생의 바퀴를 거꾸로 돌릴 수도 있다. 남을 저주하는 말이나 감정이 담겨진 악의(惡意) 있는 비판은 자신에게 엄청나게 날카로운 부메랑이 될 수도 있다.

마음까지 예쁘게 화장(化粧)을 하는 사람은 매우 행복한 삶을 이어가고, 얼굴만 화장을 하는 사람은 덜 행복하다고 했는데, 맞는 말인지는 몰라도 고개는 끄덕여진다. 나는 옳고, 너는 그르다는 이분법(二分法)의 독선(獨善)을 넘어선 유연함으로 서로의 가슴을 여는 대화의 장(場)이 마련되어야, 너와 나 사이에 가로 놓인 큰 장벽이 무너질 것이며, 선과 악이 대칭되는 잣대로만 세상을 재단(裁斷)하는 시선을 멈춰야 할 것 같다. 목표를 추구하는 삶을 영위할 때, 인간의 능력은 더 발전하고 사회에 이로움을 준다고 한다.

눈이 떠 있는 모든 시간에는 자기의 의사를 나타내야 하는 말(언어), 농담이라도 상대에게 상처를 주지 않도록 신중하게 전달하고, 아름다운 자기 인생을 만들기 위해서는 이왕이면 부드럽고 정감(情感)이 있는 단어를 구사해보자.

생각은 말을 만들고, 말은 행위가 되며, 행위는 습관이 되고, 습관은 인격이 된다. 인격은 바로 자기의 인생을 만들어간다.

그리스의 철학자 아리스토텔레스는 "당신의 재능과 세상에서의 필요가 교차되는 그곳에 당신의 사명이 있다."고 말했다. 세상에 하나뿐인 '나'를 고품격으로 만드는 것은 그 누구도 아닌 바로 '나'다. 내가 표현하는 언어는 내 모든 것을 결정짓는 바로미터가 된다.

✍. 2011년. 6월. 29일 – 전북일보

6. 윤리(倫理)와 도덕이 묻혀가고 있다.

우리나라의 교육정책에 적응하기 힘들어서, 중도(中途)에 학업을 포기하는 학생들이 늘어가고 있다고 한다. 즐겁고 보람 있는 삶을 찾아 행복하게 살아가야 할 보금자리를 남보다 일찍 떠나가는 이유는 어디서부터 빗나간 것일까?

필자의 주관으로 인식된 '잘못되어가고 있다고 생각하는 상황들'을 살펴보면, 위아래의 서열이 없어져 가고, 앞과 뒤의 차례가 뒤엎어지고, 학교성적만으로 개인의 인격을 평가해가며, 상위그룹들만 살아남는 허탈감에 젖어들게 하고, 신뢰(信賴)와 배려(配慮)를 무너뜨린 사람들이 갈수록 많아지고 있다는 현실을 이겨내지 못하는 탓은 아닌가 한다.

어떤 짓이라도 해서 돈을 벌수만 있다면, 서슴없이 저지르는 포악한 행위를 비롯하여 무소불위(無所不爲)의 힘을 가진 정치인들을 흉내 내는 권력욕에 취해 있고, 사람의 목숨을 빼앗아가면서까지, 자신의 욕구를 충족하려하는 사회악의 보편성에 젖은 일부의 사람들, 사람으로서 지키고 가져야

할 중요한 덕목들을 버리면서라도 살아남아야 한다는 무지막지(無知莫知)하고 영악한 세상으로 빠르게 변해가고 있는 현실이다.

우리 조상들은 남들의 이목(耳目)이 두려워 부끄러운 일은 감정을 억누르며 피해를 감수해냈고, 춥고 배고팠던 시절을 살면서도 자존감과 체면을 소중하게 여기던 소신과 가치관이 분명했다. 그런데 현대를 사는 젊은이들은 남의 눈을 전혀 의식하지 않으면서 어떤 짓이라도 해댄다.

그들에게서 질서의식과 양보는 찾아 볼 수도 없다. 이익과 유리한 것들만을 골라 자기만을 위해 행동을 한다. 배짱이 두둑해서 일까? 얼굴이 두꺼워서일까? 아니면 부끄러움을 몰라서일까? 공동체 의식이 없어서일까?

자식들의 신분상승과 자신의 역량을 과시하는 대리만족을 위해서라면 자신의 모든 것을 내놓으려는 세계 제일의 모성애(母性愛)를 가진 엄마들이 살고 있는 곳이 우리나라다. 더 나아가 돈이 되는 일이라면 사회가 천박한 난장판으로 변해도 괜찮다는 사람들로 가득하여(?) 도덕불감증에 걸린 병든 사회로 가고 있는 것 같다.

아름다운 꿈을 키워가며 티 없이 맑게 자라가야 할 청소년들이 어른들에게서 밤낮으로 보고 듣는 부정적인 세상타령, 돈타령, 사랑타령, 공부타령, 취직타령, 물가타령, 불신타령, 그리고 남들을 헐뜯는 언어들이다. 이런 모습을 보면서 그들은 무엇을 생각하고 무엇을 배워갈까?

지구의 자전(自轉)으로 어김없이 새해는 밝아왔다. 잔뜩 부풀었던 꿈을 이뤄내지 못한 채로 상서(祥瑞)로웠던 흑룡(黑龍)의 해가 역사의 뒤안길로 사라져 가고, 간교하고 요사스런 이미지의 파충류(爬蟲類)가 아니라, 지혜로운 머리를 가진 뱀이라고 믿는 계사년(癸巳年)의 둥근 해가 찬란하게 떠 올라왔다. 새해가 되면 공기 속에 있는 향기도 순결해지면서 어둡고 칙칙했던 사람들의 정신과 마음을 가다듬게 하는 신비스런 마력이 있다.

우리들 모두 지난날을 경건하게 뒤돌아보자. 어른들은 어른답게 살아왔나? 사랑하는 가족들을 위한 마음씀씀이를 그리고 동료나 친구들을 위한 배려의 행동에는 부끄럽지 않았던가?

발랄(潑剌)하게 성장해가는 청소년들은 험난한 사회진출을 위해 자신들에게 무엇을 얼마나 투자를 했을까? 땀을 흘리지 않고, 편하게 잘 사는 길은 지구상 어느 나라에도 없다. 사회질서가 올바르게 확립되고, 가정에서의 인성교육이 제대로 되어져야만 돈과 권력과 명예의 가치도 더 빛이 날 것이며, 나를 사랑하듯 불우한 이웃들을 배려하는 나눔의 인정도 어려서부터 몸에 젖어들어야만 진정한 배품이 되어 자신의 인생을 아름답게 꾸며갈 것이다.

잘못되어진 모든 것들을 '나' 아닌 어느 누구의 탓으로도 돌리지 말자. 가치관의 정립이 잘못되고, 소신이 불분명하고, 욕구충족에 대한 불만들은 증오심과 갈등만을 더 증폭시켜가면서 자신이 받는 피해만 커져 갈 뿐이다.

교권(教權)이 무너져 내린 학교교육은 기계화되어 지식 전달에 그쳐가고, 상급학교 진학과 직장을 찾아가는 골목길로 전락되어지는 현실이 매우 통탄스럽다.

인스턴트 음식에 젖어든 혀의 감각과 딱딱한 시멘트 문화로 굳어버린 높은 것들에 대한 선망(羨望), 외모 지상주의(至上主義)로 변화된 세상, 그리고 화려하고 많은 것들만이 어깨를 펴고 사는 세상이 되었기에 뒤돌아보고 생각해보려는 완충역할을 할 지렛대가 없어지면서 양극화 현상은 정면충돌을 더 해가고 있다.

누군가는 앞장을 서야 한다. 이 사회의 지도자급 인사들이나, 종교지도자들과 종교인들, 많이 배우고, 많이 가진 사람들, 그리고 세상을 오래 살아 온 어른들의 의무가 제대로 이행되어질 때, 무너진 윤리와 땅에 떨어진 도덕이 되살아 날 것이다.

제 자리를 잃어버린 모든 것들을 바라보며 이건 아닌데, 하면서 혀만 끌끌 차며, 안타까운 마음으로 침묵만 지킨다면 우리의 미래는 더 어두워질 것이다. 정신적 육체적으로 방황하는 2세들이 더 늦기 전에 절망의 늪에서 빠져나오도록 우리들 모두 힘과 지혜를 모아야 되지 않겠는가?

계사년 새해에는 '나'는 옳았는데, '당신'은 틀렸다는 편견부터 용감하게 버려야한다. "가난한 사람은 적게 가진 자(者)가 아니라, 너무 많이 욕망을 가진 사람"이라고 러시아 대문호 톨스토이가 한 말은 2013년에는 유효하길 바란다.

✍. 2013년 1월 30일 – 한국문학신문

7. 인격의 기초는 가정과 학교 교육에서.

인간을 인간답게 만드는 곳은 다름 아닌 학교라는 교육의 현장이다. 우리나라가 어느 면으로 보나, 불리한 여건 속에서도 선진국 대열에 자리매김하면서 세계의 주목을 받고 있는 현실의 저변에는 한국인 특유의 기질을 가진 엄마들의 열정적인 교육열이 작용했다는 사실을 누구도 부인(否認)하지 못할 것이다.

그런데 요즘 여기저기서 학교교육이 무너져가고 있다는 우려의 목소리가 커지고 있어, 교육의 전반적인 과정을 통해 실현되어야 할 점, 개선해야 할 가치와 문제점, 그리고 교육의 궁극적인 목적을 뒤돌아보지 않을 수 없다.

20세기가 낳은 위대한 성인 '간디'는 한 나라가 위급한 상황에 처하는 데는 그럴 만한 있다고 했는데,

*첫째는 원칙이 없는 정치이고,

*둘째는 도덕이 무너진(없는) 상업이며,

*셋째는 노동이 없는 부(富)의 축적이며,

*넷째는 인간성이 무너진 과학이며,

*다섯째는 양심이 없는 쾌락이며,

*여섯 번째는 희생이 없는 신앙이며,

*일곱 번째는 인격이 없는 교육이라고 했다.

간디의 이 말은 21세기를 살아가는 우리들의 양심에 경종을 울리고 있다. 지금의 우리 사회를 살펴보자. 간디의 말대로 원칙도 없는 제 멋대로 쏟아내는 정치인들의 말장난에 중심을 잃은 정치, 경제, 문화, 사회 등의 분야에서 온 나라가 심하게 흔들리고 있지 않은가? 너나없이 물질만능주의와 한탕주의로 가치관이 흔들린 지 오래고, 최후의 보루(堡壘)라고 하는 교육자들 그리고 종교지도자들과 종교인들마저 편협과 이기주의 속으로 흘러 들어가고 있다.

이런 가운데 간디의 일곱 번째의 조건인 '인격이 없는 교육'은 이 시대를 살아가는 지성인들에게 시사(示唆)하는 바가 매우 크다고 생각한다.

인격의 기초가 가정과 학교에서 비롯된다고 말했던 페스탈로치의 전인(全人) 교육론이 현대 학교교육의 현장인 교실에서는 취직이나 성공으로 가는 지름길인 입시교육에 밀린 지, 오래되었기에 인격을 바로 잡아가는 인성교육이 중요하다는 것을 우리는 잘 알고 있으면서도 그에 부응하지 못하고 안절부절 하는 현실이 안타깝다.

교육은 우리들 모두가 지켜내고 살려내야 할 최후의 희망이고 경계선이다. 시대가 혼탁해진 현실에서 교육자들이 독야청청(獨也靑靑)하기에는 너무나 외롭고, 매서운 추위의 칼날을 견뎌내기에 힘들 것이다. 교육의 본질은 인간들의 삶의 질을 향상시키는 바로미터이기에 왜곡(歪曲)된 교육의 근간을 바로세우고, 무너지고 파괴된 삶의 가치관을 바로 잡아야 한다.

우리 사회가 근본적으로 빗나간 문제를 해결할 장소는 바로 가정에서의 가르침과 학교에서의 올바른 교육 방법이다. 그러기에 새로운 교육이념을 정립하기 위해서는 국민 대다수가 공감할 수 있는 교육정책의 수립과 방향을 모색하는 일이 매우 시급하다. 하지만 새로운 정권이 들어서기만 하면 기존의 틀을 깨버리고, 전통이나 여론을 무시한 책상머리 생각으로 하루아침에 정책을 손바닥 뒤집듯이 바꿔버리는 일이 반복되면서 오늘날 교육현장이 중심을 잃고, 이렇게 어지러워진 것이다.

선생님들! 제 아무리 힘이 있고, 목소리가 큰 학부형들의 투덜거림과 잔소리(?)를 들어야 하는 경우가 있더라도 귀를 막고 참으면서 이겨내세요. 다만 학생들을 내 자녀처럼 사랑으로 가르친다면 학부형이나 학생들도 먼 훗날에는 그리운 추억이 담긴 학창시절을 뒤돌아보면서 선생님의 교육자다웠던 꿋꿋한 모습을 분명히 기억하리라 생각됩니다.

부모님들! 자녀들의 미래를 설계하는 진정한 삶의 배움터는 학교라고 생각 하시지요. 그렇다면 믿고 맡겨보시면 어떨까요? 이런저런 이유와 얼어붙은 현실 속에서 사기(士氣)가 떨어져 조용히 고개를 숙인 체, 맡고 있는 수업만 하는 선생님에게서 학생들은 지식 이외에 무엇을 배울 수 있을까요?

옛말에 자녀들의 도덕의 기틀은 아버지에게서 만들어지고,

인간적 품성(品性)은 어머니에게서 길러진다고 했다. 그러나 맞벌이 생활문화가 뿌리를 내려가고 있는 현실에서 가정교육의 틀이 시나브로 무너지고 있다. 그러기에 학교와 선생님의 존재가치가 더욱 중요해진 것이다.

우리 사회와 학부형들은 공교육의 장소인 학교를 믿고, 선생님들의 교권을 확립해 주어야 내 자녀들이 바르게 성장하는 기본의 틀이 마련될 것이다.

✍. 2009년 12월 3일-전북일보

8. 인생은 선택이다.

'순간의 선택이 자신의 일생을 좌우할 수도 있다.'고 한다. 누군가는 말했다. '운명은 선택으로부터 시작되는 것'이라고. 이것이냐? 저것이냐? 두 갈래 길에서 하나를 가려야 하는 순간의 고민은 무척이나 어렵고 괴로운 일이다.

임어당은 "삶이란 영위하는 사람에 따라 난해(難解)하고, 복잡한 논문(論文)이 될 수도 있고, 산뜻하고 부드러운 수필(隨筆)이 될 수도 있다."라고 말했다.

수필과 같은 삶이란 자연스럽고 꾸밈이 없는 행복을 느끼는 삶이 아닐까 하고, 잠시 생각을 멈춰 본다. 우편물을 배달하는 집배원들 그리고 택배 아저씨들의 힘든 하루가 시작되는 출근길에 "오늘도 많은 사람들에게 기다림의 행복을 실어다 준다."라고 자신이 하고 있는 일에 긍지를 갖는다면, 그분들의 삶은 고달프지만 삶을 즐기면서 일하는 하루가 될 수도 있을 것이다.

어리석은 선택은 인간을 불행하게 만들고, 경솔한 선택은 인간을 곤경에 빠뜨리고, 무책임한 선택은 화(禍)와 해로움을 초래한다. 선택은 대체로 자유로운 것과 그렇지 못한 것들이 있다. 부모와 형제들과의 만남은 자력(自力)이나 자기의 의지에서 벗어난 운명이라 할 수 있으나, 일상의 많은 것들의 선택은 중요하고, 필요한 것만을 취한 뒤에 나머지를 버려야 하므로 매우 어려운 결단이다.

힘들게 선택을 했더라도 잘못되었다고 생각되거든 바로 철회할 수 있는 용단이 바보 같은 삶을 빠르게 벗어나는 현명한 방법일지도 모른다.

중대하고 비장한 "사느냐 죽느냐의 이것이 문제로다."와 같은 힘든 결단은 셰익스피어의 유명한 독백(獨白)의 문장이다. 어떤 상황에 처했을 때, 사람들은 더 나은 결정을 내리기 위해 고민 고민하다가 경험자를 찾아 자문을 구하고, 다른 사람들의 발자취를 따라 해법을 찾으려는 신중한 행위는 행복과 쾌감을 느끼기 위한 선택의 길인 것이다.

최선의 선택이었다고 생각을 한다면 땀과 열정을 바쳐 목적을 이뤄낼 수 있도록 지혜와 능력을 모아야 성공의 문이 열리지 않을까 한다. 인생은 연습이 없지 않은가? 한 번의 선택이 얼마나 중요했던가는 삶의 과정에서 절절하게 묻어 나온다.

삶은 부메랑이다. 우리들이 선택했던 생각이나 말, 그리고 행동의 결과는 언젠가는 틀림없이 되돌아온다. 모두의 인생에서 피해갈 수 없는 운명을 결정짓는 3대 선택이 있다.

첫째로 일생의 행복여부를 결정짓는 배우자의 선택은

지혜로워야 하고,

둘째는 삶의 틀을 만들어 주는 직업의 선택은 현명해야 하고,

끝으로 어떤 인생을 사느냐를 가늠하는 가치관의 선택은 신중해야 한다.

선택은 행과 불행, 성공과 실패의 갈림길이며, 지혜와 순발력을 수반하는 판단이다. 자신에 대한 믿음이 흔들리거나, 현실의 위치와 진실을 외면하고, 스스로에게 솔직하지 못했을 때의 결단은 분명 어두운 인생이 펼쳐질 것이다.

우리들의 삶에서 예고도 없이 찾아드는 뜻하지 않은 재앙과 이상기류(異常氣流)의 불청객인 너울성 파도에 휩쓸리지 않고, 거센 격랑을 헤치면서 살아남으려면 평상시의 생각들이 뜻대로 되도록 전력을 다해야만 웃는 얼굴의 현실이 지속될 것이다.

살아가면서 가장 큰 실수는 어렵고 힘들고 창피하다고, 하고자 하는 일에서 쉽게 포기를 하는 것이란다.

한 달 전 세계를 놀라게 한 일본 동북부지역에서 발생한 대재앙(大災殃)의 극한 상황에서 '국가공무원으로서의 사명감이냐?, 家長의 입장에서 사랑하는 가족들의 생명을 지켜야 하느냐?'의 인간적인 고뇌의 기로에서 전자(前者)를 택했던 한 소방관의 애틋한 사연이 전파를 타고 전 세계로 흘러나갔을 때, 지구촌 사람들 모두는 큰 박수를 보내면서도 가슴 아픈 눈물을 같이 흘려야 했다.

상황에 만족하고 또 그 선택의 결과로 흡족해 하며, 살고 있는 세상 사람들이 과연 얼마나 될까? 한 평생을 살아가면서 아침에

눈을 뜨면서부터 잠이 들 때까지, 작은 일에서부터 크고 중요한 것들까지, 매 시간 매일매일 선택의 기로에 서게 되는 것이 우리들 인생이다.

자기가 결정한 선택들이 잘못되지 않도록 신중하게 내린 결단력은 바로 자기의 인생을 아름답고 행복하게 수(繡)놓으리라.

✍. 2011년 4월 6일 - 전북일보

☺. 인간들의 욕심과 가치관이 충돌할 때 가치관의 선택은 꿈틀거리는 수많은 욕심들의 도전을 받을 수 밖에 없다. 그럴 때마다 '가치'의 기준을 놓고 고민하고 끙끙대다가 성숙해 가는 것이 인생살이다.

9. 역지사지(易地思之)의 교훈

역지사지(易地思之)는 우리 생활에서 자주 활용되는 고사성어(故事成語)다. 정치인, 행정가, 기업가, 교육자, 노동자 어느 누구든 조직이나 개인의 입장에서만 주장하고 생각하면서 변명을 하다보면 유-클리드(u-clied. 고대 그리스 기하학의 大成者 ; Bc 330-275)가 말한 기하학의 평행선처럼 영원히 그 접점(接點)을 찾지 못할 것이다.

현대인들은 자기중심의 굴레를 벗어나지 못하고, 항상 집단이나 조직의 이익만을 대변하고자하는 욕심으로 가득 차 있다. 이처럼 모든 인간들의 본능에는 이기심으로 젖어들 수밖에 없는 욕구가 작용을 한다.

인디언들의 속담에 "누군가를 평가하려면 먼저 그 사람의 신발을 신어보라."는 말이 있다. 다른 사람의 신발을 신어보면, 그 사람의 처지에서 걸어 갈 수 있으며, 상대방을 이해하는데 한 걸음 더 가까이 갈 수 있다는 것이다.

人心의 변화로 '상대방과의 입장을 바꿔 생각하는 易地思之의 정신'이 우리 곁에서 사라져 간 지 오래인 것 같다.

대부분의 사람들은 자기 본위로만 생각하고 행동하려 한다. 지금 이 시간 사랑하는 누군가가 말 못할 고통과 아픔에 신음하고 있다면 당신은 어떻게 그 사람을 격려하고 일으켜 주겠는가? 아니면 나 몰라라 할 것인가?

'당신이나 나나' 언제 어디서 어떤 모습으로 어려운 난관에 처해 있을 지를 누군들 알겠는가?

美人의 대명사인 이집트의 마지막 여왕 클레오파트라(Bc 69-30)의 불행은 어디서 왔을까? 프랑스의 철학자 파스칼은 "클레오파트라의 코가 조금만 더 낮았더라면 세계의 역사는 변했을 지도 모른다."라고 했다. 한편 영국의 대문호 셰익스피어는 "나이도 그녀(클레오파트라)를 시들게 할 수는 없었다."라는 읊음을 곰곰이 생각해보자.

아름다운 미모(美貌)로 안토니우스나 줄리어스 카이사르(Julius caesar. ; 영어 발음으로는 시-저)를 붙잡을 수는 있었지만, 자기나라 백성들을 불행에 빠뜨렸기에, 그녀의 최후 또한 비참하지 않았던가?

아름다움과 추한 것, 밝음과 어두움, 긍정과 부정, 잘난 사람과 어리숙한 사람으로 대비되는 모든 것들의 後者는 혼자서 슬퍼할 때가 종종 있을 것이다.

세상 돌아가는 모습을 보면서 혀를 끌끌 차는 사람들이 더 많아지고는 있으나, 상대방들만 탓하면서 누구하나 앞장서서 밝은 쪽으로 안내하는 사람은 없다. 왜 그럴까? 지난 연말에 전국을 뜨겁게 달구다가 끝내는 국민들의 냉소로 마감을 한

코레일 노조원들의 시위(示威)가 드세게 깃발을 높일 때의 이야기다.

그들 노조원들은 6 ~7,000여만(?) 원 내외의 연봉을 받는다고 한다. 택시를 운행하는 기사들은 2,000여만 원 내외의 낮은 연봉인데도 가족들을 위해 묵묵히 현실에 적응하려 노력하는데, 고액의 연봉을 받는 노조원들은 무엇이 그리 불만이었고, 그들의 욕구가 덜 채워진 것들은 무엇이었을까?

나라가 어지러워지면 사회가 혼란하여 가정도 안정을 찾기 힘들어진다. 배금사상(拜金思想)과 개인의 행복을 추구하기 위한 일련의 방법으로 고생하면서 살아 온 엄마를 끔찍하게 생각(?)한 것처럼 얄팍한 방법으로 황혼(黃昏) 이혼을 부추기는 영악한 자녀들, 과연 그들이 주장하는 논리의 이면에는 무엇이 자리하고 있을까?

수단과 방법을 총 동원하여 상대의 어떤 희생도 마다하지 않는 현대인들의 사고와 가치관이 본질적인 이 사회의 고질화된 문제의 핵심이다.

자녀들의 성장은 그들의 장래를 설계하는데, 부모들의 대리만족 대상으로 고착되어 헤어 나올 수 없을 정도의 이기주의로 빠져들어 간다. 세상의 모든 것들이 빠르게 변화해간다지만 따라 갈 일이 있고, 지켜야 할 도리가 있는 것이다.

날아가는 새도 떨어뜨렸다는 조선왕조 정조 때의 홍국영의 권세(權勢)도 10년을 넘기지 못했던 사실과 서양의 클레오파트라나 동양의 양귀비가 역사의 물줄기를 바꿔 놓는 것 같았으나, 民心과 세월 앞에서는 무릎을 꿇지 않았던가?

우리가 그토록 좋아했던 일도 시간이 지나고 보면, 미소로 스쳐 지나갈 수밖에 없다. 요즘 한창 유행하는 '甲과 乙'의 위치에서 甲편에 서있는 사람들이 반성하면서 뒤를 돌아보는 세상이 되어야 사회가 밝아질 것 같다.

나보다 덜한 사람들을 위해 먼저 손을 내밀 때, 당신의 인격은 올라가고, 덕은 쌓여 가리라. 스스로에게 부끄럽지 않게 땀 흘리며 살아가는 모두가 아름답고 행복해질 수 있도록 밝게 웃어보자.

홀가분한 마음으로 상쾌한 청마(青馬)의 해를 맞이하여 주위의 모든 상황을 법의 테두리 내에서 허용할 수 있는 곳까지 상대의 입장에서 생각해보는 삶으로 바꿔가면서 나를 건져내자.

✍. 2014년 4월 23일 - 한국문학신문

10. 인생은 한 편의 드라마(drama)다.

"인생은 한 권의 책과 같다. 어리석은 사람은 그것을 쉽게 마구 넘겨버리지만 현명한 사람은 열심히 읽어간다. 인생이란 책은 단 한 번만 읽을 수 있다는 것을 알기 때문이다."라고 상 파울이 말했다.

오랜 동안 몸에 밴 타성에서 특별한 계기가 없이 자각(自覺)만으로 기존의 틀에서 벗어난다는 것은 매우 어려운 일이다. 5~6세부터 길들여진 스마트 폰(Smart phone)에 중독이나, 취미활동 등에 지나치게 빠져 들어가 다음 날 일과(日課)에 대한 개념 없어 보이는 무책임한 행동, 가족보다도 더 소중하게 여긴다는 같은 취향의 친구들, 꿈은 거창하게 그려가고 있다.

그것을 이뤄내기 위한 노력이나 실행은 전혀 없이 때가 되면 뭔가는 되겠지 하는 막연한 기대의식, 양보나 배려의 행위를 찾아보기 힘든 젊은 사람들의 사고방식, 질서를 파괴하는 행위가 그들을 소영웅으로 만들어가는 생활문화의 빗나간 혈기 등을 바라보는 기성세대들은 걱정스럽고 안타깝기만 하다.

이렇게 고질화한 습관으로는 전쟁터 같은 현실에서 젊은 그들이 과연 승자의 위치에 서서 삶의 기쁨을 맛 볼 수나 있을 지? 심히 유감스럽다.

우리들의 삶은 자기의 이름을 걸고, 리허설이 없는 한 편의 드라마를 찍어가고 있다. 조연(助演)들은 있지만 주인공, 제작자, 연출 등의 모든 것들은 혼자서 치러내야 한다. 드라마의 제목은 부모님들이 행복하고 꼭 성공하는 삶을 이어가라고 정성들여 지어 주신 자기의 이름으로 이미 정해져 있으나, 각본은 없는 것이 특징이다.

태어나서 사회 진출의 준비기간을 20여 년에서 30여 년으로 계산을 하여 그 기간을 빼내면 나머지 사회 통념상 일할 수 있는 시간은 40여 년 안팎의 시간이 사회활동 기간이다.

그 시간들이 수만 리 먼 것처럼 느껴질 수도 있으나, 똑딱거리며 느리게 돌아가는 시계바늘이 세월로 묶여져 다가오는 속도는 화살처럼 빠르다. 지나고 보면 그리 긴 시간이 아니었음을 후회를 동반하여 느낄 수 있다.

인생은 마라톤이 아닌 중장거리 게임이다. 몇 십년간 펼쳐진 드라마가 우수한 작품이었느냐? 아니면 졸작(拙作)이었느냐? 는 오직 자신의 생각으로 행동한 결과에서 결정지어진다. 스스로를 위해 흘린 땀의 분량으로 만들어질 뿐, 평가의 선택은 자신의 몫이 아니다.

✍. 2012년 8월 20일– 원광보건대학 학보

11. 의미 있는 삶을 위하여.

마하트마 간디는 "힘은 뼈와 근육에서 나오는 것이 아니고, 불굴의 의지에서 나온다."고 했다.

지구상의 67억이나 되는 수많은 사람들은 현실보다 더 나은 삶을 살기 위해 부지런히 일을 하면서도 무엇을 위해 살아가는 지도 모른다. 그러다보니 훗날 시간이 흘러 자신의 꿈을 어느 정도는 이뤘다고 생각할 때, 후회라는 올가미에 덧씌울 수도 있다.

이렇게 받은 상처는 육체적으로 멍들고 정신적으로 우울한 시간을 만들어 낼 수도 있을 것이다. 그러지 않기 위해서는 항상 내적 욕구에 진실하고 하루하루를 돌아다보는 삶을 치러내야 한다.

자신의 일에 성공한 사람들은 누구나 처음부터 결정적으로 남과 다른 위치에서 출발했을 것이라고 쉽게 단정하는 것은 잘못된 지레 짐작이다.

지난 3월 29일 일요일 아침에 많은 사람들이 T·V 앞에서 아담한

체격의 피겨스케이팅 선수 김 연아에게 응원을 하면서 파이팅을 외쳤을 것이다. 피겨계의 여왕이란 호화스런 칭찬과 함께 세계 피겨 역사를 한국의 열아홉 앳된 학생이 새로 썼을 때, 우리는 한국인임을 자랑스럽게 생각했다.

그러나 화려한 이면에는 정상을 향한 피나는 연습이 있었고, 줄곧 따라다니는 부상에 많은 절망과 눈물을 흘렸다고 한다. 이렇듯 자신의 목적을 달성한 사람들의 이야기에는 아픈 시간들이 언제나 뒤에 그려져 나오는 것처럼 앞길을 가로막는 장애물을 넘어서야만 한다.

*. 인간관계의 너울

삶은 늘 어두운 그림자가 뒤따를 수도 있으며, 밝아오는 내일 또한 안개가 자욱하다. 이제는 익숙해져 버린 사회적 불안과 세계적인 경제공황의 여파로 생업인 일자리를 잃고, 끼니를 걱정해야하는 현실에서 웃을 수 있는 일들이 점점 줄어만 간다. 삶이 불안해지면서 주위 사람들과의 관계는 경직되고, 가슴은 늘 찬바람만 가득해진다. 세상은 땀을 흘리는 노력만으로는 바라는 모두를 얻어내기가 어려운 것 같다.

우리는 자신을 보호하기 위해 튼튼한 성을 쌓아가려하지만 성(城)이 높으면 높을수록 더 많은 장애물과 더 큰 욕심에 부딪혀 스스로 위축되어지고, 안정과 만족을 얻어내지 못한 체, 정신적인 균형을 잃어간다.

자신이 뜻하는 방향으로 나아가기 위해서는 '할 수 있다'라는 신념을 갖고, 방법을 찾아야만 폭풍우가 몰아치는 세상을 벗어날 수 있다. 자신의 충족을 얻으려한다면, 자기만의 삶의 방정식을 모색해보자.

소신 있는 행동과 사고의 철학이 분명해야만 급변하는 기류에 휘말리지 않고, 목표를 향한 발길이 가벼워질 것이다. 매사가 불확실한 세상을 살아가면서 중요한 것 중의 하나는 자기만의 색깔을 지닌 삶의 가치관을 정립시키는 일이다.

사무엘 존슨은 "신뢰가 없는 우정은 있을 수 없고, 언행의 일치가 안 되는 신뢰란 있을 수 없다."라고 했다. 자만(自慢)에 빠져 자신의 권력과 금력(金力), 지적(知的) 수준, 자기중심의 현란한 화술로 대인관계를 잘 맺으려한다면 그것은 매우 잘못된 생각이다. 자신의 장단점을 분석하지 못하고, 통제력도 없는 대인관계는 반드시 실패한다. 다른 사람들과 좋은 관계를 갖기 위해서는 상호의존성을 높여야 하고, 그렇게 되기까지는 상대를 배려하는 마음이 수반되어야만 시너지 효과가 있다.

성격이 다르고, 자란 환경이 다른 이질적인 생활 습관을 가진 다른 사람과 생각을 같이 하고, 마음을 열어 관계를 맺는다는 것은 쉬운 일이 아니다. 우정을 쌓기 위해서는 '존슨'의 말처럼 언행의 일치는 필수적이고, 실수한 것들이 있다면 변명보다는 사과하는 행동으로 상대를 편하게 하여 신뢰를 얻어야 한다.

우리들 모두는 주어진 삶을 행복한 시간으로 만들어가기 위해 각자의 젊음을 익혀간다. 행복을 얻기 위한 눈물겨운 여정(旅程)에는 반드시 고통의 시간이 뒤따른다. 그것들을 넘어서야만 하는 일은 운명이다.

삶의 질적인 수준을 높이려 하고, 보다 나은 환경을 만들어가기 위한 노력은 상당히 멋있는 생각이다.

*. 삶의 대가(代價)는 자신의 몫이다.

삶에 대한 책임을 다 하고, 만족하는 시간을 오래 지탱할 수 있는 「나」를 만들기 위해서는 자신이 잘 할 수 있는 일을 찾아내야 한다.

소크라테스, 공자, 테레사 수녀, 링컨과 같은 훌륭한 위인이 되어야만 의미 있고, 멋있는 삶은 아닐 것이다.

어떤 직업을 갖든, 어느 수준에서 살든, 지금 하고 있는 일에 최선을 다하고, 서있는 위치에서 위도 올려보고, 아래도 내려다 볼 수 있는 마음의 여유로움이 중요하다. 겪어가는 일들이 불편 없이 순리대로 매끄럽게 진행되는 것만이 행복이라고 단정 지을 수 없다. 우리는 항상 세상 반대편에서 일어나고 있는 잘못된 것들 또한 염두(念頭)에 두어야 한다.

대체 의학의 세계적인 권위자인 '더팩 초프라'는 "나를 괴롭히는 것은 어디에 머물러 있든 그것은 곧 나 자신이다."라고 했다. 우리들은 잘못된 모든 결과를 남에게 돌리면서 투덜댄다.

그것은 비난이나 조롱의 화살을 피하기 위한 생각이지만 세상은 결코 자신의 생각처럼 녹녹하지만은 않다.

불평과 불만을 늘어놓는 일로 스트레스가 해소되지는 않는다. 잘못된 상황들을 굳이 외면하려 들지 말고, 자신을 냉정한 눈으로 돌아보고, 원인을 찾아냈을 때, 새로운 자기가 만들어질 것이다. 다시 말하면 모든 원인은 '나'로부터 시작된다.

그런데 잘못된 생각으로 '나'아닌 다른 사람에게서 원인을 찾으려들다가는 해결도 되지 않은 채, 괜히 적(敵)만 만들어내며, 스스로 고립의 울타리를 만드는 격이 된다.

"대접받고 싶은 만큼 상대를 대접하라."고 했다. 오늘도 로또 복권 같은 대박을 꿈꾸며, 금력이나 권력에 대한 욕망으로 살아가는 사람들은 방향을 잃고 표류하는 돛단배의 운명과도 같다.

벼랑 끝의 최후를 맞이하지 않기 위해 모든 것들에 대한 선택을 자신의 몫으로 돌리고 살아가자.

✍. 2009년 여름호 -전북교육

12. J · Q 와 거짓말.

현실 사회에서 회자되는 지수(指數;Quotient)들과 거짓말에 대해 얘기를 하고자 한다.

＊I · Q(지능 지수; Intelligence Quotient),

＊E · Q(감성 지수; Emotional Q),

＊H · Q(건강 지수; Health Q),

＊R · Q(낭만 지수; Romantic Q),

＊C · Q(창조 지수; Creative Q),

＊D · Q(디지털 지수; Digital Q),

＊M · Q(도덕 지수; Moral Q),

＊S · Q(영성 지수; Spiritual Q),

＊A · Q(에티켓 지수; Atiquette Q),

＊P · Q(인성 지수; Personality Q)

＊G · Q(글로벌 지수; Global Q) 까지 등장한 세상이다.

특히 I · Q 그리고 E · Q와 함께 사람들의 관심을 모으는 J · Q(잔머리 지수)는 영어에도 없는 한국판 조어(造語)다.

J · Q는 잔머리의 알파벳 'J'자를 따고, 지수라는 의미의

Quotient에서 'Q'를 조합해서 만들어냈다. 즉 정면에 나서지 않고, 뒤에서 비바람을 피하면서 영악하게 자기 몫을 챙기려는 형태를 패러디한 말로 사사롭게는 자신의 입장을 강화시키려 잔꾀를 부리는 성향을 꾸짖는 경구(警句)다. 성공한 사람들 중에는 잔머리 지수가 높거나, 거짓말을 잘한다는 통계가 있다고 한다.

문제는 거짓말이나 잔머리를 능란하게 활용하는 주인공들이 국가사회의 지도층이거나, 국가의 중요정책 결정에 영향을 미칠 수 있는 사람들이다.

인간의 가치를 무엇으로 평가해야 제대로 된 기준이 될까? 천문학적인 숫자를 헤아리는 재벌들, 능란하고 수완 좋은 정치 유단자들, 학계의 석학들, 밝은 낮에도 화려하게 비추이는 軍 장성들, 명성을 떨친 운동선수들, 세계에서 으뜸가는 미녀들, 노벨상에 빛나는 학자들, 그리고 각 분야에서 구성원들의 부러움을 사거나 롤-모델이 되어 앞서가는 사람들, 땅위에서 숨을 쉬는 사람들이 70여 億 명이라고 한다.

훌륭하고, 똑똑하고, 영리하고, 특이한 재능을 가진 사람들과 잘생긴 사람들 틈바구니에서 살아남아 숨결이라도 이으려면 과연 어떻게 살아야 할까?

사람들의 대뇌가 아무리 발달했다고 해도 그 무게를 계량하면 코끼리나 고래에는 비교도 안 된다고 한다. 인간의 뇌는 1,200~1,400g, 코끼리는 4,000g, 고래는 9,000g이나 된다. 그러나 뇌의 무게를 체중을 나눈 비율로 계산하면 사람의 뇌가 모든 포유류들 중에 가장 무거우며, 이런 상대적인 무게가 두뇌의 명석(明晳)여부를 가늠한다고 한다.

명석한 뇌가 좋은 방향으로 활용을 하면 좋겠지만 잔머리를 굴려 나쁜 쪽으로 쓰여 질 때는 어두운 씨앗을 뿌리는 사회의 암(癌)적인 존재가 된다.

학자들에 의하면 다른 사람을 속이는 능력은 4세까지 형성된다고 한다. 습관이 되어 앞에 했던 거짓말을 계속해서 덮다보면 끝내는 거짓말에 중독이 된다. 상대를 속이면서 쾌감을 느낀다든지, 목적을 이루기 위한 수단으로 사용한다든지, 자신의 우월감을 보이기 위한 포장된 언어라든지, 남의 주의를 끌기 위한 이색(異色)행위라든지, 순간의 곤란한 위기상황을 모면하기 위함이라든지, 남의 것을 자기 것으로 만들기 위해 양심이나 죄의식을 느끼지 않는 거짓말로 다른 사람에게 피해를 주는 사람들은 성장과정의 환경에서 영향을 받아왔다고 한다.

일반인들이 거짓말을 할 때는 심장박동이 빨라지고, 땀이 나거나 안절부절 하면서 얼굴이 빨개진다.

그러나 가족들의 배경, 두려움, 열등감을 회피하려는 사람들과 거짓말에 중독된 사람들 즉 반사회적 성격을 가진 인격 장애자는 일반인들과는 틀리게 감정표현이 둔감하여 슬픔이나 공포에 대한 얼굴표정의 반응이 적고, 생리적 현상이 나타나지 않으므로 거짓말 탐지기를 들이대도 소용이 없다고 한다.

거짓말쟁이들은 진실을 말하는 것이 거짓말을 하는 것보다 더 쉽다고 한다. 지금까지의 과학이나 의학 등 그 어떤 방법으로도 잔머리를 굴린다거나, 거짓말은 막을 수 없으므로 다만 그 사람의 인격과 양심을 믿을 수밖에 없다.

거짓말은 하얀 거짓말, 검은 거짓말, 회색 거짓말이 있다. 하얀 거짓말은 예의나 도덕적인 거짓말로 상대를 안심시킨다든지 또는 편안하게 하여 걱정을 덜게 하며, 검은 거짓말은 상대를 속여 이득을 얻으려하거나, 고통을 주는 질적으로 나쁜 행위이고, 회색 거짓말은 사실을 과장해서 주위를 웃긴다거나, 옆에 있는 사람이 난처할 때 순간적인 기지(機智)로 상대를 감싸주어 누구도 피해를 받거나 고통이 없는 경우를 말한다.

"나는 지금까지 살면서 거짓말을 한 번도 해 본적이 없다."고 하는 허풍쟁이는 희대의 사기꾼(?)이 아닐까?

✍. 2013년 7월 3일 - 한국문학신문

13. 핑계는 삶의 습관이다.

지금의 학생들은 치열한 경쟁 속에서 불확실한 장래를 설계해가며, 초조하고 불안한 강박관념으로 살아가야하는 어쩔 수 없는 현실이다.

우리들에게 보다 더 확실하게 부(富)와 성공과 행복을 가져다 줄 에너지는 과연 무엇일까?

희망을 안고 있는 에너지는 어떤 일에 직면했을 때 좌절하거나, 절망에 빠지지 않고 꿋꿋하게 대처할 수 있는 힘을 주는 요인이다. 에너지는 또한 이상(理想)을 실현 시키는 새로운 것에 대한 원천이 되며, 험난한 인생을 헤쳐 나가게 해주는 용기의 근원이 되기도 한다.

부자가 되거나, 자기 나름의 성공을 이루는 데는 반드시 그 일을 성사시켜내는 에너지가 필요하며, 이상을 행동으로 옮기는 데는 충분한 에너지가 있어야한다.

이 에너지는 짜임새 있게 올바른 방향을 찾은 지혜와 용기와 인내력의 가치를 실천으로 옮기는 결단력을 말한다.

청년들은 무한한 가능성을 갖고는 있으나, 자기의 모든 에너지를 어떻게 활용하느냐에 따라 인생에서 슬픔과 기쁨 가운데 어느 하나를 맛보게 될 것이다.

고인이 된 현대그룹 설립자 정주영 회장은 임원회의 석상에서 새로운 일에 대한 제안을 하거나 지시했을 때, 받아들이는 사람이 “어렵습니다, 안될 것 같습니다.”라고 답하면 “해보기나 하고, 그런 대답을 하느냐?”고 주의를 환기시켰다한다.

실행에 옮기지도 않고, 머릿속의 판단으로만 “안 된다, 못한다, 어렵겠다.”고 하는 부정적 사고는 사안(事案)을 피해가려는 구실 또는 핑계거리를 찾는 습관이 깊숙한 곳에 자리하기 때문이며, 속된 판단이다.

2차 세계대전의 영웅인 영국의 윈스턴 처칠은 모교 졸업식 축사에서 어떤 경우라도 “포기하지 마라”고 한 짧은 축사로 큰 박수를 받았다. 훌륭하고 위대한 일가(一家)를 이룬 선지자(先知者)들의 생각이 우리대학 학생여러분들의 뇌리에도 입력되어 거칠고 높은 세파를 이겨내는 원동력이 되었으면 한다.

어느 새 2학기를 맞은 지, 또 한 달이 지나갔다. 한 방울의 물이 모여 냇물을 이루고, 강이 되고, 바다가 되듯이 하루하루의 시간들이 쌓여 한 달이 되어, 우리들의 젊은 시간은 빠르게 흐른다.

선배들의 충고나 어른들의 잔소리가 시원한 생맥주와는 비교가 되지 않겠지만, 훗날에는 분명 그 음성이 그리워질 것이다.

인간은 누구나 이루고 싶은 꿈이 있고, 멀리 바라보이는 삶의 희망봉이 있다. 그런 이상을 자신과 결부시켜 이뤄내는 방법은 무엇일까. 힌두교의 경전에 “인간은 자기가 생각하고 있는 것과 같은 인간이 된다.”라고 했다.

즉 자신의 생각을 어떻게 가지느냐에 따라 그런 사람으로 변모하는 결정적 계기가 되며, 대처 하는 방법과 생각에 맞춰 기쁨과 풍요, 행복과 성공이 같이한다. 현대인들 대부분은 소극적인 사고와, 말초신경의 쾌락과 안일(安逸)만을 찾아, 땀은 덜 흘리고 대우는 좋은 일자리를 찾기에 집착되어 있는 것 같으나, 과연 그렇게 덜 익은 생각들이 순조롭게 잘 이루어질까?

이런 생각을 갖고 사는 청춘들은 문제 해결의 핵심을 모르거나, 불안한 자신의 위치와 생각이 뜻대로 되지 않으면, 모든 원인과 정황을 남의 탓으로 돌리려하거나, “자기는 하는 일마다 운이 따르지 않는다.”고 투덜대는 오류를 범하고 있다.

우리들에게는 언제나 생각을 선택할 자유가 있는데도 어떤 사소한 상황에 의해 무너진다. 인생의 그림은 항상 아름답고, 하고 싶은 대로 그려지진 않는다는 현실을 직시해야 할 것 같다.

8월 27일(일요일)부터 9일 동안에 펼쳐진 세계 4대 스포츠행사인 「13회 대구 세계 육상선수권 대회」에 참여하는 육상 스타들을 보자. 자메이카의 ‘우사인 볼트’나 러시아에서 날아온 미녀 새 ‘옐레나 이신바예바’같은 별들도 뒤돌아서서 울어야 했던 아픔은 있었을 것이다.

일등만 하는 그들의 뒷모습을 바라보며 절치부심(切齒腐心)했던 수많은 선수들이 희망이 없었다면, 대회 때마다 들러리를 서기 위해 적지 않은 경비를 써가면서 참여했을까?

일등은 한 사람이지만 이등, 삼등, 아니 꼴등은 수십, 수만이나 있다. 꼴등은 또 다시 꼴등을 하지 않기 위해 자신에게 잠재되어 있는 능력과 소질을 찾아내 최선을 다 해야 한다.

영국 프로축구 프리미어 리그 '맨체스터 유나이티드'에서 뛰고 있는 박 지성 선수는 달리기에 불편을 갖는 평발에 가깝다고한다. 박 선수가 축구의 소질을 발견하지 못했더라면, 지금쯤 어떤 사람으로 살고 있을까?

미국의 유명한 심리학자 윌리엄 제임스는 "우리 세대의 가장 위대한 발견은 자신의 마음가짐을 바꾸는 것으로 해서 자신의 인생을 바꿀 수가 있다"라고 했다. 즉 자신의 실패를 인정하지 않고 변명만 하려한다면 자기 인생을 농락하는 것이다.

'핑계'는 인간들이 이 땅에 태어나면서부터 만들어졌다. '핑계'라는 단어에 안주(安住)하는 사람은 홀로 웃으면서 자기의 행복을 날려 보내거나, 푸르게 펼쳐져 있는 자신의 앞날을 단념하는 행위일지도 모른다.

자기가 만들어낸 핑계에 스스로 묶이면서 매사에 변명만 하려고하다, 또 다른 핑계거리를 만들어낸다.

즉 거짓말을 하는 사람은 머리가 명석해야만 또 다른 거짓말로 위기를 모면해 갈 수 있다. 그렇지 않으면 곧바로 들통이 난다. 세상에 약점이 없는 사람은 없다. 굳이 자신을 바보로 만들 필요는 없지 않은가? 사실대로 상황을 인정하고 앞으로는 이렇게 "하겠습니다."라고 상대에게 또는 스스로에게 다짐하는 사람이 다른 사람보다 훨씬 앞서가는 사람이 될 것이다.

거짓말을 잘하는 것도, 착한 일을 하면서 남을 배려하는 것도, 어떤 상황에서도 질서를 잘 지키는 습관도, 실수를 핑계로 해명하려는 버릇도 모두가 몸과 머릿속에 깊게 자리한 고질적인 습관이다.

모든 것은 결과가 있고, 그만한 대가(代價)가 뒤 따른다. 실패한 일에 대한 변명이나 핑계는 자기의 삶에 전혀 도움이 되지 않는다. 그것으로 자신을 묶어버린다면 더 이상의 행복이나 성공은 멀리 달아날 것이다.

학생 여러분! 여러분들은 혹시라도 실수(失手)나 실패한 어떤 일에 대한 반성은 하지 않고 '핑계'거리를 찾아 빠져나가려고 궁리하고 있지는 않겠지요?

✍. 2011년 10월 2일 – 원광 보건대학 신문

14.「나」다운 나를 만들자.

자연의 질서는 정직한 약속으로 일 년의 회귀(回歸)를 마치고 자연스럽게 돌아 와, 새로운 기운으로 사람들의 새해 소망을 이뤄주기 위해 계사(癸巳)년의 태양이 상기된 모습으로 떠올랐다.

12년 前 지구 위에서 숨을 쉬고 있던 65억이나 되는 많은 생각들이 새천년을 환영하며 떠들썩하게 맞이했던 기억이 되살아난다. 두세기를 살아가는 모두는 자신의 인생을 만족스럽게 만들어가고 있을까?

지난 세월을 더듬어보면 새해를 맞이할 때마다, 맑은 정신으로 순결한 향기를 느끼려고 흩어 진 마음을 가다듬곤 했었으나, 그러한 감정들이 오래지탱하질 못하고, 젖어든 타성(惰性)으로 쉽게 되돌아갔다는 사실이다.

윈스턴 처칠은 "비관주의자들은 희망 속에서 절망을 말하지만, 낙관주의자들은 절망 속에서 희망을 캐내려한다"라고 했다. 경쟁사회 속에서 거칠게 살아가는 우리들의 삶은 생각하는 정도에 따라 즐겁거나 보람이 있고, 고달프거나 힘들다.

우리들은 그럴 때일수록 희망의 가닥을 찾아 '나'를 '나'다운 사람으로 만들어야하는 의무와 지혜를 가진 '심마니'가 되어야만 생존할 수 있다.

누구의 삶이든 힘들고 외롭지만 주어진 삶을 어떤 소신과 가치관으로 살아가느냐에 따라, 험하고 높은 곳이라도 오를 수 있지 않을까한다. 중요한 것은 '너도 하는데, 나도 할 수 있겠지'라는 자신감이며, 끝까지 포기하지 않는 근성으로 내가 그려 놓은 목적지에 도달할 것이다.

나야말로 내 운명의 지배자이며, 내 영혼의 선장(船長)이다. 이 현상은 누구에게나 공통되는 진리가 되며, 자신만이 자신의 사고(思考)를 조절할 수 있는 힘을 갖고 있다는 것이다.

누구나 놓치고 싶지 않은 꿈이 있고, 바라는 삶이 있다. 어떻게 하면 자신의 인생과 꿈을 현실에서 이뤄낼 수 있을까?

"사람들은 자기가 그려가고 있는 모델과 생각하고 바라는 방향으로 가는 인간이 된다."고 한다. 즉 무엇을 어떻게 얼마나 중요하게 생각하느냐가 자기의 인생을 가늠한다는 얘기다.

평범한 사람들은 한꺼번에 여러 가지 일을 할 수 없다고 한다. 한 가지 일에 몰두해야만 자기의 뜻을 이뤄나가는데 후회가 없을 것이다.

자신에 대한 자학(自虐), 연민(憐愍), 과욕(過慾), 열등의식(劣等意識) 등이 자기의 정신세계를 지배한다면, 생각이나 감정들을 바르게 정리하지 못하기에 가야 할 어느 하나의 길을 선택하지 못하는 불행을 초래할 것이다.

자신을 위해서라면, 타성과 마음가짐을 필요에 따라, 과감하게 바꿀 수 있는 용기가 있어야만 고착된 자기의 인생을 새롭게 변모시킬 수 있다고 생각한다.

계사(癸巳)년이 적지 않은 선물 보따리를 몽땅 들고 두 달 전에 우리들 곁으로 성큼 찾아들었다. 희망을 담고 있는 열두 달의 빈 공간에 무엇을 어떻게 채워나가면서 하나밖에 없는 '나'를 만들어 낼 것인가를 풀어내는 숙제는 오직 개인의 몫이다. 보고 싶은 사람이 있으면 기다리지 말고, 당장이라도 만나러 가야만 다음 일을 차질 없이 해낼 수 있듯이, 후회 없는 '나'를 만들고, 진정으로 느낄 수 있는 행복을 찾으려 한다면, 철저한 자기관리만이 뜻을 이룰 수 있다.

모든 것들은 생각에 따라 달리 보이듯이 자신의 눈으로 옥석(玉石)을 가려낼 줄만 안다면 행복과 만족은 언제나 그 자리에 있을 것이다. 계획했던 목적지에 다다르지 못하는 모든 원인은 일시적인 낭패를 너무 간단하고 쉽게 단념해 버리는 조급함에서 올 수도 있다. 단념하기 전에 전문가나 그 방향의 선배에게 의견을 듣는 마음의 여유를 가진 뒤에 포기해도 늦지 않을 것 같다.

영리한 뱀을 몰고 온 새해에 많은 사람들이 꿈을 펼칠 수 있으려면, 개인은 개인대로 오랜 세월동안 익숙해진 생활습관과 고질화된 집착의 사고를 개선하지 않고서는 흡족할 수 있는 자기를 만들어 낼 수 없을 것이다.

구슬땀을 흘리면서 젊음을 바친 사업을 끝까지 지켜내지 못하고 무너지는 이유는 오만과 과욕과 허영 때문이다. 자만과 자위는 짧은 시간의 착각으로 행복을 부르는 듯하나, 사랑했던 사람의 밀어처럼 또는 목적을 이뤄내려는 사업가처럼,

정치인들의 아름답게 보이려는 꾸밈의 미소였을 뿐이다.

허공에 그려지는 쿨(cool)한 삶에만 연연해하지 말고, 자신의 능력과 취향과 욕구에 속임 없이 땀을 흘리는 길만이 훗날 아름다운 에덴동산으로 힘찬 발걸음이 옮겨질 것이다.

✍. 2013년 3월 6일－한국문학신문

15. 고집(固執)이 부른 눈물.

“어리석은 사람들은 대부분이 고집(固執)스럽고, 고집이 강한 사람은 매우 어리석다.”고 했다. 그들은 잘못된 자기생각에만 집착해서 끝내는 삶의 방향감각을 잃고 만다. 자존심 때문에 맹목적(盲目的)으로 부리는 고집은 비현실적인 공상(空想)과 접목이 되면서 치료 불가능한 늪으로 함몰될 수도 있다.

세상에는 수많은 사람들이 활개를 펴고 웃으면서 함께 갈 수 있는 큰 길도 없을뿐더러, 모든 사람의 욕구를 충족시킬 자원이나 방안도 없기에 각자의 역량과 분수에 맞게 짐을 지고, 삶의 길을 뚜벅뚜벅 걸을 수밖에 없다. 어느 先知者는 “자신의 과장된 욕망을 이기지 못하는 사람은 패배자가 될 수밖에 없다.”라고 말했다.

20세기를 살다간 전북 고창 출신의 고승(高僧) 송 만암 선사(宋曼庵 先師; 1876~1956 조계종 종정 역임)의 얘기다. 천년고찰 白羊寺에서 어느 날 동자승(童子僧)과 함께 길을 걷는데 동자승이 물어오길 "스님! 불교에서 가르치는 말씀을 간략하게 줄인다면, 어떤 경구(警句)가 있습니까?"라고 하자.

만암이 "그야 이놈아! 착한 일을 많이 하고, 악한 일을 하지 말라는 게지."

동자승 "에이 스님도! 그런 말씀은 세 살 먹은 어린 아이도 다 아는 얘기 아닙니까?

만암이 답하기를 "이놈아! 세 살 먹은 아이도 다 아는 얘기지만, 여든 먹은 노인도 行하기가 힘든 일이란다." '착한 일과 악한 일, 그리고 실천'이란 단어를 되새겨보자. 만암 스님이 법랍(法臘) 71세로 입적하시기 전 어느 날 '제자들을 모이게 한 뒤, 갖고 있던 물건들을 나눠주면서 하던 말씀이다.

"마지막 입는 옷에는 주머니가 없단다."

달콤한 음식을 먹는 그 순간은 행복감에 젖어 다른 것들을 생각할 겨를이 없듯이, 고집스럽고 어리석은 자는 주위 사람들의 부추김과 입에 바른 처세술에 능숙한 칭찬에 곧잘 동요되어 우쭐해 한다. 충정어린 충고나 만류(挽留)는 욕을 먹을 각오를 하고 하는 말인데도 상대는 귀담아 듣질 않는다. 고집스런 사람은 자기의 생각과 경험으로만 자신을 대변하면서 자랑하며 행동하려들기 때문이다.

전국이 선거열풍에 휩싸여 있다. '섬김과 봉사'를 앞세워 영달을 찾아가는 길을 선택한 사람들이 줄지어 서있다. 후보자들은 승자가 되어야 하는 과제가 중요하겠지만, 유권자들은 그들이 정치시장에 내 놓은 '정책과 공약'이라는 상품의 본색과 추구하는 방향의 품질을 보고 판단해야 한다. 민주주의는 유약(柔弱)해서 아무 곳이나 씨앗을 뿌린다고 자라는 식물이 아니다. 위정자(爲政者)들이 조금만 방심을 해도 민주주의는 상처를 받아 쉽게 시들어버린다. 입에 붙은 봉사나 위장된 섬김의 태도로는 지탱하지 못한다. 민생복리(民生福利)를 위한 헌신적인 노력과 견제가 균형의 원리로 작용되어야만 민주주의라는 제 가치를 지닐 수 있다.

2014년 6월 4일(수요일) 子正 무렵이면 높고도 험한 산을 구슬땀을 흘리며, 넘어선 후보자들 간에 승자와 패자의 분기점이 이루어질 것이다. 가족이나 친구의 말을 듣지 않고 고집을 부린 바보들은 실패의 쓴맛을 보고서야, '아차! 그랬었구나.'하고 서운한 사람들을 되씹으면서 홀로 울고 있을 것이다.

사회심리학자 에리히 프롬(1900~1980)은 "소유와 욕망은 한계가 없어서 소유 지향적인 삶을 추구하는 사람은 행복하기가 매우 힘들다."고 했다.

하버드 대학 도서관에 붙은 30訓에 "지금 흘린 침은 내일 흘릴 눈물이 된다."라는 글귀가 있다고 한다. '침'은 타액(唾液)일까? 욕심일까? 게으름일까? 침과 눈물은 무엇을 의미하고 있을까? 인간이 절실하고 억울할 때, 흘리는 눈물은 쓰고 짭짤할 것이나, 기쁨에서 오는 눈물 맛은 더 없이 달콤하련만 눈물의 화학적 성분이야 차이가 없을 것이다.

후보들은 화려하게 포장하여 진실과 과장을 홍보하였지만, 유권자들의 마음을 흔들고 대뇌를 제대로 자극시켰다면 아름다운 여신이 미소로 답을 하였겠으나, 유권자들이 가늠한 그릇의 용량이 부족했다면 어찌되었을까?

만용(蠻勇)을 버리자. 사람들이 비겁하다고, 손가락질하더라도 모른 체 하자. 그들이 내 인생을 대신 살아주지는 않을 테니까.

어니 젤린스키는 「모르고 사는 즐거움」이란 저서에서 '걱정'에 대한 분석을 내놓았다. "현실에서 절대로 일어나지 않는 것들이 40%이며, 이미 일어난 일에 대한 쓸데 없는 걱정이 30%이고, 무시해도 될 만큼 사소한 것들이 22%라고 했다. 나머지 8%의 반반은 사람의 힘으로는 어쩔 도리가 없는 것들과 우리가 바꿔 놓을 수도 있는 것들이라 했다. 그리 셈을 해보면 걱정으로 얻은 효과는 4%에 불과하다. 굳이 타인들의 입을 두려워할 필요는 없다. 체면 때문에 고집을 부리며, 홀로 울지 말고, 용감한 결단으로 웃음을 만들었으면 한다.

'꿈을 사랑하려거든 지금의 나를 사랑하라.'고 했다. 못난 행동의 끝이 어떤 비극을 초래할 것인가도 그려보자. 잘못된 선택을 되돌리는 용기 있는 행동은 매우 현명한 선택이다.

✍. 2014년 4월 2일-한국문학신문

Chapter 2

언어! 말은 생각을 담아내는 도구(道具)다.

☞. 인간 본연의 모습을 감추고 산다는 것은 거의 불가능한 일이다. 우리가 날마다 입 밖으로 내뱉는 말 속에는 그 사람의 평소 때의 생각이 그대로 스며들어 있는 것이다.
즉 말은 자신의 마음에 있는 생각에다 지혜를 담아 표현하는 것이다. 말의 폭력은 행동의 폭력보다도 더 아프고 잔인하다고 한다.

☺. 말로 받은 마음의 상처는 평생을 안고 간다고 한다.

1. 내가 잘 할 수 있는 것은 무엇일까.

우리민족은 아시아 대륙의 동북(東北)지방에 위치한 山은 많으나, 들녘은 좁은 조그마한 반도(半島)의 나라다.

삼 년여 동안 민족상잔(民族相殘)의 슬픈 상흔(傷痕)을 이겨내면서 우리들의 부모와 선배들은 굶주린 허리띠를 졸라매가며, 억척의 기질로 현대사를 자랑스럽게 만들어왔다.

우리나라를 가리켜 "떠오르는 태양"이라는 찬사를 보낸 프랑스인들은 아마도 선견지명이 있었나보다.

부존자원(賦存資源)도 보잘 것 없고, 땅덩어리도 작은 우리나라가 선진국으로 도약해 온 현실은 끈질기고, 부지런한 민족성의 결과다. 단일국가로는 세계에서 으뜸인 명석한 두뇌를 활용하여 지금은 10위권 안으로 진입하는 수출국(輸出國)이 되었다.

비전은 인간의 개인적 목표를 설정하는 것이기에 현재의 나를 '나'답게 만들어 가는 필수적 산물이다. 아울러 나에게 뜨거운 생명력을 불어 넣어주고 있으므로 비전이 없는 젊음은 어떤 것도 불가능하다. 사람들은 누구라도 하나의 재주와 능력은 분명히 갖고 태어난다고 한다.

그러므로 자포자기(自暴自棄)나 패배의식은 절대로 금물이다. 자신에게 잠재하고 있는 것들 중에서 가장 잘 할 수 있는 일이 무엇인가를 가려내어 「꼭 이뤄내겠다.」라는 자신감으로 머뭇거리지 말아야 한다.

소질과 적성에 알맞은 일을 찾아 용기 있게 다가서서 열심히 하다보면 결과는 반드시 밝은 미소를 동반할 것이다.

세계 2차 대전의 영웅인 '윈스턴 처칠'의 어렸을 적 꿈은 정치가였다고 한다. 하지만 엘리트 코스인 '이튼 스쿨'을 포기하고 들어간 '해로 스쿨'에서도 낙제를 거듭하였고, 3수 끝에 겨우 육군사관학교에 진학했다고 한다.

학교성적은 뒤에서부터 샘해야했지만, 그가 잘 할 수 있는 것을 찾다보니, 낙제하면서 반복학습을 했던 3년여의 생활이 헛되지는 않아서인지 글은 남보다 잘 쓸 수 있음을 알아 신문에 기고했던 글들을 모아 책으로 발간하여 유명인사가 되었다.

그는 냉정하게 자신을 들여다보았기에 잘할 수 있는 분야를 찾아 전력을 다했던 결과로 25세에 하원(下院)의원에 당선하여 꿈의 무대였던 정계에 입문하였던 것이다.

잘 할 수 있는 것을 열심히 하려면 소신이 분명해야 하고 흔들림이 없어야 한다. 승부의 결과는 욕심이 아닌, 흘리는 땀과 자신을 설계하는 냉철한 판단력과 선택의 여지(餘地)에서 노력한 만큼 얻어낸다는 사실을 인정하는 시각의 문제에서 결정된다.

흘러가는 세월을 막아설 사람은 세상에는 아무도 없다. 다만 그 시간들을 어떻게 자기 것으로 만들어내느냐 일 뿐이다.

누가 당신에게 "당신이 제일 잘 할 수 있는 일은 무엇이며, 장래의 꿈은 무엇이냐"고 물어 온다면 머뭇거리지 않고 자신 있게 대답할 준비는 되어 있겠지요? 여러분!

✍. 2012년 8월 1일 - 원광보건대학 신문

2. 말(언어)로 운명을 바꿀 수도 있다.

별다른 생각 없이 내뱉은 말 한마디가 상대에게 상처를 주고, 다시 독(毒)이 오른 부메랑이 되어 내 가슴에 박힐 수도 있다.

「이솝 우화」의 작가 '이솝'이 노예 신분이었을 때, 주인이 "세상에서 가장 좋은 음식을 구해오라고 했는데, 그는 소의 혀로 만들어 낸 요리를 바쳤으며, 다시 세상에서 가장 나쁜 음식을 가져오라고 했을 때도 역시 소의 혀(舌)였다"고 한다.

'이솝'의 메시지는 말(言語)이란 상대를 즐겁게 할 수도 있고, 흉기도 될 수 있다는 것이다.

현실에서도 부모나 선생님의 무심(無心)한 말씀 한마디가 사랑하는 자녀들의 진로를 바꿔 놓을 수도 있다.

'언어와 인간'의 삶은 불가분의 관계를 맺고 있으며, 동물과 다른 특징은 지능을 활용하여 언어를 사용하는 것이다. 사람이 갖고 있는 140억 개의 뇌세포는 생물학적으로 유용하게 쓰이는 곳도 많겠으나, 특히 추상적인 사고와 상징(思考와 象徵)을 이해하고, 처리하는 능력과 활용하는 의미를 갖고 있다고 한다.

인간의 삶에서 의식주(衣食住) 다음으로 중요한 것들은 무엇일까? 그것은 아마도 너와 내가 함께하는 사회생활에서 서로의 생각을 나눠가며 행복으로의 길을 찾아가는 데 필요한 의사소통(意思疏通)의 도구인 말(言語)이라 할 것이다.

언어는 독특한 상징체계를 갖고 있으며, 여기에는 따르는 규칙이 있고, 사회적으로 공유(共有)하는 약속에서부터 시작한다.

영국 속담에 "신의(信義)를 저버리는 친구는 공개적인 적보다 더 무섭다."고 했다. 실행하지 못 할 일들을 쉽게 약속해놓고, 실수가 거듭된다면, 시나브로 신뢰를 잃어, 좋은 친구들의 질타를 이겨내기가 힘들 것이다.

말은 사용되는 의도(意圖)에 따라, 여러 유형의 영향력을 발휘한다. 상대에게 전달하는 말은 나를 위하고 상대를 위해서라도 항상 긍정적인 생각을 담아 표현해서 서로의 뜻이 아름답고 정확하게 전달되어야 한다.

말하는 행동이나 모습은 그 사람의 인격을 대변해줌으로 자기의 이미지를 구축하는 일은 다른 사람이 도와주거나 대신 할 수는 없다.

사람들은 대체로 자존심에 상처를 받았을 때, 만회하려고 상대를 폄하(貶下)하거나, 공격을 하는데, 그나마도 무너져 내려 크게 상처를 입을 수 있다.

상황파악을 못한, 과장된 칭찬은 거짓말과 같으며, 입에 발린 칭찬 또한 독이 될 수 있으므로 조심해야한다.

다시 말하면 가식적(假飾的)인 표현이나, 사실과 다른 말의 남용은 지각(知覺)이나 판단력에 의심을 받을 수 있으며, 지적(知的) 수준과 저급한 인격의 소유자로 오해의 소지를 남길 수도 있다. 욕설이나 비방, 과장되거나 가식적인 언어 구사보다는 감정을 절제하는 방법으로 자기를 지켜가는 것이 어떨까 한다.

사실에서 어긋난 한마디로 귀중한 생명과 재산을 잃을 수도 있다. 현대인들은 누구에게도 쉽게 마음을 열려고 하지 않으면서 부정적 표현이나 공격성의 발언, 또는 거짓말로 자신을 감싸고 상대를 불신한다.

「신뢰의 법칙」을 저술한 미국의 리더십 전문가인 '존 맥스웰'은 인간관계에서 가장 중요한 것은 인연이 성립된 서로간의 '신뢰(信頼)'라고 했다.

사랑하는 친구에게 또는 가족들에게 "사랑한다. 나는 당신을 믿는다. 또는 고맙다."라고 배려와 진심을 실어 건너가는 말 한마디에 '나'그리고 당신도 어제와는 다른 즐거운 오늘을 맞이할 수 있을 것이다.

아름답고 멋있는 세상을 만들기 위한 작은 실천으로 내 운명을 바꿀 수도 있는 말(言語)부터 신중을 기하는 지혜를 배워가자.

✍. 2012년 11월 8일 - 전북일보

3. 말(언어)은 생각을 담는 그릇이다.

「말로 천 냥 빚을 갚는다.」는 속담이 있듯 말도 많고, 탈도 많은 세상을 살아가려면 한 마디 말이라도 신중하게 해야 피해를 입는 어리석음을 겪지 않을 것이다. 무심코 뱉어진 한마디로 되돌릴 수 없는 곤경에 처(處)할 수도 있기 때문이다. 살다보면 자신이 내린 판단과 약속으로 스스로 결박당하는 때가 종종 있을 것이다.

그럴 때마다 나는 왜 항상 이 모양일까? 하고 자책(自責)을 한다. 바보가 따로 있는 것이 아니라, 내가 바로 바보일 수도 있다. 바보들은 순박하여 그들의 삶 자체가 구겨지지 않고, 마음이 편할지도 모른다.

반면 영리한 고집쟁이들은 자기 의견만을 옳다고 생각하다보니, 주위 사람들을 적으로 만들거나, 따돌림을 받아 시나브로 외로운 섬을 만들어가는 줄을 모르고 도취해버린다. 이들 중 누가 더 바보일까?

마치 개구리가 미지근한 물속에 넣어져 가열(加熱)을 느끼지 못하다가, 마침내 끓는 물에서 생명을 잃는 것처럼, 부지불식간에 나도 모르게 형성된 언행의 습관이 내 운명을 갈라놓을 수도 있다는 것을 생각하면서 한 번쯤 뒤돌아보자.

우리들은 어떤 상황이나 대인 관계에서 생각한 것들을 정리하여 말로 표현하고, 의미가 담긴 말은 곧 얼굴이나 행동으로 나타나 분위기가 조성된다. 그런 행동들은 시간의 흐름에 몸과 뇌리에 고착되면서 습관으로 굳어져 그 사람의 성격으로 자리를 잡아 간다.

"예부터 세 살적 버릇 여든까지 간다."라고 했다. 어려서부터 길들어진 성격은 평생 동안 나를 지배한다.

우리들 주위에서 크게 성공을 했다거나, 남들 앞에 자기를 내세울 수 있는 사람들은 남들이 모르는 사이 피나는 노력과 자기만의 분명한 비결이 있었을 것이다.

"해야만 한다. 할 수 있다. 꼭 하고 싶은 일이다."라고 자기 최면(催眠)을 걸어 어렸을 적부터 포기하지 않고, 꾸준하게 동기부여를 만들었을 것이고, 남들보다는 자신에게 더 많은 투자를 하여, 목표를 달성해가는 과정에서 때로는 외롭기도 했을 것이다.

그들은 상대를 만났을 때는 한마디의 말에도 매우 신중했을 것이다. 왜 그랬을까? 우리들을 유혹하는 것들의 이면(裏面)에는 보이지 않는 함정이 있고, 잡기 어려운 뜬구름이었다는 사실을 인지했을 때는 이미 많은 시간이 흘러간 뒤다.

유형이 같은 사물을 보고 있거나, 같은 정황(情況)에서도 표현의 방법이 각각 다르다. 어떤 사람은 좋은 방향과 긍정의 마인드로 상대가 거부감 없이 듣기 좋게 표현하고, 또 다른 사람은 빈정대는 어투와 부정적인 판단으로 듣는 이의 기분을 상하게 만든다.

생각과 표현이 각각 다른 것은 성장과정의 환경에서 영향과 지배를 받았기 때문이지만, 어떤 사람의 마음이 더 편할 것인가를 생각해 보자.

매사에 생각하고 참는 힘을 길러내야 생활의 피해를 덜 본다. 사고력과 인내력이 만들어지는 요람(搖籃)은 곧 가정이다.

생활전선에 뛰어들어 자녀들과 함께하는 시간의 여유를 갖지 못했거나, 또는 경제적 안정을 찾은 부모들의 과잉보호로 자녀들은 '절제하는 방법과 참아내는 힘'을 기르지 못했다. 자기들이 바라는 것들이 뜻대로 이뤄지지 않았을 때는 고집을 부려서라도 기어코 손에 넣어야 직성이 풀린다.

이런 자기 집착성(執着性) 성격을 정신의학자들은 "경계선 인격 장애"라고 하는데 – 그들은 감정의 기복(起伏)이 심하고, 원하는 것은 바로 얻어내야 하고, 잘못된 일은 모두 상대의 탓으로 돌리면서 혼자 있는 것을 견디지 못해 뭔가를 손에 쥐고 있어야 한다. 욕구에 따라 상대방에 대한 가치기준을 멋대로 조정하면서 순간순간의 쾌락만을 추구한다. –

'習非成是(습비성시)는 나쁜 습관일지라도 옳은 것으로 만들 수 있다는 뜻이다. 우리들 몸에 베인 잘못된 습관은 매우 무서운 적(敵)이다.

거짓말 하는 습관을 아무렇지 않게 생각 한다든지, 어쩔 수 없었다고 합리화하거나, 그럴듯하게 변명하려들 때는 어릴 때부터 엄하게 꾸중을 해서라도 부모들은 반드시 바로잡아 주어야 할 의무이며 도리다.

정채봉 작가는 "생선(生鮮)이 소금에 절임을 당하고, 얼음에 냉장을 당하는 고통이 없다면 썩는 길밖에 없다."라고 했다.

누구나 자기의 목표를 달성하기 위해서는 자기성찰이 뒤따라야 한다. 내 생각은 모두가 옳다고 우겨대는 '돈키호테'형(型)이 된다든지, 내가 바라보고 있는 저 지평선이 지구의 끝이라고 우겨댄다면 그는 어느 때부터인가 허전함을 느낄 것이다.

말은 생각을 담아내는 그릇이다. 어떤 생각을 어떤 그릇에 담아 어떻게 전달하느냐에 따라 자신의 인생 항로와 그 주위사람들과의 관계가 달라질 것이다.

말은 곧 그 사람의 얼굴이고 인품이다. 세상에서 가장 어려운 일은 '나 아닌 다른 사람의 마음'을 얻어 '나'를 전달하는 것이다.

✍. 2013년 6월 26일 – 한국문학신문

4. 선택과 운명.

「운명(運命)은 선택으로부터 시작된다.」 고 했다. 출발하기 전에 갈 곳을 확실히 정해놓고, 발길을 옮겨야만 길지 않은 인생 먼 길로 돌아가지 않을 것이다.

순간의 빗나간 선택이 일생의 운명을 좌우할 수도 있기 때문이다. 우리는 삶의 어느 순간에 가슴이 설레는 일에 부닥치곤 한다.

그때마다 삶의 짜릿한 사명의식을 느껴 갈 것이다. 가슴이 뛰는 일을 찾았다거나, 결정을 했다는 것은 내가 무엇을 원하고 있다는 것을 알아냈다는 증거이고, 진정한 마음의 평화와 행복의 세계로 나아갈 수 있는 단초가 될 수 있기 때문이다.

중국의 임어당박사가 말한 '수필 같은 삶'이란 생기가 넘치는 삶, 산뜻하고 치장(治粧)하지 않은 삶을 의미하는 것이 아닐까? 하고 생각을 해본다.

환경미화원은 지저분하게 어지러워진 거리를 청소하는 궂은 일을 한다. 그러나 자기가 하고 있는 일로 인해 많은 사람들의 기분이 유쾌하고 즐거울 수 있다는 사실을 알게 되는 순간에 그분들은 매일 즐겁고 편한 마음으로 출근하면서 뿌듯한 행복감을 맛 볼 수 있을 것이다.

무엇에겐가 쫓기면서 '오늘은 어떻게 넘겨야하나.'하고 고민 가득한 불편한 마음으로 출근하는 사장님과 비교를 한다면, 누가 더 행복하다고 볼 수 있을까?

그럼에도 현대인들은 가치기준의 높낮음과 삶의 무게를 어떻게든 비교시켜가면서 나름대로의 점수를 만들어내려고 안간힘을 쓴다. 이것이 자본주의 현실이다.

成人이 되면 중요한 선택의 순간에 직면하게 된다. 가치관의 정립과 직업의 선택, 그리고 배우자(配偶者)를 선택하는 일이다. 이 세 가지 선택에 따라 개인의 운명이 판가름 날 수도 있음이다.

철강 왕 카네기는 방직공장에 취업했을 때 "이 공장에서 제일가는 직공이 되어야지."하는 기쁜 마음으로 다짐을 하면서 일을 사랑했다고 한다.

반면 주어진 업무에 기쁨을 느끼지 못하고, 마지못해 일하는 사람은 좀처럼 능률을 올리지 못할 것이다. 그 사람은 직장에서 얼마나 오래 머물 수 있을까?

날이 갈수록 실적은 뒤질 것이고, 날마다 불평 가득한 회사생활로 동료들과의 거리는 멀어져 갈 것은 뻔한 일이다. 종국에는 조직에서 퇴출이 아니면, 스스로 사직할 수밖에 없을 것이다. 그는 엇나간 시각과 생각으로 인해 결국은 피곤하고 지루한 인생을 살아가야 한다.

수많은 사람들 중에서 자기가 하고 싶은 일을 생업(生業)으로 가진 사람들은 과연 몇이나 될까? 직장을 찾다보니, 지금하고 있는 일이 평생 직업이 되어 생계수단이 되었고, 가족을 위한 직장생활이 된 경우가 우리들 주위에 흔한 일이다.

하지만 중요한 사실은 사람들의 진정한 행복과 성공이 무엇이냐고 물어왔을 때의 대답은 "내가 지금 하고 있는 이 일을 매우 좋아하고 보람을 느끼며, 애착을 갖고 최선을 다하고 있다."라고 하는 것이 정답이다.

다시 말해서 진정한 성공과 행복은 결정되어진 상황과 여건에 긍정적인 사고로 대처해서 즐겁게 적응하며, 그 일과 마음이 하나가 될 때 만들어진다는 사실이다.

나에게 불리하다고 생각되는 일들이 차지하는 비중이 10%였을 때, 나머지 90%의 공백은 내 의지의 선택으로 메꿀 수 있다.

그런데도 대부분의 평범한 사람들은 10%라는 수치에 너무나 쉽사리 굴복하는 것은 아니었을까?

현재의 내 모습은 살아오면서 수행한 수많은 것들 중에서 선택한 결과다. 앞으로도 살고 있는 시간 위에서 선택의 순간은 계속 펼쳐질 것이다.

아침에 일어나서 잠자리에 들 때까지 부딪혀 온 많은 일들에 대해서 어떤 선택을 했느냐가 행복과 불행 ,성공과 실패, 보람과 후회, 천당과 지옥의 세계로 나를 끌고 갈 것이다.

선택은 스스로 판단하고 결정해야하는 고독한 일이다. 선택을 한 상황과 대상에 대한 권리와 책임도 같이하기 때문에 순간의 충동이나, 들뜬 기분으로 쉽게 결정을 내렸을 경우 후회가 따를 수도 있다.

"그동안 나는 무엇을 하며 왜 이렇게 살았던가."라고 자탄(自歎)을 할 필요는 없다. 왜냐면 어떻게 살았던 간에 후회는 필수적으로 따라오는 것이 인생이기 때문이다.

더 멀리 그리고 더 높게 바라보기 위해서는 한 걸음 물러서서 자신의 행동과 사고의 시야를 넓히는 자세가 꼭 필요하다.

그리고 심호흡을 한 번하고, 지금 내가 취하려는 의지의 선택이 내 운명을 이끌어 갈 것이라고 확신을 다져보자.

✍. 2008년 4월 25일 - 전북일보

5. 세상을 살아가는 작은 지혜.

상쾌하고 화창한 봄날처럼 숨을 쉬는 모두가 자신의 이상(理想)을 아름답게 수놓으면서 살아가면 좋으련만 무겁고 높은 곳에 비교할 때, 기울어지는 현상을 때로는 아프게 감지하는 것이 이 사회의 일반적인 상식이고 통례(通例)인 것 같다.

'겨울이 깊어지면 봄이 멀지 않았다.'고 했듯이 낭만을 부르던 정겨운 눈마저 적설량의 기록(積雪量 記錄)을 세우면서 재산상의 피해와 교통의 불편을 주었던 동장군(冬將軍)도 서서히 봄기운에 밀려 나가는 것은 자연의 섭리(攝理)다.

내일을 파란 꿈으로 설계하며 한 단계 더 높은 곳을 향해 발걸음을 내디딘 싱싱한 젊음의 새내기들은 지금까지 움츠리고 잠재해 두었던 자신의 소질과 능력을 망설이지도 말고, 멈추지도 말고, 지난 겨우내 그려보았던 찬란하고 아름다운 설계를 현실에 펴 놓고 진정한 내 것으로 만들기 위해 지혜와 의지와 솟구치는 힘의 시간들을 아낌없이 투자해도 좋으리라.

약육강식의 논리가 성립되고, 권력이든, 명예든, 지식이든,

유형무형의 힘을 가진 사람들이 잘 살아가는 세태는 이 시대의 세계적인 풍조인 것을, 그러다보니 인격이니, 교양이니 하는 것은 고리타분한 옛 이야기로 숨어버렸다.

그러나 이럴 때 일수록 나를 찾아보자. 세상을 살다보면 강한 것이 전부(全部)인 것 같은데도 전부가 아닌 예도 우리들 주위에서 흔하게 찾아볼 수 있다.

무소유(無 所有)를 주장하며 자연을 노래한 고대 중국의 사상가 노자(老子)에 얽힌 고사(故事)를 보면, 노자의 스승이 마지막 가르침을 주기 위해 불러 앉힌 뒤 입을 벌리면서 제자인 노자에게 묻는다.

"내 입안에 무엇이 보이느냐 ?"

"혀가 보입니다."

"이(齒)는 안 보이느냐?"

"스승님의 치아(齒牙)는 모두 빠지고 남아 있지 않습니다."

"이는 없고 혀만 남아 있는 이유를 아느냐?"

"이는 단단하기 때문에 오래가지 못하고, 모두 빠져 남아 있지 않고, 혀는 부드러운 덕분에 남아 있는 것 아닙니까?"

"그렇다. 부드러움이 단단함을 이긴다는 것, 그것이 세상을 살아가는 지혜의 전부이니라."

"이제 더 이상 네게 줄 가르침이 없구나."

사람이면 누구나 갖고 있는 세상을 살아가는 지혜가 우리들 가까이에 있음을 시사(示唆)하고 있다. 쉴 새 없이 놀리는 짧은 세 치의 혀가 기쁨과 즐거움을 주기도 하고, 슬픔과 노여움을 주면서 사람을 죽이기도 하고, 또한 자기도 죽임을 당할 수도 있으며,

다른 사람을 살려내기도 한다는 사실을 모르는 사람은 없을 것이다.

강하고 부드러움, 누구의 말이 진리의 정답이고, 누구의 삶이 잘살아 가는 바른 길이며, 어떤 틀에서 설정한 기준이 표준이 될까?

강하고 거칠고 딱딱함보다는 부드럽고 유연한 자연의 시각으로 세상을 바라보면서 살아간다면 주위에 좋은 사람들이 모여들어 한껏 즐거운 삶이 되지 않을까한다.

우리들의 입을 떠난 말은 사람들의 뇌리에 남아 사라지지 않고, 불씨가 되어 무섭게 번져 날카로운 부메랑이 될 수도 있으며, 진실성을 잃은 말로 피우는 꽃은 맡기 힘든 야릇한 냄새 만 있을 뿐 향기는 있을 수 없다. 말로 만 베푸는 선심(善心) 뒤에 돌아오는 것은 그 사람에 대한 불신밖에 없다.

세상을 현명하게 살아가는 방법은 먼 곳에 있지 않고, 우리들 곁에 머물러 있다는 것을 일상에서 찾아 가보자.

드러내지 않고, 필요한 때만 끄집어내어 사용하는 감춰 둔 총명함이 바로 숨은 저력이 아닌가한다.

예를 들어 수수께끼의 두뇌 게임에서 문제를 내면서 힌트까지 함께 줘 버리면 분위기는 금방 시시해지고, 동시에 문제를 낸 의미도 사라질 것이다. 우리들의 삶에서도 비슷한 경우가 바로 사람과 사람의 관계다.

인관관계를 이어 가면서 진실을 외면하고 계속해서 시간과 공간을 가리지 않고, 자신의 잔재주만 드러내는 상황이 지속된다면 수수께끼를 낸 뒤 계속해서 힌트를 주어 의미를 상실하는 것과 같지 않을까 생각해 본다.

21세기는 인심과 사물들의 변화가 너무도 빈번하여 가늠을 못하는 시대에서 정신을 가다듬지 못하고, 물질의 풍요와 지식의 홍수 속에서 살고 있다고 해도 지나친 표현이 아니리라.

이렇게 어지러운 때 일수록 자신을 낮추고 양보하는 미덕을 갖춘다면 각박한 사회의 무대에서 인생이라는 험난한 여정을 슬기롭게 헤쳐 나가지 않을까한다.

✍. 2011년 3월 2일 - 원광보건대학신문

6. 어떤 의미가 행복을 만들 수 있을까.

어떻게 하면 행복하게 살 수 있을까 ? 인생에서 의미를 세우는 데는 생물학적 한계인 죽음의 벽을 넘어 설 수는 없을 것이다. 언젠가 죽어야한다는 필연적 사실을 고민하지 않고, 받아들일 수만 있다면 그는 행복한 사람이리라.

종교인(宗敎人)들은 죽음을 넘어서의 의미를 찾아내기도 하지만, 대부분의 사람들은 한계를 두렵게 받아들일 수밖에 없으며, 인생의 의미는 그 가치관의 한계에서 머무를 수 있다.

나는 무엇을 위해 이 고생을 해야 하는가? 지금의 이 생각과 행하고 있는 최종 목표는 무엇인가? 이 모든 것들은 자신의 생각 또는 하고 있는 일들에 대한 확신에 찬 의미 속에서 최선으로 살아가는 방법이 매우 중요하다.

인간은 흔히 '사회적 동물'이라고 하는 말 속에는 많은 의미가 내포되어 있다. 사회적 동물인 인간들은 시간과 공간에 맞물려서 일어나는 모든 일들에 끝없이 인식하고 적응해야 하며, 타인과

협력하면서 살 수밖에 없다.

인간은 출생에서부터 죽을 때 까지 혼자서는 존재할 수 없는 상호 관계적 존재다. 자신의 삶을 행복한 길로 찾아나서는 방법은 모든 상황들을 긍정적으로 이끌어 갈 때 건강한 사고(思考)가 편안하게 될 것이다.

사실 말로는 쉬울는지 모르나, 실천하는 데는 너무 많은 상황의 변화를 감당해 내기 힘든 세상이란 걸 모르는 사람은 없다. 행복의 길을 찾아가는 방법에서 정도의 차이는 있겠지만, 그러나 공감할 수 있는 길을 먼저 너와 나의 관계에서 생각을 정리해보자.

어떤 제조(製造)회사의 공장장(工場長)이 현장을 돌아볼 때마다, 꾸중보다는 상냥한 말씨로 직원들을 격려하고, 미소 띤 농담을 나누는 만남의 장이 이루어졌을 때, 그 회사의 분위기와 생산품의 양과 질은 어떻게 나타날까?

누군가 말했듯이 "타인에게서 무엇인가를 받고 싶거든, 그만큼을 그에게 먼저 주어보라고 했다."모든 사람들과 모든 상황에서 고통스럽고 어렵지만 좋은 점을 찾아보라는 말과 같은 맥락일 것이다.

사람들을 상대 할 때, 그들의 결점을 먼저 찾지 말고, 장점을 찾아내어 그를 인정해 준다면 그 결과는 분명 나에게 두 배, 세배의 행복감으로 되돌려 받는 결과로 돌아 올 것이다. 오로지 자기 입장에서만 생각하고 자신이어야만 하는 자만과 상대를 무시한다거나, 또는 무관심은 역시 부메랑이 될 수밖에 없을 것이다.

우리사회에서 오랫동안 사회적 성공을 가늠하는 척도는 사회적인 지위와 권력과 많은 부(富)를 축적한 사람이라고 여겨왔으나, 최근에는 그 인식에 변화가 일어나고 있다. 탐욕(貪慾)은 소유나 지위, 그리고 권력에 대한 단순한 욕망이 아니라, 어떤 가치보다는 지위와 권력 그 자체에 중점을 두는 것을 말한다.

사람들은 자신이 갖고 있는 것과는 상관없이 만족할 줄을 모르고 살아가기에 불행하다고 했다.

돈으로 행복을 살 수 있을까? 지위나 권력을 일생동안 누릴 수 있을까? 필자의 생각으로는 행복은 의미 있는 삶을 스스로 찾아내면서 웃고 살아가는 정신적인 여유에서 찾아내야 할 것 같다.

2010년은 사회적 또는 역사적으로 많은 의미를 지니고 있다. 더듬어 보면 1910년에 조선이 패망(敗亡)한 지, 100년, 1950년에 일어난 동족상잔의 아픈 흔적을 가슴에 안고 흘러온 이산가족(離散家族)들의 그리움으로 얽힌 恨 맺힌 사연의 60년, 50년 동안이나 매년 겪어야 했던 얼룩진 4 · 19 의거의 눈물, 광주민주화 운동의 30년 前의 상흔의 세월 등, 뼈저린 사연들이 주마등이 되어 빗물에 젖어든다.

아픈 상처를 가슴에 묻고 무심히 흘러가는 시간에 동승하면서 전북지역의 800여명의 글쟁이(회원)들은 무엇을 생각하며,

어떻게 생각을 정리하고 있었을까?

독자들의 심금(心琴)을 울리는 의미 있고, 아름다운 글을 쓸 수 있는 마음을 열어 아픈 그분들에게 디딤돌을 놓아가면 좋으련만!

전북문인협회 회원님들은 화합의 경인년(庚寅年) 새해를 맞이하면서 새로움을 다짐하고, 숱한 날들에서 나를 미소 짓게 하는 사람들과 친구가 되어 의미와 가치를 두는 것도 행복한 선택일 것이다.

✍. 2010년 1월 12일– 전북문인협회

7. 열등의식(劣等意識)의 극복(克服)이 성공하는 길이다.

풍요와 빈곤, 성공과 실패, 승리와 좌절의 사이에는 얼마만큼의 간격이 벌어져 있는 것일까? 인간은 본질적으로 풍요로운 성공적인 삶을 추구하며 살아간다.

그러나 그 목적을 달성했다고 해서 유쾌하고 상쾌한 통쾌감(愉快, 爽快, 痛快)을 맛본 노래를 부르며 사는 사람들은 이 지구상에 얼마나 있을까. 물질적인 풍요보다는 정신적인 풍요가 더 값지고 오래가련만, 배부른 소리 그만하자면서 눈앞에 있는 영달(榮達)과 넉넉함이 우선이라고 생각하는 우리들은 무한경쟁의 시대를 가파른 호흡을 하면서 숨 가쁘게 살고 있다.

전 세계 인구의 22%를 차지한 사회주의 국가인 중국이 경제대국이 되었다. 흑묘론 백묘론(黑猫論 白猫論)을 주장한 오뚝이 등소평(鄧小平)의 리더쉽으로 부강하여져서 이제 패권국가(覇權國家)로의 발돋움을 위해 올림픽을 유치하는데 성공했다.

그것도 가장 웅장하고 성대한 올림픽을 만들기 위해 가입한 나라 205개국이 모두 참가한 가운데 1위를 목표로 화려한 깃발을 올릴 미래를 설계하고 있다. 거대한 그 모습을 보면서 잠깐 생각을 돌려 참다운 성공은 무엇이고, 진정한 행복은 어떤 것이며, 나는 왜 그 일원이 되지 못하고, 머뭇거리면서 자신 없는 삶을 이끌고 있는가를 생각해보자.

미국의 저널리스트 '나폴레온 힐'이 말한 성공법칙 중에서의 몇 가지를 보면, "성공은 긍정적 사고방식과 나도 해낼 수 있다는 믿음에서 비롯되며, 적극적이고 진취적인 사람만이 성공할 수 있다고 말하면서 사고의 습관이 성공요소 중 가장 중요하다."고 했다.

내가 열등의식에 사로잡혀 고개 숙인 시간을 보내는 날이 많아질수록 옆에 있는 사람은 충만한 자신감으로 목표를 향해 줄달음치고 있을 것이다.

남들이 들춰내는 내 약점은 기분 나쁘지만 그래도 자신은 자기의 결점을 의식하고 있을 것이다.

약점을 인정하지 않는 사람은 인간적인 폭과 깊이가 없으며, 눈앞에 있는 가치관에 얽매여 풀려나질 못하기에 다른 사람을 포용할 수 있는 여유가 전혀 없다.

한편 자기 일에 성공할 능력이 있다할지라도 자신의 약점을 인정할 줄 모르므로 생각이 유연하지 못하고 편향적(偏向的)이기 때문에 주위로부터 신뢰를 크게 얻지 못할 것이다. 즉 솔직하지 못하거나 자신감이 없는 사람은 절대로 자기의 약점을 인정하지 않고 성난 모습으로 상대와의 일전을 불사한다.

그러면 그럴수록 내적인 고뇌는 커져갈 것이다. 반대로 매사에 자신이 있는 사람은 자신의 약점을 스스로 알아내서 장점으로 전환시키는 지혜를 갖고 있다.

진실을 말 할 수 있는 용기를 가진 사람은 매우 행복한 사람이라고 할 수 있으며, 갈등과 고민에 휩싸여 헤어나지 못할 때, 마음을 열 수 있는 친구나 선배가 옆에 있다는 것만으로도 얼마나 행복한가?

그런데 사람들은 왜 진실을 알리지 못하고 망설일까 그 까닭은 열등의식을 자기의 치부라고만 생각하여 보이지 않으려는 대인기피증에 걸려있기 때문이다.

이 세상에 능력, 외모, 지능, 재력, 지위에 대한 열등감 또는 패배의식이 없는 사람이 과연 존재할까. 자신을 숨기려다 얻어지는 괴로움, 때로는 병마(病魔)로 마음과 몸이 상한 뒤에 불행한 파멸이 닥친다고 해도 괜찮을 사람은 없다.

정말로 강한 정신력을 갖고 있는 사람은 "그건 내 잘못이기에 미안하다."그 일은 내 생각이 부족했고 내 능력이 부족해서 그랬노라고 말 할 수 있다는 것은 바보 같은 용기처럼 보이지만 진정으로 자기를 구해내고 감히 흉내 내기 어려운 의지가 강한 사람이다.

고민은 이겨내기 어려운 일을 시작한 뒤부터 생기는 것이 아니고, 그 일을 해야 하나 말아야하나, 망설이는 가운데 더 많이 증폭된다. 사람은 모든 사람들로부터 인정을 받으려는 욕심과 어떤 일이든 꼭 성공해야한다는 강박관념, 나는 반드시 다른 사람보다 월등해야한다는 심리작용이 그 사람을 바보로 만들어가는 지름길이 되는 것이다. 자기가 하고자하는 일들이 성공할 수 있도록 고민하는 것과 만약 이 일이 실패한다면 다른 사람들이 어떻게 생각할까하는 소심한 성격으로 인정받아야만 흡족해하는 성격의 소유자가 괴로워하는 양상은 그 종류가 분명히 다르다.

즉 내 실체모습이 알려지는 것보다는 더 포장되어 멋있게 평가받고 싶은 욕심은 바로 스트레스로 연결되는 것이다.

실제 있는 그대로 타인들에게 신뢰를 줄 수 있다고 생각할 때, 그 순간부터 나를 감싸고 있던 모든 허장성세(虛張聲勢)의 불안과 공포로부터 해방되면서 내가 갖고 있는 능력과 실력을 발휘하며, 진정한 자기로 자신을 사랑할 수 있을 것이다.

✍. 2008년 8월 29일 - 전북일보

8. 청춘들이여! 봄은 도전의 계절이다.

세계를 뒤흔드는 경제위기로 유례없는 경제공황(經濟恐慌)을 겪느라, 지구촌 사람들 모두가 호흡이 가쁘다. 21세기 초에 찾아온 이번의 시련은 어쩌면 인간들에게 인내의 한계를 시험하고자 하는 '神의 시험'인지도 모른다.

"당신은 무엇 때문에 이렇게 고달픈 인생을 살고 있는가."라고 누군가 갑작스레 질문해 왔을 때 뭐라고 답하겠는가?

원초적 갈등을 불러일으키는 이 질문에 대해 한마디로 과녁을 뚫는 답을 찾아내기는 어려울 것 같다.

'생각하는 갈대'를 쓴 파스칼은 물론, 니체, 톨스토이, 그리고 '수상록'의 저자 몽테뉴에게서도 그 답을 찾기는 힘들지 않을까.

그동안 많은 선구자들이 철학적인 견지에서 또는 종교적인 시각으로 그리고 문학적인 관점에서 탐구해 왔지만, 왜・무엇 때문에 인생을 살고 있느냐는 문제에 대한 대답은 각자 인생을 바라보는 각도에 따라 다를 수밖에 없었을 것이다.

그러나 굳이 조합된 결론을 찾아본다면 '참'을 찾고자 하는 것 아닌가 한다. 인생이란, 아홉 번의 성공에는 불구하고, 열 번째의 사소한 실패로 인해 운명이 바뀌질 수도 있다. '어제'라는 시간의 단어가 지난밤으로 끝났다고 생각한다면 그는 낙오자의 대열에서 벗어날 수 없다.

지난 시간을 뒤돌아보는 것은 누구라도 할 수 있지만, 그 시간을 반성하면서 내일을 준비하는 사람은 많지 않으리라. 오늘 그리고 내일의 변화에 적응하지 못한다면 자기 인생의 방향 설정이 늦어질 수밖에 없다.

성공과 행복과 승리의 쾌감은 그 느낌에서 다를 수는 있으나, 진정한 성공이나 행복은 자기가 꿈꾸며 살아왔던 소망이 언젠가 이뤄졌을 때라고 생각한다.

응달에서 자란 나무는 햇빛을 더 많이 받기 위해서 곧고 크게 자란다. 그래서 나무의 질도 좋아지듯이 우리들 인생 80여 년을 보람된 삶으로 만들기 위해서는 그동안 살아온 습관의 틀을 바꿔야 한다. 사람들에서 사고의 변화나 행동의 개선 없이 성공적인 삶을 이끌어내기란 쉽지 않다.

젊은이들이여! 어제까지의 나를 버리고, 보호막(保護幕)에서 벗어나기 위해 들국화의 생명력을 연상하며, 독립된 성인의 길을 과감하게 찾아나서 보자.

어느 현자(賢者)에 의하면 "현대인들의 머리는 남의 사상으로 가득 차 있고, 그의 지식도 잡다하여 통일과 체계가 없다."고 한다.

즉 지식의 과잉과 지혜의 빈곤이 현대인의 정신적 방황 요인이 되었다는 것이다.

꿈을 실현하는 자에게는 가난도, 육체적 장애도, 부족한 외모도 중요하지 않다.

다만 불굴(不屈)의 의지로 이겨내는 강인한 정신만이 승리의 쾌감과 행복을 얻을 수 있다.

장래 인생을 설계하는 데에는 야릇하면서도 두려운 감정이 흐를 것이다. 그러나 후회 없이 살아가기 위해서는 변화의 거친 세파(世波)를 두려워하지 말아야 한다.

세상에서 가장 귀중한 나를 위해 아낌없이 투자하는 자에게 성공과 행복의 문이 열릴 것이다. 우주 시대 또한 그렇게 열리지 않았던가?

젊은이들이여! 동토(凍土)의 긴 터널을 지나서 따뜻한 봄이 오고 있다. 생동(生動)하는 봄은 새롭게 펼쳐질 내일을 위한 도전의 계절이다.

샘솟는 지성과 뜨거운 가슴으로 미래를 힘차게 준비해 나아갈 때, 그대들 젊음의 앞날은 활짝 열릴 것이다.

✍. 2009년 2월 25일 - 전북일보

9. 행복을 느끼는 정답은 있을까.

가파르고 메마른 이 시대를 살아가는 평범한 사람들은 현실의 무게를 견뎌내기 힘들 때마다 짓누르는 갈등 속에서 삶에 대한 애절한 꿈을 기도한다.

원칙이 상식화 된 세상, 인간에 대한 존중이 살아있는 세상, 금력과 권력의 끈에 휩쓸리지 않는 세상에서 벗어나기 위해 밝은 콧노래가 사람들이 사는 곳마다 울려져 나가기를 간절하게 바란다.

권력을 가진 사람들, 부를 축적한 사람들, 그리고 명예를 걸머진 사람들이 떳떳하고 부끄럽지 않은 세상이 되어 간다면 얼마나 좋을까.

이웃을 배려하고 양보하는 미덕이 활발해지면서 밝은 사회로 가는 상식적인 언행과 질서를 지키는 행동이 바보짓으로 보이는 풍조가 사라지고, 긍정적인 가치관과 소신으로 살아가는 사람들이 많아져 간다면 얼마나 좋을까?

행복한 삶을 살아가고픈 꿈은 어딘가에서 우리를 조롱하듯 지켜보고 있는지도 모른다. 삶의 역동성을 읽어가는 세상, 추구해야 할 지향점이 사라져 가는 세상에서 모든 것들을 내던져 버린 사람들이 많기 때문이다.

하지만, 세상이 아무리 엉망일지라도 순수한 영혼을 일상생활에서 지키려는 더 많은 사람들의 웃음이 있기에 우리 사회는 비틀거리면서도 넘어지지 않는 이유일 것이다.

흔히들 말하는 "노블리스 오블리제(noblesse oblige)는 「닭의 벼슬과 달걀의 노른자」로 닭으로서의 사명을 다하는 것이다."라고 말하는데 환언하면 사회 지도층들의 도덕적인 윤리관에 비유한다.

이 사회로부터 진정한 대우를 받기 위해서는 자신의 부와 명예 그리고 권력(노블리스)을 사회와 어려운 이웃을 위해 베풀고 살아가는 (오블리제) 것이다.

작가 알랭드 보통은 "인간을 불행하게 만드는 것은 반드시 행복하게 살고 싶다는 강박관념 때문"이라고 했다.

살아 있을 때보다 죽은 뒤 더 유명해진 덴마크의 철학자 키르케고르는 좌절 · 불안 · 절망 · 슬픔 같은 부정적인 감정도 욕망의 한 형태이며, 따라서 생의 에너지라고 했으며, 그의 논문 「이것이냐 저것이냐.」에서 인간의 삶을 세 단계로 나눴다.

* 1단계에서는 쾌락만을 찾는데 이것만으로는 결코 행복해질 수 없다고 했으며, 그 이유는 권태(倦怠)로움 때문이다.

* 2단계에서는 가치와 윤리를 따르는 윤리적 단계 역시 삶의 유한성(有限性) 때문에 근본적인 生의 불안에서 벗어날 수 없다고

했으며,

＊세 번째 삶의 완전한 단계는 종교적 단계라고 했다.

인간이 스스로의 내면적 결심에 따라 진정 神을 믿고 따를 때, 삶에 대한 무력감과 허망(無力感과 虛妄)함을 떨쳐 버릴 수 있다고 말한다.

그는 무조건 신을 따르라는 주장이 아니라, 神과 인간의 관계와 인간내면의 본질에 천착(穿鑿)해 神을 보는 관점을 하늘에서 땅으로 끌어내리면서 사상사(思想史)에 큰 공을 세운 것이다.

사람들이 새로운 목표를 설정하는 것은 어떤 고비라도 넘어갈 수 있는 용기가 있고, 한계의 벽을 오를 수 있는 파란 꿈이 있기 때문이며, 그 속에서 짜릿한 행복을 맛보기 위해서다.

우리들의 삶에서 불안과 좌절과 슬픔의 감정을 다스리는 것은 오로지 자기 자신의 결단에 따른 것이다.

즉 삶이 가져다주는 고달픔과 힘겨움은 세상에 대한 원망과 불평으로 가득해지는데, 달리 생각해보면, 자신의 한계를 알고 자신을 사랑하면서, 조금은 어렵지만 작은 것에서부터 만족을 배워가며, 새로운 경지를 열어가는 긍정의 힘으로 오늘을 개척해 나갈 때, 행운의 여신이 나를 위해 손짓하지 않을까?

행복을 느끼는 삶의 정답은 각자의 인생관과 가치관에 따라 달라질 것이며, 그 정답은 각자의 생각에 머무를 것이다.

✍. 2010년 6월 21일 – 전북일보

10. 후보(候補)님들! 말의 성찬은 사양(辭讓)합니다.

수 억만 년을 이어 온 지구의 역사에서 오직 인간들만이 유전적 적응도에 반하는 생각과 행동을 서슴없이 실천하는 유일한 존재라고 한다.

철학자 하이데거는 언어를 '존재의 집'이라는 개념으로 표현했다. 사람들은 자기가 뱉은 말에 책임질 줄 알아야만 배운 사람으로서, 나이 든 사람으로서, 여러 사람들의 선택으로 입신양명 하겠다는 능력 있는 사람으로서의 도리를 다하는 길이다.

다가오는 4월 11일은 국민들을 편안하게 살 수 있도록 앞장서서 일하겠다는 야심찬(?) 246명(비례대표 54명 포함 300명)의 선량(選良)을 전국 각지에서 선출하는 날이다. 국회의원 후보들의 입에서 쏟아지는 '말'에 유권자들은 어리둥절할 뿐, 귀를 기울이려 하지 않는 현상은 꼭 생업에 쫓겨서만은 아닌 것 같다. 흘러 다니는 말 속에 "입으로 떡을 하면 세상 사람들 모두가 먹고도 남는다."고 한다.

전북지역 총선 후보 46명들의 입에서도 여과(濾過)되지 않은 체, 거침없는 선심성 공약, 상대후보 비방, 모르쇠식 잡아떼기, 음모와 거짓말들 그리고 이벤트성을 지닌 말의 풍년을 능숙한 달변으로 포장 하고 있다. 그런 말들을 귀담아 들어 판단을 해야 할 유권자들이 관심이 없다면, 그 말들이 흘러 머무는 곳은 과연 어디일까.

인도의 성자(聖者) 간디는 나라가 잘 못될 때 나타나는 일곱 가지 사회악의 현상 중에 첫째로 '원칙이 없는 정치'라고 했다. 이 말이 우리나라의 정치 현실을 예언한 것이 아니었으면 한다.

선거 때만 되면 불거져 나오는 선심성(善心性)인지 아니면 유혹인지는 몰라도 정부의 사업 정책에 따른 공약(公約)들을 국민들은 쉽게 믿으려 들지 않는 이유가 현실과는 먼 거리로 느껴지기 때문이다.

시 · 도지사(市 · 道知事)들이 '지방정부의 사정을 고려하지 않은 채, 한마디 상의도 없이 추진하는 정책에는 지방정부의 재정 형편상 따르지 않을 것이다.'고 한 인터뷰는 작금(昨今)의 현실을 분명하게 말해주고 있다.

논어 안연편(論語 顔淵篇)에서 계강자라는 노(魯)나라 재상이 孔子에게 "정치란 무엇이냐?"고 물으니, "정치는 곧 올바름이다.(政者는 正也다.")라고 답을 했다.

계속되는 문답(問答)을 보면 "지도자가 선(善)을 行한다면 백성들 역시 선을 따를 것이며, (자욕선이 민선의-子欲善而民善矣)'君子의 덕은 바람과 같고, 小人의 덕은 풀과 같으니, 바람이 풀 위를 지나가면

풀은 반드시 바람의 방향 따라 눕게 되는 것이다.(초상풍 필언-草上風必偃)"라고 설명을 했다.

즉 정치인들이 모범을 보이면, 백성들은 그들을 믿고 따를 것이라는 뜻이다. 이천 몇 백 년 전에 있었던 계강자와 공자의 대화에서 나타나 있는 말은 무엇을 의미하고 있을까?

정치인들은 '말장난의 선수'들이란 불신을 받지 않도록 진실된 모습을 유권자들에게 가감(加減)없이 보여주어야 한다. 당선을 위해서라면 위법이 되는 줄 뻔히 알면서도 모든 방법들을 동원해서라도 이겨야한다는 막무가내의 사고는 수준이 높아진 유권자들의 지지를 얻어내기 어려울 것이다.

19대 총선을 앞둔 정치권에서는 말의 성찬(盛饌)이 강한 바람을 타고 광풍(狂風)이 되어 거세게 일고 있다. 국민들을 잘 살게 해준다고 하니, 유권자 누군들 싫어할까? 그렇지 않아도 힘에 겨운 삶의 무게를 선량후보들이 덜어주겠다는데 짧은 시간이나마 행복을 가져다주는 것 같아 고맙기는 하지만(?). 무료보험 상품 같은 입으로 만들어진 선심성 공약들이 모두 이행되어진 훗날 우리들 자녀들에게 높은 이자(利子)로 탱탱하게 부어오른 청구서가 되어 짓눌려져 있는 어깨를 더 아프게 하지는 않을까하고 크게 걱정이 된다.

희고 검은 거짓말들이 뒤통수를 時도 때도 없이 갈겨대는 세상이다. 하지만, 집단이나 상대에게 내상(內傷)을 입히는 거짓말이나 무책임한 말들을 뱉어낸다는 행위는 자신을 위해서라도 삼가 해야 할 것이다.

진실의 요소들을 훔쳐서 유권자들을 교묘(巧妙)하게 눈가림할 수는 있을지 몰라도 자기가 뱉어낸 말을 자신의 삶과 인격으로 뒷받침 하지 못하고, 불리해지면 '하느님께 맹세 하듯'양심을 파는 선량 후보가 아니기를 바란다.

후보들은 소신 있는 정책공약으로 당당하게 선택을 받고, 유권자들은 너나없이 감정에 휘둘리지 않는 주권 행사의 날이 되도록 기원해본다.

✍. 2012년 4월 6일 - 전북일보

☺. 수식으로 가득한 화려한 말재간보다는 어눌하지만 진솔한 단어 하나하나가 상대의 마음을 움직일 수 있다고 한다.

11. 흔들리더라도 굽히지는 말자.

부푼 희망을 안고 맞이했던 황금돼지의 해, 정해년(丁亥年)도 달력의 마지막 장만 남아 외롭게 지키고 있다. 오늘도 설움과 눈물, 좌절로 인생을 탄식하면서 주저앉은 사람들과 밝은 웃음으로 내일을 설계하는 사람들, 그런 틈바구니에서 나름대로 열심히 삶을 꾸려가는 젊은이들이 12월 달력 속에서 교차하고 있다.

꿈이 있는 사람은 항상 긍정적인 사고와 희망을 안고 살아간다. 또 젊은 시절의 꿈을 실현시키고자 한다면 어떤 장애와 고난도 굳센 의지로 이겨내야 한다는 사실을 잘 알고 있다.

행복을 느끼는 사람과 불행하다고 생각하는 사람은 그리고 뜻을 이뤄냈거나 실패한 사람의 차이는 뭘까. 의외로 능력이나 학력보다는 평소의 생각과 습관이 가장 깊게 영향을 준다고 한다.

운명을 결정지을 수 있는 습관은 바꾸기가 거의 불가능한 천성(天性)과 달리 본인의 능력과 의지력으로 얼마든지 변화시킬 수 있다고 본다.

주변에서 성공한 사람들의 공통점은 모든 행동에서 적극적이고, 어떤 어려움에 봉착(逢着)하더라도 변명을 늘어놓지 않고 새로운 도전을 한다는 사실이다. 상대로부터 신뢰(信賴)를 얻어내고, 항상 자신감에 차 있다. 또 자기를 위해 모든 것을 투자한다.

건설업으로 사업을 일으켜 평생의 꿈이었던 중등교육에 정열을 쏟아가며 삶의 행복과 보람을 갖고 살아가는 중년 사업가 익산지역의 Y회장의 얘기다. 그는 혼자 있을 때면 코흘리개 어릴 적 가난했던 시절을 더듬으며, 자신도 모르게 흐르는 눈물 속에서 추억에 젖기도 하고, 때로는 남모르는 미소를 짓고 있을 것이다.

자신의 도움이 필요한 곳이라면 최선을 다해 땀 흘려 모은 재산을 아끼지 않고 베푸는 즐거움도 만끽하며 산다. 그분 역시 60년대 이전에 태어난 여느 사람들처럼 배고픔의 설움을 아픈 추억으로 간직하고 있다. 그래서 지인들에게 앞장서 밥을 사면서 옛이야기에 꽃을 피운다. 그리고 명절 때는 쌀 포대를 직접 짊어지고 어려운 이웃을 찾는 따뜻한 가슴으로 사는 요즘 세상에서 보기 드문 포근한 감성을 가진 사업가다.

하지만 꿈을 실현하겠다는 자신과의 약속을 지키기 위해 처절한 고통을 이겨냈기에 자신이 가고자 했던 목표의 정상(頂上)에 서있지 않았을까하고 생각해본다.

지난 10월 말경 한 중앙일간지에 입지전적(立志傳的)인 감동 사연이 실렸다. "법조인(法曹人)의 꿈을 실현하기 위해 나이트클럽 웨이터, 패스트푸드점 점원, 할인매장 짐꾼으로 일하면서 역경을 이겨낸 20대 후반의 강정현군은 家長의 역할까지 맡은 가난한 생활 속에서도 법조인의 꿈을 실현시키려는 의지를 불태운 결과 법원행정고시(法院行政考試)에서 600대 1의 경쟁률을 뚫고 수석으로 합격한 뒤, 다시 제49회 사법시험(司法試驗)에서도 합격했다."는 내용이다. 생면부지(生面不知)의 젊은 그에게 '화이팅'의 박수를 보낸다.

살아가면서 행운을 불러들이기 위해서는 최선을 다해 행동으로 옮기는 자세가 중요하다. 뜻을 세워 일을 시작했다면 한두 번의 실패와 좌절을 빌미로 아름답고 값진 인생을 체념해서는 절대 안 된다.

이 세상은 쉬지 않고 변화하고 있다. 끈기 있는 정열이 나의 목표를 달성시켜 주는 최대의 무기가 될 것이다.

실패 없는 인생은 거의 존재하지 않을 것이지만, 목표달성을 위해 자신에게 항상 성공할 수 있다는 최면을 걸고 살아가면 될 것이다.

인생을 살아가는데 괴롭고 어려운 일들이 어디 한두 가지겠는가. 습관과 사고의 변화, 욕구 또는 욕심의 절제, 자존심을 억누르는 일 등에서 누구든 자유롭지 못하고 그 때문에 괴로울 수 있다. 좁은 땅 대한민국에서 5,000만 인구가 행복과 권력과 명예를 찾아 가고 있다.

사람은 스스로 자기의 사고방식(思考方式)을 선택할 수 있는 자기만의 특권이 있다. 어떻게 살아가겠다는 인생관(人生觀), 이런 사람이 되어 보겠다는 자아상(自我像), 나는 무엇을 할 수 있는가의 자기 판단력, 그리고 자신의 행복과 성공 실패의 책임이 누구에게 있는지를 식별하는 사고방식 등은 자신의 머릿속에서 현실화 되어 간다.

나를 위해 세운 인생의 목표는 나 자신만이 이뤄낼 수 있다. 강직한 의지와 집념은 흔들림 없이 살아가는 푸른 소나무를 닮아야 한다.

목표를 향한 기나긴 여정(旅程)에서 자신에 대한 끊임없는 투자는 향기롭고 아름다운 한 송이 국화꽃을 반드시 피워 낼 것이다.

✍. 2007년 12월 25일 - 전북일보

12. 건강한 내일을 위해서라면.

현대를 살아가는 사람들 중에서 나는 행복하다고 호탕하게 말할 수 있는 사람이 이 세상에 과연 얼마나 있을까. 소중한 내 인생에서 어떤 것들이 나를 행복하게 했고, 무엇이 나를 초조(焦燥)하고 가슴 아프게 했을까?

새해 들어 어느 일간지(日刊紙)를 읽던 중 눈에 띈 기사가 있었다. '출세의 대가가 단명을 불러온다면 당신은 어떻게 하겠는가?'과연 성공과 단명은 상관관계가 얼마나 깊을 런지!

이 시대 최고의 성공 아이콘으로 불리는 CEO인 56세의 젊은 스티브 잡스도 건강문제로 시한부(時限附) 삶을 살아가고 있다.

29세에 매킨토시 컴퓨터를 출시(出市)했고, 35세에 애플을 설립하여 세계적인 I · T회사로 성장시킨 유명한 잡스 CEO도 '일찍 성공하면 단명(短命)한다.'는 의료계의 정설화 된 가설(定說化된 假說)에 해당되는 것일까.

성공지향적인 성향과 스트레스가 만들어내는 건강 시나리오는 최악이라 한다. 서울대 임재준 교수의 <가운을 벗자>에서 “성공한 사람이 대접받는 사회에서 그 대가는 수명(代價는 壽命)의 단축으로 이어질 수도 있다.”라고 하면서 과연 짧고 굵게 사는 것이 최선의 삶인지, 뒤돌아 볼 때라고 했다. 건강을 잃은 성공이 어떤 의미로 다가 올까.

우리들은 눈만 뜨면 경쟁의 늪 속으로 빠져들 수밖에 없는 사회구조 속에서 살아가고 있다. 더 빨리 해결해야 하고, 더 많이 일해야 하고, 더 좋은 환경여건과 높고 힘 있는 사람 앞으로 줄을 서야 하고, 너보다는 내가 먼저 해내야 하는 경쟁의식은 지금까지 우리들의 자율신경(自律神經)을 압박해왔으며, 그 길만이 행복으로 연결된다고 믿었기 때문에 받았던 스트레스의 양(量)은 어떻게 계산되어야 하며 얼마나 축적되었을까.

잘 사는 사람은 요란(搖亂)하지 않고, 좋은 친구는 어렵고 슬픈 일이 있을 때마다 그림자처럼 옆에 있어 준다고 했다. 옆에 있는 사람들을 의식하지 않고 자기 생각대로만 욕심을 채우려든다면 과연 그 길이 순조롭게 이루어질까. 우리는 결국 자기만족으로 나름대로의 행복을 그리며 살아간다.

행복(충족-充足) 강박증 환자는 만족을 모른다. 이런 현상은 욕구 충족을 위해 스스로 빠져 들어가는 늪이 될 수도 있다. “한 가지의 욕심을 버리면, 열 개의 걱정이 없어진다.”고 한다.

물질의 이익을 위해서라면 인격도 체면도 친구도 때로는 부모형제도 버리는 사람들, 명예나 권력 그리고 출세 길을 찾아 모두에게서 등을 돌리면서까지 얻어내고자 하는 소유욕과 성취욕(所有慾과 成就慾)이 강한 사람은 보이지 않는 곳에서부터 정신과 육체는 멍이 들어갈 것이다.

이런 상황들이 자기도 모르는 사이 죄업(罪業)이 되고, 스트레스로 쌓여 얻고자 하는 행복의 화려함의 代價보다 더 큰 돌이킬 수 없는 고독에 휩싸일 수도 있으리라.

「이솝우화」에 나온 인간의 수명은 본래 30년인데 인간들이 너무 짧다고 불평하는 소리를 들은 '제우스 神'은 나귀에게서 18년, 개에게서 12년, 원숭이에게서 10년을 덜어와 40년을 더해 주어 70년으로 수명을 늘려주었다고 한다.

인간들은 25년은 정신과 육체가 성장해가지만 나머지의 세월은 늙어가는 삶이라고 했다. 그래서 나귀에게서 덜어 온 시간은 힘차게 일하는 나이, 개로부터 덜어 온 시간은 가족들을 부양(扶養)하는 나이, 원숭이에게서 덜어 온 시간은 어린이처럼 보호를 받으면서 살아가는 시간이란다.

어찌했든 수명이 다하는 날까지 사무엘 존슨이 말한 것처럼 "짧은 인생은 시간의 낭비에 의해서 더욱 짧아진다."고 했으니, 의미를 재분석해서 오늘을 새로운 모습으로 유쾌하게 활용하고 건강한 삶을 찾아야 할 것 같다.

혹여 자기가 불행하다는 생각이 든다면 거울에 비친 자신의 모습을 보고, 살며시 웃어보면 그 답이 거울에서 나오리라. 평균 수명 80을 크게 벗어나지 못한다고 봤을 때, 삼만여(三萬餘) 날을 다하지 못하는 삶에서 건강을 잃어가면서까지 아웅다웅 하면서 성취한 성공과 出世가 과연 어떤 보람이 있을까?

✍. 2011년 3월 9일 - 전북일보

13. 유권자(有權者)들은 냉철(冷徹)해야 할 이유가 있다.

다가오는 6월 2일은 각 분야에서 일하겠다는 후보자와 유권자들의 운명이 희비(喜悲)를 달리 할 수 있기에 우리들 모두를 위한 축제(祝祭)의 날이 되길 기원하면서 제언(提言)하려 한다. 원래 선거는 투표를 통해 국민들의 대표로 좋은 人材를 가려내어 (선-選) 추대한다는 (거-擧) 뜻이다.

우리들 인생이 살아가면서 겪어야 하는 끝없는 선택은 기존의 틀에서 사고의 집착을 벗어나지 못할 땐, 오랜 시간 갈등 속에서 헤매어야만 한다. 능력과 실력보다는 커 보이는 사람의 뒤로 줄을 잘 서야 욕망(慾望)의 뜻을 이루고 명예와 권력을 가지는 반열(班列)에 들어서서 힘을 얻는다는 서글프지만 설득력 있는 현실을 그동안 숱하게 보아왔다.

자신이 갖고 있는 능력과 노력으로 목표를 달성한 사람들보다는 정권이 바뀔 때마다 아니면 특정지역의 집단 이기주의(利己主義) 즉 이성(理性)보다는 감정(感情)이 힘을 가진 큰 틀에서 경력과 실력과 전문성에 관계없이 「저 사람이 어떻게 저런 자리에?」 하고 의아해 했던 구경거리에 허를 찔린 듯 땀 흘리며 살아왔던 지난날들에 허탈감을 맛보지 않았던가?

물론 그들 모두가 줄만 잘 서서 出世한 것은 아니다. 충분한 실력을 가졌거나, 아니면 모시는 분을 위해 충성과 열정을 다해 남다른 신뢰 관계가 설정되어 뒤따르는 보답의 경우도 있었을 것이다.

어찌했든 지방 정치나 교육행정을 해보겠다는 뜻을 세운 후보들에게 표를 던지고서 유권자(有權者)들의 선택이 잘못되어 후회하는 일이 없었으면 한다.

이번 6·2 지방선거에서도 나타난 현상은 나라를 이끌어 가는 각 정당들은 국민들을 위하는 것인지? 아니면 당리당략(黨利黨略)에만 목숨을 거는 건지, 자기들을 선택해 준 유권자들은 안중(眼中)에서 없다가 선거철만 되면 다시 웃는 얼굴로 돌아오는 모습에 과연 대단한 연기자(演技者)들이구나 하고 고개를 돌리는 현실에서 후보 여러분들은 어떻게 생각하고 있을는지?

특정정당의 경선 관정에서 빚어진 공천후유증을 보더라도 자기들에게 이로울 땐 정당한 민주방식이고, 불리할 땐 살던 집에 불을 지르고 뛰쳐나가는 나쁜 사람으로 돌변하는 거북스런 모습을 보았고, 거창한 구호는 당 안팎의 반발로 용두사미(龍頭蛇尾)가 된 상태다.

출사(出仕)의 목표를 달성하려는 후보들이여! 우리들 유권자들은 허울과 안일한 자세로 자기 이권만 챙기려들거나,

신의나 청렴도가 낮은 기본 틀에서 벗어난 사람은 선택하지 않는다는 사실을 기억해 두면 좋을 것 같다.

속담에 '남자는 자기의 존재가치(存在價値)를 인정해 주는 사람을 위해서는 목숨까지도 내 놓을 수 있으며, 여자는 사랑하는 사람을 위해서 화장(化粧)을 한다.'고 했다. 유권자들은 「나와 우리를」 위해 반듯하고 열심히 일 할 수 있는 후보들에게 마음을 준다는 기대가 헛되지 않도록 훌륭한 정책과 사각지대(死角地帶)에 서 있는 2세들 그리고 삶의 기로(岐路)에 서 있는 서민(庶民)들에게 희망을 안겨주기를 유권자의 한 사람으로 부탁을 드린다.

우리사회에서 희망의 빛이 줄어들고 윤리 도덕이 붕괴되어 가는 원인을 기성세대와 정치인들에게 돌리는 까닭을 간과(看過)해서는 안 되리라 생각한다. 낯 뜨거운 일들이 수시(隨時)로 일어나는데도 불감증(不感症) 환자가 되어버린 현실에서 올바른 가치기준을 세울 수 있도록 기틀을 만드는데 학연, 혈연, 지연 그리고 종교연 등의 연고로 빚어낸 오래된 습성의 틀에서 벗어나야 한다.

지적(知的)인 수준이나 경제 수준이 높아진 만큼의 선진국민으로 다가서는 지성(知性)으로 우리 모두 빠짐없이 참여해서 갈등이 증폭되는 증오의 골이 깊어지지 않도록 관심을 가져야 할 것이다.

민주주의 꽃이라고 하는 지자체 실시 이후 빚더미 위에 앉은 지방정부 살림살이를 보면서 시민들이 마음의 상처로부터 치유될 수 있도록 정치를 하시려는 후보들은 밝은 길을 찾아 주시고 현실에 맞는 정책과 실천 가능한 공약으로 자신과 주민들을 위해 일하겠다는 분명한 소신으로 노력해 주었으면 한다.

대표라고 뽑혀진 사람들이 능력이나 청렴도에서 적격자로의 자격이 부족하다면, 그 잘못은 우리들 유권자들의 되돌릴 수 없는 부담스런 몫이다.

지방자치의 문이 열린 20여년의 세월에서 이제는 유권자들의 수준이 한결 높아져서 풀뿌리 민주주의의 기틀이 확실하게 자리매김 할 것이다.

✍. 2010년 4월 25일 - 전북일보

14. 후보자(候補者)들의 두 얼굴

찰스 디킨스의 소설 '크리스마스 캐럴'에서의 스크루지 영감은 성탄 전야에 악몽을 꾼 뒤 깨달은 바 있어, 평생을 움켜만 쥐었던 자린고비 생활을 청산하고 행복한 성탄절을 맞이한다. 그가 꿈에서 만난 세 유령은 과거, 현재, 미래의 모습을 보여주는 안내자가 된다. 과거와 현재의 유령은 인정머리라고는 하나도 없는 수전노(守錢奴)의 모습과 미래의 유령은 조소(嘲笑)가 듬뿍 섞여 있는 비문(碑文)이 쓸쓸하게 버려져 있는 무덤을 보여준다.

1843년에 디킨스가 쓴 이 작품은 170여 년이 지난 지금까지도 독자들의 사랑을 듬뿍 받고 있는 감동적인 내용이다.

올해는 지방자치단체 선거가 있는 해다. 국민들을 위해 자신의 몸을 바쳐 봉사하겠다는 후보들이 넘쳐나는 현상을 어떻게 해석해야할지 어리둥절해진다. 설마 명예욕과 권력욕의 화신(化身)들 모습은 아니겠지? 라고, 긍정의 사고를 한다. 그들이 언제부터인가 허리를 굽혀 두 손을 잡고, 하얀 이를 내보이는 연기력은 대단하다.

그리도 정이 넘쳐나건만 선출된 뒤부터는 어제의 그가 아니던 것을 본인만 모를 것이다. 전문분야에서 수십 년을 일해 온 공무원들을 예하 직원 부리듯 막 대한다든가, 인사비리, 이권개입, 성희롱의 추태 등 각양각색이다. 화려했던 수많은 공약들은 당선 이튿날 휴지조각으로 공중 분해된다. 그토록 겸손하고 해맑기까지 했던 미소 뒤에서는 야누스의 위장된 두 얼굴의 모습이 감춰져 있었던 것을 유권자들은 진정 몰랐었을까?

우리 국민들의 성정(性情)을 흔히 냄비에 비교한다. 공정한 선거를 해야지 하다가도 기표소에 들어가면 그래도 당신이었지? 하는 고질화된 인연을 앞세운다.

고무줄 같았던 그 나마의 공천 잣대마저도 민주정치의 이름으로 기초단체선출직에게는 빗겨가게 된 일부의 제도가 사라지는가 했더니만 살며시 되살아나면서 구태를 벗어나지 못하는 추태를 부렸다. 자기 사람 챙기기에 바빠 유권자들을 우롱하고 무시해버리면서 칼자루를 마구 흔들어댔다. 특히 우리지역은 확실하고 냉철한 이성(理性)이 아닌, 상황 따라 늘고 주는 감정의 잣대가 당선을 좌지우지 한다.

이성보다는 각자의 입장과 감정에 따라 무게의 양이 다르기 때문이다. 이 지역의 선거는 마치 주방의 싱크대 밑에서 우글대는 바퀴벌레를 그대로 둔 체, 화장실에서 비눗물로 손을 씻은 뒤 미소를 띤 얼굴과도 비슷하다.

내 생각만 옳고 상대방의 그름만을 탓하는 빗나간 사고는 지도층들과 지식인들이 더한다. 이 시대의 최대 화두(話頭)인 보수와 진보의 갈등은 시민들은 몰라도 좋다. 지역을 위해 진정으로 봉사할 수 있는 사람, 선출직이 받는 세비 또는 연봉 외에는 다른 이권 개입을 넘보지 않고 오직 정(情)과 빚을 준(?) 주민들을 위해 열심히 일해 줄 후보가 필요한 것이다.

인간의 가치를 논할 때 무엇이 기준이 되어야할까? 의리, 지조, 명예, 권력, 애정, 금력, 청렴도, 지식 등에서 우선되어지는 항목은 시대와 상황에서 각자 개성에 따라 다를 것이다.

이집트의 종교학자인 '자키 바다위'는 "근본주의자들은 상대의 의견을 전혀 들으려 하지 않고, 하나의 소리만 원한다."고 했다.

사람들은 어느 것 하나에 휠이 꽂혔을 때 옆과 뒤를 돌아다보지 않는 습성을 갖고 있다. 상황이야 어찌되었든 국민들의 선출로 집권한 독일의 히틀러나 이탈리아의 무솔리니가 저지른 대중독재가 남긴 후유증의 대가(代價)는 그 나라 국민들과 주변 국가들의 몫이었다.

봉사(?)하고자하는 후보님들! 영달을 위한 소인배의 위장 행동이 아닌 진정에서 우러나오는 당신들의 음성으로 받아들여도 되겠느냐고 묻겠습니다. 당선이 되었더라도 못난 짓들이 드러나, 시민들이 물러나라고 한다면 비굴하게 변명하지 않을 용기는 갖고 있습니까? 스크루지 영감처럼 전환된 행동의 변화가 연결되었으면 한다.

거꾸로 쥔 칼을 휘둘렀던 잘못된 권력의 종착지가 교도소입구는 아니길 간절히 바란다. 선출직의 공인 선택은 이성과 공익을 잣대로 한 '엄한 사랑(tough love)'이어야 모두의 불행을 막을 수 있을 것이다.

우리들 유권자(有權者)들은 말로 꼼수를 부리는 신뢰할 수 없는 후보라거나, 화장만 그럴듯하게 한 얼굴을 투표로 가려내야 후회가 적을 것이다. 그리고 청렴하고 탁월한 경영능력이 있는 후보를 찾아 주권을 행사하는 성숙한 모습을 보이자.

✍. 2014년 5월 14일-전북일보

Chapter 3

자녀 교육! 다시 생각해보자.

가정환경은 왜 중요한가.
교육의 본질은 무엇일까.
교육의 사회적 책임.
교육의 틀 이대로 좋은가.
나는 어떤 부모일까.
엄마의 지나친 관심은.
교육행정의 나침반.
우리의 교육 ! 지금쯤은 뒤돌아 볼 때다.
교육의 현장에서 바라 본 모습.
인성(人性) 교육이 먼저다.

자녀와의 갈등관계를 푸는 법.
자녀들의 미래를 좌우하는 부모들의 언행.
자녀들에게 꿈을 심어주자. (1)
자녀들에게 꿈을 심어주자. (2)
자녀들을 품안에서 내보내자.
칭찬도 상황에 맞게 해야 한다.
흔들리는 교육 풍토.
자녀교육 ! 비교하는 교육은 독(毒)이 된다.
잔소리에 멍드는 사랑스런 자녀들.
횡설수설(橫說竪說)
배움이 거래(去來)가 되어서야.
스트레스는 선택의 문제다.

☞. 독한 꾸중과 신랄한 공격으로 얻어지는 것은 아무 것도 없다. 억울하고 분한 감정을 상대에게 풀었을 때, 돌아오는 것은 허탈감뿐이다.

'좋은 약은 입에 쓰다.'라고 했으나, 쓴맛으로 상처를 줄 수도 있다. 아무리 따뜻한 충고라도 상황에 따라서는 상대방의 귀에 거슬릴 수도 있다고 했다.

☺. 자녀들과 불필요한 소모성 논쟁이나, 잔소리로 받아들이는 반복되는 말은 서로가 피곤할 뿐이다. 자녀들의 인격도 인정해주자. 그들이 생각하고 있는 것들을 귀담아 들어줄 때, 그도 마음을 열고 살며시 다가 설 것이다. 부모자식 간의 신뢰는 바로 소통의 길이 된다.

1. 가정환경(家庭環境)은 왜 중요한가.

인간의 사고(思考)와 행동반경에 영향을 주는 환경에는 가정과 학교와 사회가 있다. 가정의 역할은 최초의 인간관계를 형성하는 곳으로 개인에게 강력한 심리적 영향을 준다는 점에서 가장 기본적이며, 중요한 사회적 단위라고 할 수 있다.

개인의 성격이나 특이한 행동의 특성이 대부분 취학 전에 80%이상(以上) 이루어지며, 이때가 다른 시기에 비해 육체적 정신적 발달이 가장 활발하게 진행되는 시절이다. 이렇게 볼 때 가정환경이 개인의 성장과정에서 미치는 영향력은 매우 크다.

가정은 개인에 대한 교육이 이뤄지는 최초의 장(場)이며, 평생 동안 가장 많은 시간을 보내게 되고, 이곳에서 기본적인 생활양식과 행동양식, 그리고 가치관 등이 형성되어진다. 가족 구성원들 간의 인간관계 특히 부모 형제와의 상호작용을 통한 인간관계는 개인의 성격 및 행동발달에 직접적인 영향을 주게 된다.

가정환경은 그것을 구성하는 요인의 특성에 따라, 부모와 자녀간의 상호작용의 형태와 질(質) 등의 영향으로 개인에게 가해지는 보이지 않는 압력을 줄 수도 있다.

♥. 부모와 자녀간의 인간관계

가정의 화목을 위해서는 부모와 자녀와의 신뢰나 조화가 상당히 중요하다. 부모 자녀간의 관계는 혈연으로 이루어진 일차적인 관계로 강하게 작용하여 평생 동안 지속된다. 지금까지는 부모와 자녀와의 관계는 일방적으로 이루어지는 수직적(垂直的)이고 종속적(從屬的)인 특성을 지닌 체 이뤄졌다.

그러나 이와 같이 관습으로 이루어진 수직관계의 속성은 자녀들의 성장과 변화에서 독립성을 앗아간 병폐를 만들어냈다. 생활양상과 사고(思考)의 틀이 변화하는 큰 물결이 지구촌 시대로 들어와 배금사상과 출세지향의 사회변화에 의해 부모의 이혼, 별거, 재혼의 증가로 자녀들의 가슴이 멍들어 가는데도 부모들의 입장에서만 행동하다 보니, 자녀들의 정신적 고통을 들여다보지 못한 것이다.

특히 10세 미만의 나이에서 주거생활환경이 바뀌다보면 정서와 지적(知的)인 문제가 잘못되어질 확률이 매우 높아지고, 의사소통이 결핍되면 사회활동이 생산적일 수 없다.

자녀들의 언행을 부모들이 수용하지 못할 때, 자녀들은 정신적인 충격을 이기내지 못하고 반항을 하거나 또는 집밖으로 튀어나가게 된다.

☺. 가족 간의 인간관계 증진은 사회생활에 도움을 준다.

긍정적인 가족관계를 위해 스티븐 코비는
「성공하는 가족들의 7가지 습관」에서
1. 주도적(主導的)이고 적극적인 행동을 하라.
2. 목표를 확립하고 행동하라.
3. 소중한 것부터 먼저 하라.
4. 상호 이익을 추구하라.
5. 시너지(Synergy)효과를 활용하라.
6. 끊임없이 쇄신(刷新)하라.
7. 습관을 바꿔라. 등으로 정리를 했다.

부모들은 자녀가 변화해가는 과정을 지켜보면서 행동하는 이유를 들어준 뒤, 부모의 의견을 참고로 말해주어야 한다.

까닭도 사연도 모르면서 부모의 의견과 맞지 않다고 '~은 하지마라' 또는 못하도록 제어만 한다면 불화만 일어날 뿐 아무런 소득도 없다.

사람들의 말과 행동에는 반드시 그렇게 할 수 밖에 없는 원인이 있다. 즉 동기부여(動機附輿)에서 행동은 이루어지는 것이다. 가족은 내가 살아가는 가장 포근한 혈연이므로 외부세계에서(직장과 사회, 또는 불안, 무능, 적개심, 스트레스 등) 충족시키지 못한 정서적 욕구는 가정에서 풀 수밖에 없다.

사람들은 누구나 타인들로부터 칭찬과 인정을 받고 싶어 하기 때문에 자신의 느낌이나 욕구를 억제 또는 은폐시키며 가장(假裝)을 하게 된다. 그러므로 현대인들은 집밖에서의 행동과 가정에서의 행동이 일치하지 않을 때가 허다하다.

그러기에 인간관계는 거의 모두가 가면(假面)관계다. 인간은 사회적 동물이라서 혼자서는 외로워서 살 수가 없다. 특히 가정이라는 보금자리는 성격형성이나 행동반경에 크나 큰 영향을 주는 요람이다.

현대인들의 공통적인 마음의 병은 직장이나 사회생활에서의 인간관계로 부터 시작된다. 우울증과 고독, 외로움, 불신, 일류병(一流病)과 피해망상 등은 주위 환경과의 상호작용에서 정도의 차이만 있을 뿐이다.

사회생활에서 대인관계는 거의가 이해득실로 얽혀지지만, 가정은 혈연이라서 아무리 나쁜 사람이라 할지라도 본질을 크게 벗어나질 않는다.

파스칼은 "인간은 천사도 아니요, 짐승도 아니다."라고 했듯이 누구나 오욕(五慾)이라 일컫는 식욕, 성욕, 수면욕, 재물욕, 권리욕 등의 생리적 욕구를 충족시키지 못할 때에는 돌발적인 행동이 일어날 수도 있지만 온전한 가정에서 자란 사람은 크게 범주를 벗어나지 않는다고 한다.

이 모든 행위를 저지르는 것은 생명을 보존하려는 원초적 본능이 작용한 것이다.

✍. 2013년 3월 19일 – 한국문학신문

2. 교육의 본질(本質)은 무엇일까.

가슴 따뜻한 사람들이 바쁜 숨결로 살았던 아름다운 가정의 달, 5월이 지나가고, 우리들의 가슴에 깊은 상처를 남긴 슬픈 추억을 그리게 하는 호국의 달, 6월을 맞이하여, 인생에서 매우 중요한 분야가 교육이라고 생각되기에 「교육의 本質은 과연 무엇일까?」를 생각해 보면서 이 글을 쓴다.

우리사회는 자나 깨나 자녀들의 교육, 취업, 성공적인 행복한 삶을 얻기 위해 동분서주(東奔西走)하면서 옆을 돌아다 볼 틈을 내지 못하고 산다. 엊그제 입학한 학생들은 벌써 한 학기의 중간을 훌쩍 넘어 선, 시간에 머무르면서 무엇을 생각하고, 자기 인생의 미래를 어떻게 그려가고 있을까?

교육이라는 특수목적을 달성하기 위해 하나의 사회제도로 조직된 학교사회는 개인이 지식과 교양을 쌓으면서 인간관계를 맺고, 직업을 얻으려는 욕구와 필요를 충족시킬 수 있는 사회 집단이다.

교육의 현장에서 수시로 일어나는 크고 작은 사건들이 사회적 불안을 가중(加重)시키는데도 근본적인 해결책은 왜 찾아내지 못하고 있는 것일까? 민주교육은 기회의 균등을 보장하는 방법을 찾아가는 것이다.

그런데 결과만을 중시하는 우리의 현실교육은 본질에서 멀어진 틀 속에 갇혀 편향(偏向)된 이념의 답보(踏步) 상태에서 헤어나지 못하고 있다. 국가경쟁력을 키우기 위해 엘리트 양성을 인위적으로 만들어 내는 것도 중요하지만, 그것은 극단적 물질주의를 더욱 가속화(加速化)시켜 사람냄새를 잊어가게 하고 왜곡(歪曲)된 가치관을 가진 인간을 만들어 낼 뿐이다.

교육이 지향하는 근본이념(根本理念)으로 돌아가 제자리를 찾아야, 오늘의 교육이 바로 설 것이다. 교육의 제자리란 지적수준을 향상시키고, 사람답게 살아가는 방법을 찾게 하는 가르침이다.

그래야만 비틀거리는 공교육(公敎育)이 정상화되어 그곳에서 진정한 경쟁력을 이끌어 내는 것이 교육의 본질을 회복하는 길이며, 교육의 정초(定礎)가 된다. 공교육 회복의 관건(關鍵)은 흔히 말하는 사교육(私敎育)이 아닌 사도(師道) 확립과 건전한 민주시민으로 합류 할 수 있도록 가르치는 인성교육에 있다.

인성(人性)은 문화와 역사적 전통을 가진 사회 안에서 그 사회의 영향에 의해서 이룩되는데, 그 안내원은 바로 교육자(敎育者)들이다. 좋은 교사가 좋은 제자를 키워내고, 교사들의 탁월한 지식(學問性)과 인격 그리고 권력에 휘둘리지 않는 교단의 권위가 바로 설 때 공교육이 사는 길이다.

우리 사회의 근본 문제는 오직 지적향상만을 지향하는

학교교육에 의해서만 해결될 수 있다고 믿는데 있으므로 이제는 옛것에 바탕을 둔 새로운 교육의 패러다임의 정립으로 돌파구를 찾아 가야 한다.

미국의 오바마 대통령이 한국 교육의 성과를 칭찬할 때, 국내에서는 사교육비에 허리가 휘어지고 있었으며, 또 다른 사람들은 우리의 공(公)교육이 무너졌다고 난리들인데, 이런 이면(裏面)을 제대로 알고서 칭찬하고 질타하는 것일까?

야멸차고 냉철한 이성으로 살아갈 사람들만 가르쳐내는 현실의 교육에서 가르치는 교사나 배우는 학생들은 당면한 과제들에 대한 강박관념에 얽매인 그들에게 당신은 학교생활이 만족스럽고 행복한가? 라고 물었을 때, 그들에게서 과연 어떤 답이 나왔을까?

주말(週末)도 없이 책상에 매달려 밤 12시가 다된 시간에 퇴근하는 선생님과 교복 입은 학생들의 귀가(歸家)하는 모습은 한국에서만 볼 수 있는 진풍경(珍風景)이란다. 이것이 인문계고교(人文係高校)의 현실이며, 하루 세끼를 교내에서 해결해야 하고 넓은 운동장은 하루 종일 쓸쓸히 비어있으며, 24시간 중 2/3의 시간을 학교에서 보낸다. 오바마 대통령은 한국의 교육을 틈만 나면 배우라고 했지만, 불행하게도 한국의 학생들은 부와 명예를 얻는 성공과 출세를 하려고, 영어의 나라 미국을 꿈길에서도 동경(憧憬)한다.

교사는 학생들에게 가르침을 주는 동시에 올바른 인성을 지닌 인간으로 자라도록 안내하는 역할을 해야 한다.

40여만 명의 선생님들이여! 힘들고 어려우시겠지만 초심(初心)을 잃지 말고, 당신들의 어깨에 짊어진 무게를 페스탈로치의 봉사하는 정신과 교육이념에서 우러난 따뜻한 가슴으로 성적이 조금 모자라도 꿈을 갖고, 미래를 설계할 수 있도록 제자들에게 따뜻한 사랑을 심어 주신다면, 우리 교단의 새싹들이 밝은 모습으로 무럭무럭 자라나리라 믿습니다.

✍. 2011년 6월 19일 -전북일보

3. 교육의 사회적 책임.

나는 며칠 후면 30여 개 성상(星霜)의 교단생활을 마감한다. 나름대로 정년(停年)을 의연(毅然)하게 맞이하겠노라고 다짐도 해봤지만, 막상 그날이 다가오면서 착잡한 감정을 다스리기가 조금은 힘들어진다. 나름대로 무척 열심히 뛰어왔건만 제자리만 맴돌다 그쳐버린 것 같은 허전함 때문인 것 같다.

왜 허전함이 더하는 것일까? 평생을 교육에 몸담고 쌓은 업적도 있고 추억도 있을 뿐만 아니라, 무엇보다도 마음을 열고 고락(苦樂)을 함께했던 따뜻한 동료들과 맑고 고운 제자들이 옆에 있는데도 허전한 마음이 더하는 것은 우리 교육의 현실이 결코 밝지만은 않기 때문이 아닐까 하고 생각을 멈춰본다.

나는 초등학교시절에 부친(父親)을 여의고, 홀어머니 슬하(膝下)에서 힘겹게 학교를 다녔다. 중학교 졸업 후 장차 대학에 진학할 여지가 전혀 보이지 않자, 실업계고교를 선택해야 했던 말 못할 아픔도 안고 살아왔다.

그러나 그 후 강한 의지로 기어코 대학에 진학을 했다. 회사사환 일을 하면서라도 고통을 감내하며, 저녁을 굶어가면서 배움에 대한 꿈을 버리지 못해 야간학교(夜間學校)의 학생들을 위해서라도 교육자가 되겠다고 다짐을 했다.

또 대학을 다니면서 '원광 고등공민학교'야간 학생들에게 봉사하던 마음을 지난 30여 년간 잠시도 잊지 않고 살아왔다.

그리고 교육은 오직 학교의 책임으로 좋은 환경을 갖춰 열정과 사랑으로 학생들을 가르치면 반드시 만족할 만한 결과가 있을 것이라는 신념도 세워졌다.

그런데 언제부턴가 학교의 힘만으로는 해결할 수 없는 어떤 한계를 느끼게 되었고, 정년을 불과 며칠 남겨둔 시점(時點)에서 감히 교육의 사회적 책임을 언급(言及)할 수밖에 없는 심정이 안타깝다.

불과 10여 년 전만해도 교육 현장의 문제들은 대부분 학교 자체에 있었다. 그러나 지금은 오히려 학생 스스로에게 문제가 더 많이 내포되어 있다는 생각을 한다. 그 까닭을 간략하게 살펴본다면

첫째; 인간 사회에 대한 기본적 의식(意識)의 소멸,

둘째; 감각적이고 단편적인 사고(思考),

셋째; 가치관의 변질과 시각과 촉각에 젖은 쾌락,

넷째; 정서의 고갈(枯渴)과 진정성 상실(喪失) 등 네 가지 요인으로 정리하고 싶다.

이미 미국에서는 학교 폐지론이 대두(擡頭)되기도 했다. 학교가 마약과 동성애(同性愛)와 폭력의 온상이라는 지적 때문이었다. 지나친 비약(飛躍)일지 모르지만, 그런 현상을 이제 우리가 겪고

있는지도 모른다.

정치, 경제, 문화의 갑작스런 변혁에서 오는 신세대의 혼돈상태라고 판단할 수도 있지만, 이러한 현상에 대하여 우리 사회가 아직도 심각하게 인식하지 못하는 것은 상당한 문제라고 생각한다.

학생 교육은 학교와 가정, 사회와의 상호협력에 의하여 이루어진다는 원론을 우리 모두가 고민해야 하고 잊어서는 안 된다. 기성세대들은 21세기의 변혁적 문화 충격으로부터 2세들을 보호해야 함에도 불구하고, 실적을 앞세워 빈번(頻煩)하게 교육제도를 고치는 데만 몰두(沒頭)하고 있다.

기성세대들의 인식이 변해가야 한다. 사회적 병폐인 집단 이기주의, 그리고 자녀들의 개성을 존중하지 않고, 一流만을 지향하는 편협한 사고에서 벗어나 학생들이 편안하게 자신의 재능을 필요로 하는 사회에 적응해 나가도록 길을 열어주는데 더 힘을 기울여야 한다.

모두의 지혜를 모아가야만 희망이 보일 것이다. 학생들의 꿈을 키워주고, 그들이 슬기로운 현대인으로 합류할 수 있도록 협동하고 배려하는 마음을 갖자. 그리고 봉사정신과 질서의식을 가르치고 정서순화에 더 많은 공력(功力)을 들이는 열정을 합해 그 방법을 찾기 위한 숨김없는 소통을 해야 한다.

그런 지혜들이 모아진다면 학생이 선생님을 고발하는 교내의 비극도 없을 것이다.

학교는 텃밭이고 학생은 씨앗이다. 주위의 눈치만 살피면서 병들어 가는 씨앗을 그대로 텃밭에 뿌리는 우(愚)를 더 이상 방치해서는 안 될 것이다.

(※ 필자는 2009년 8월, 全州市 所在 전북여자고등학교 校長으로 정년퇴직하였다.)

✍. 2009년 8월 20일 - 전북일보

4. 교육의 틀 이대로 좋은가.

"학교란 무엇을 어떻게 가르쳐야 하는 곳인가?"인간은 근본적으로 끊임없이 배우면서 살아가는 존재다. 무엇을 배운다는 것은 스스로도 해낼 수 있거나, 아니면 다른 사람의 도움을 받아 이뤄내도록 하는데 그 목적이 있다.

교육이란! 개인적인 차원에서는 사람이 갖고 있어야 할 지식과 능력을 연마(硏磨)하여, 사람다운 사람이 되기 위해서 인격 형성과정의 교양을 쌓아가도록 수련(修練)하여 개발하는 것이다. 거시적(巨視的) 차원에서 들여다보면, 국가의 발전을 위해 인재들을 양성하는 과정이라고 할 수 있으며, 미성숙(未成熟)한 인간 개체를 대상으로 하여 가르치고, 학습시켜 잠재하고 있는 소질을 끌어내 더 성숙시키는 것이다.

학교의 교육은 학생들을 한 틀에 넣고 똑 같은 사람을 만드는 곳이 아닌, 소질과 능력을 적성에 맞게 계발(啓發)하여 개인의 미래를 열어 가도록 인간의 행동을 계획적으로 변화시키는 과정이다.

B대학에 있을 때 입시홍보를 하려고, 완주군에 소재한 읍(邑) 단위 실업계고교에 간 적이 있다. 담임선생님의 안내로 교실에 들어가 이야기를 하는데, 덩치가 상당히 큰 학생이 책상에 엎드려 잠을 자다가 고개를 들더니 "에이 xx 더럽게 시끄럽게 하네."하더니만 다시 엎드려 잔다.

나는 이 학교에 온 목적을 깜박하고 젊었을 적 고등학교 학생주임 시절로 돌아가는 착각을 일으켜 "거기! 엎어져있는 학생 일어나봐, 이놈아야, 손님이 왔으면 최소한의 예의(?)는 지켜줘야지."그랬더니만 모범생처럼 잘생긴 학생 왈, "교수님 내버려 두세요 애는 담임도 건들지 않고, 하루 종일 그냥 놔둬요."라고 한다.

평소 잘 알고 지내던 그 학교 체육교사를 만나 그날에 있었던 애기를 했더니만 껄껄대고 웃으면서 말하기를 "교수님이 70년대 고등학교에 계실 때와는 학교의 분위기가 너무 많이 변했답니다.

어지러워진 학습 분위기에서도 자신을 개발하려는 집념으로 자격증 획득에 밤낮을 가리지 않고, 노력하는 많은 학생들이 있으며, 시골학교에서 수도권의 좋은 대학에 보란 듯이 합격하여 자신의 꿈을 키워나가는 야심찬 학생들이 오늘도 열심히 미래의 텃밭을 가꿔가고 있다"고 했다.

2년 前, 연말에 EBS 10부작인 「학교란 무엇인가?」란 제목으로 방영하는 프로그램을 안타까워하면서 시청한 기억이

상기된다.

지금 우리나라는 5년간 국민들을 행복하고 따뜻하게 해주어야 할 권리와 의무를 짊어 질 대통령을 12월 19일에 선출한다. 훌륭한 스펙과 능력을 갖춘 후보들이 이곳저곳 다니면서 달콤한 공약(公約)들을 뿜어내고 있다.

여러 분야 중 시선을 멈추게 하는 곳이 있으니, 다름 아닌 「대학등록금」을 반값으로 줄여주겠다는 대목이다.

학력(學歷)과 학벌주의의 틀에 갇혀 적성이나 소질을 계발하지 못하고, 시류풍조(時流風潮)에 휩쓸려 가는 대한민국의 대학입시제도나 대학의 학사운영은 젊은 사고(思考)를 어떻게 가르쳐주고 있는 현실인가?

못 배워서 가난을 짊어진 체, 평생을 살아가는 우리들 부모들은 '나'는 이렇게 살아 왔지만 너희들만은 그래서는 안 되겠기에 한(恨) 맺힌 절규로 허리가 휘도록 일을 하면서 자녀들의 대학교육에 모든 것을 걸고 있는 부모들의 귀를 달콤한 속삭임으로 열어주는 대통령후보들의 진심어린 공약은 과연 어디까지가 진심일까?

그리고 약 7조원이나 소요된다는 예산의 재원(財源)은 어디에서 만들어낼까? 대학에서 공부할 능력을 가늠한다는 하한선(下限線)이 없는 「수능;대학입시수학능력시험」은 어디까지 효력이 있는 제도이며, 대학교육을 받고자하는 수요자(需要者)들에게 줄 세우기 제도가 아니라고 누가 말할 수 있겠는가?

대학에 진학하려는 생각이 있고, 대입자격만 갖추었다면 수학(修學능력 또는 受講 능력)할 능력과는 아무런 상관도 없이 누구든지 언제라도 들어가는 대학을 위해 등록금을 반값으로 내려주겠다는 정치인들의 공약은 과연 누구를 위한 외침일까?

고등교육의 본질은 이미 퇴색해진 지 오래인데다, 대학을 졸업해도 일자리가 없어 갈 곳을 잃은 젊은이들에게 선심(善心)만 쓰는 반값등록금보다는 일 할 자리를 만들어 희망과 꿈을 실어주는 정책과 대안을 세워 개인과 온 나라가 웃음꽃으로 화창하게 피어나는 그날이 빠른 속도로 체감되었으면 얼마나 좋을까?

교육정책을 수립하거나, 행정을 주관하는 사람들은 현실을 외면한 번지르르한 교육이론을 버리고, 어디서부터 잘못되어 오늘에 이르렀는가를 마음을 비우고, 현장의 목소리를 귀담아 듣고, 새롭게 틀을 만들어 내는 아픔을 동반하는 개혁에 동참해야 이 나라의 장래가 밝아질 것이다.

정치놀음에 휘말리는 교육행정과 사안(事案)들이 일어나는 그때마다 미봉책(彌縫策)으로 어물-쩡하게 넘어가는 교육행정은 이제 과감하게 버리자고 제안해본다.

교육은 “백년대계(百年大計)라고 했던가?

✍. 2012년 12월 15일-한국문학신문

5. 나는 어떤 부모일까.

능력 있는 부모가 되기 위해서는 뒷바라지를 잘하기 위해 재력이 있어야 하고, 자녀들의 질문에 막히지 않으려면 영어, 수학, 국어과목도 잘해야 한다.

엄마들끼리 모여 정보교환을 하려면 마당발로 귀가 밝아야 하고, 수다를 떨려면 숫기도 있어야 하고, 이리저리 뛰어다니려면 건강해야 한다. 화가 나더라도 자식들 비위 맞추려면 인내력도 있어야하는 등 갖춰야 할 것들이 너무 많아 부모노릇하기가 쉽지 않은데도 때로는 자녀들과 의견이 엇갈리는 불화로 마음이 아플 때도 있을 것이다.

자녀의 입장을 고려하지 않고, 심한 윽박지름 등으로 가슴을 저리게 하는 상처를 주거나, 특히 부부사이 싸움이 잦을 때 자녀가 우울증을 앓을 확률이 높다고 한다. 타인으로부터 과장된 칭찬을 받을 때 본인이 의아해 하거나, 과잉보호는 자립(自立)에 대한 의지력(意志力) 부족과 질서의식 파괴, 책임감의 결여 등 기본의식에 대한 불감증과 자질향상의 덕목을 갖추지 못하는 성장과정을 보낼 수 있다.

본인의 재능과 소질에 따르는 목적의식과 가치관을 정립시켜주지 못한 부모들의 가르침은 그 자녀가 부정적 사고를 벗어나는데 많은 시간이 필요하다.

자녀들의 행동을 컨트롤 하지 않으면 마음이 불편하여 식욕도 없고, 하는 일도 손에 잡히지 않아 불안해하는 엄마의 초조한 모습을 바라보는 자녀들을 생각해보자. 그들도 나름의 개성을 가진 인격체라는 사실을 잊어서는 안 된다.

엄마의 권장과 제어하는 레퍼토리는 토씨하나 틀리지 않고 오늘도 어제처럼 똑같은 톤으로 되풀이된다고만 생각한다.

생명의 빗물을 달게 받아들인 흙속에다 씨앗을 묻지 않았다면, 여름 꽃들의 아름다움과 가을에 빈손의 허전함이 따를 것이다. 봄이 되면 돋아나는 푸른 싹에 희망을 묻듯, 갓 태어난 아이에게 사랑의 젖을 물릴 때의 엄마의 그윽한 시선은 세상에서 가장 아름다운 모습이라고 했다.

혈액순환이 잘 되어야 육체가 건강하듯, 부모 자식 간에도 의사와 감정 전달이 순조로워야 천륜(天倫)으로 이어진다.

당신의 자녀가 먼 훗날 엄마에 대한 그리움이 애틋하게 그려지도록 함께 있는 시간이 많을 때 소중한 추억을 쌓아두어야 좋을 것 같다.

부모들의 생활모습과 가르침이 자녀의 교과서이자 삶의 모델이 되어, 아름다운 인생을 펼치는 밑바탕으로 자리한다고 한다. 길에서 만난 사람이 내 아이에게 용돈이나, 과자를 주었을 때 대부분의 엄마들은 고마운 인사를 아이보다 먼저 하고서는 아이에게 “어서 고맙다고 인사 해.”라고 재촉한다.

여기서 잠깐 생각을 정리해보자. 자녀의 독립성과 주체성을 확립시켜 줄 것인가? 아니면 나약한 의존형(依存形) 인간으로 키울 것인가?

자주성(自主性)이 없으면 자기생각으로 판단하지 못하고, 항상 옆 사람에게만 의지한다. 자녀를 평생 보살펴 줄 수 없다면 자립하여 세상일을 겪도록 생활 능력을 길러주는 일이 부모가 실행해야할 일차적인 문제다.

자녀가 해야 할 일을 부모가 앞장서 처리한다면 부모의 맹목적(盲目的)이라 할 수 있는 사랑으로 자녀의 앞길을 부지불식간에 막아버리는 꼴이 된다.

‘학교성적’이라는 단순하고 짧은 잣대만으로 인생을 평가하려는 패러다임이 잘못된 현실의 풍토다. 우리는 주위에서 공부 이외의 재능과 소질이 늦게 나타나는 예를 흔하게 보아왔다. 획일적인 가늠자의 평가로 한 인간의 일생을 그르치는 어리석음을 연출해서는 안 될 것이다.

인생의 본질은 ‘양심과 욕심’에서 갈등을 느끼다가 스스로 좌절하거나 포기해버리는 경향이 있다. 때로는 실수나 실망스런 일도 이해하며 용기를 북돋아 주어야 한다. 예전에는 취하지 못했던 ‘부드러운 꾸중과 분명한 칭찬’으로 자녀를 상대하는 방법을 바꿔본다면 상당한 효과를 얻을 수 있을 것이다.

방심(放心)은 우리들에게 가장 가까이 있는 적이라 했다. 자녀가 사랑스럽다면 어떻게 가르칠까를 부모 입장에서 생각해둔 몇 가지를 제안해본다.

첫째; 잘못이 있다면 쿨-하게 시인(是認)하고 사과(謝過)하는 모습을 보이고,

둘째; 지금까지 자주 쓰던 어투(語套)를 부드럽게 바꿔보며,

셋째; 텔레비전 시청시간을 줄이고, 좋은 프로그램이라 생각되거든 함께 보면서 추리력, 판단력, 분석력(推理力, 判斷力, 分析力)으로 각자의 견해를 비교하면서 내용을 얘기해보자.

넷째; 자녀들 앞에서 남편이나 아내의 흉을 보지 말고,

다섯째; 자녀들의 기를 꺾지 말고, 하고 싶은 일을 자연스럽게 물어보는. 자상(仔詳)하고 슬기로운 부모의 자리를 찾아보자.

가르침의 가장 기본적인 목적은 생각하는 폭을 넓혀주고, 성숙하고 조화로운 인간으로 성장해가면서 행복한 삶을 찾아가게 해주는 것이다. 당신은 자녀들로부터 평가를 받는다면 어떤 부모로 자리매김 되고 있을까요?

✍. 2013년 5월 22일-한국문학신문

6. 엄마의 지나친 관심은.

엄마의 눈앞에 펼쳐진 자녀의 내신(內申) 성적 보다 더 중요한 것은 그가 어떤 목표를 세워 미래를 설계하여 추진해 가고 있는가의 진실성이다. 부모는 자녀가 잠재(潛在)하고 있는 소질과 재능을 찾아가도록 유도해 주어야 한다.

자녀들에 대한 엄마의 지나친 관심과 아빠들의 무관심이 교차될 때, 자녀에게 걸었던 기대는 부모들의 의도를 크게 벗어날 수도 있다.

학교에서 돌아 온 어느 날, 현관문을 들어서는 아들이 가방을 벗어 던지면서 "에이 XX 더러워서 못 살겠어"라며, 거친 욕설과 주먹으로 벽을 치며 분통을 터트리면서 짜증을 낼 때, 온갖 정성을 다해 아들을 키워가면서 삶의 재미를 느끼던 시절이 꿈만 같이 멀어져 갈 것이다. 귀엽고 착하기만 했던 아들의 돌변(突變)한 모습에서 엄마의 심정은 어떠했을까?

부모들 특히 엄마들의 자녀 사랑은 어느 정도여야 하며, 어떤 방법으로 가르쳐야 하고 어떤 인생관과 가치관을 심어주어야

바르고 튼튼하게 성장해갈까? 엄마들의 고민거리이자 현실에서 당면한 풀어내기 어려운 숙제다.

엄마들은 기대에 어긋난 자녀의 행동이나, 일에 중독(中毒)이 된 느낌을 주는 남편과의 중간입장에서 행복을 추구하던 아름다운 무지개가 사라질 수도 있다.

이럴 때 자칫하면 자기도 모르는 사이 우울증에 시달리며 나락(奈落)으로 떨어지는 불행을 겪는다.

건전한 아이로 자라게 하려면 엄마들의 간섭을 줄이고, 친구가 되어주는 길과 학교수업 내용을 개선하고 '하고 싶은 일'을 찾게 하는 교육이 바람직하다고 했다.

자녀들을 언제까지나 온실에서만 키울 수는 없다. 야생마(野生馬)나 야생초(野生草)는 아니더라도 세찬 비바람과 겨울의 눈보라에도 견뎌내야만 살아남는 거칠고 메마른 세상을 살기 위해서는 밖의 온도에도 적응시켜가야 한다.

그렇게 하지 않아도 잘만 자라준다면 더할 나위 없이 복된 일이나, 만약 사회생활에 적응하지 못하고 낙오자가 된다면, 그때 후회해본들 어쩔 도리가 없잖은가?

이렇게 말하면 당신이나 잘할 것이지, 남의 귀한 자녀 고생시켜 망칠 일 있느냐고, 욕설을 받을까봐 교육전문가들은 입을 다물고 있단다.

사실은 그 흔한 잡초들도 모두가 선택된 생명을 가진 가치 있는 삶이다. 사람들의 사랑을 받는 화려한 화초(花草)들도 군락(群落)

속에서 치열한 경쟁 뒤에 영양분을 더 빨고 햇빛을 더 받기 위한 몸부림과 공간 확보의 몸싸움으로 생명력을 키웠던 것이다.

민들레는 종자를 흩뿌리기 위해 바람을 타고 멀리 날아가 번식하며 생존력을 기른다. 우리들의 주식(主食)인 벼, 보리, 밀, 콩 같은 작물들도 사람들이 자기들 것으로 만들기 전에는 볼품없었던 야생초에 불과했을 것이다.

야생초들이 식탁에 오르면 주식이 되고, 나물이 되고, 정원으로 옮겨지면 아름다운 화초로 거기에다 약리효과까지 밝혀지면 건강식품이나 약초가 되어 인간들의 욕심을 채워주는 기준에서 만들어진 인위적(人爲的)인 작품이다.

온상에서 자란 식물이나 화초는 온실 밖으로 내보내져 사람의 손길이 가는 시간의 때를 놓치면 자생력(自生力)을 잃어 생존에 위기를 받는다.

그러나 야생화는 근성(根性)이 있다. 어떤 열악(劣惡)한 환경에서도 살아남는 끈질긴 생명력이 있다.

능력이 아무리 뛰어났다 해도 제자리를 못 찾았다거나, 같은 곳에 너무 오래 머무르며 안착(安着)하다 보면 능력이나 소질을 재발견할 기회를 잃어 재능이 묻혀버린다. 엄마의 관심이 너무 지나치다 보면 가파르고 험한 세상에서 생존에 위기를 맞을 수 있다.

혼자서는 아무런 일도 할 수 없는 상황에서 생존을 위한 다른 일을 어떻게 할 것인가? 속칭 헬리콥터 부모들과 평생을 같이 살 수는 없다.

일등이 아니라도, 최고가 아니라도 좋다. 그가 삶의 무기로 충분한 능력과 소질을 갖고 있는데도 다만 찾으려하지 않았거나, 미처 발견하지 못했을 뿐이다.

작가 생텍쥐페리는 "완벽함이란 덧붙일게 없는 상태가 아니라, 떼어 낼 것이 없는 상태"라 했다. 엄마들도 자녀에 대한 못하는 것들만 지적(指摘)하여 나무라지 말고, 잘할 수 있는 것들을 물어 용기를 북돋아주면 서로의 얼굴에 생기가 돌 것이다.

문제는 가르치는 방법이다. 엄마와 자녀의 생각이 엇갈리지 않게 자연스런 대화로 풀어 나가야 한다.

인생은 항상 즐겁고 보람 있는 일만 있을 것이라고 생각하는 것은 환상(幻想)이고, 착각(錯覺)이다. 작게 가진 욕심에서 생각지도 않은 행운이 찾아든다면 그보다 더 큰 기쁨이 어디 있을까?

세상살이에서는 다만 뭔가를 잃거나, 버려야하는 희생이 따르지 않는 성공은 없다고 한다.

✍. 2013년 6월 12일. -한국문학신문

7. 교육행정의 나침반(羅針盤).

교육은 제도나 방법이 잘못되었을 때, 내용의 개선이나, 행정상의 틀의 변형은 수정과 보완(修正과 補完)의 단계를 밟아 변화를 주어야 불이익(不利益)을 받는 피해자가 적어지고, 아울러 불편을 느끼는 사람들이 대책을 세워가며 변화에 동조(同調)할 것이다.

교육의 대상은 감수성이 극도로 예민한 청소년들로 빛바랜 교육을 받은 그들은 학창시절의 추억과 경험을 평생 동안 안고 가기 때문에 신중을 기해야 한다.

사람들은 누구나 이루고 싶은 '꿈'이 있다. 자동차는 '진행과 멈춤의 기능이 잘 되어야 성능이 좋은 차(車)다.'사람 역시 마찬가지다. 멈춰야 할 시기에 멈추고, 회전해야할 때 신속하게 핸들링하고, 출발해야할 때 머뭇거림이 없어야 기회를 놓지 지 않는다. 그렇지 못하는 이유는 아쉬운 미련과 욕심 때문에 실행이 더디어지는 것이다. 운전자(運轉者)들은 액셀러레이터는 그리도 잘 밟아대면서 브레이크 제어(制御)는 쉽게 이행하지 못한다.

항상 때를 못 맞추고, 뒷북만 치는 교육 행정가들은 「집착

(執着)과 한 건(件) 주의와 내가 누군데?」라는 자기 최면과 우월감으로 이 땅의 교육을 망쳐가고 있다고 말하면서 제발 망언(妄言)이 아니길 바란다.

우리나라는 정부수립 이후 60여 년을 쉬지 않고 달려 온 집념으로 경제 순위 10위권에 들어가는 작은 거인이 되었다.

그 저변에는 근면한 국민성과 세계최고의 지능과 두뇌(知能과 頭腦)를 활용한 교육의 힘이 저변에 깔려 있다.

그런데 외국의 수장(首長)도 부러워한 교육제도의 내용은 이상하리만큼 복잡하게 얽혀 있다. 시장(市場) 논리가 도입되어 황폐해져가는 획일화 교육현장에 '획일적인 경쟁'의 갈등은 더 깊어지고 '지식과 성적 쌓기'의 편중(偏重)된 틀로 굳어져 간다.

인성교육의 근간인 '인간의 본성'을 외면하며, 일류와 일등, 최고와 최상들만 대우(待遇)를 받는 나라가 되었다.

그래서 실력이나 능력이 부족하고, 학교성적이 뒤진 학생들은 자기도 모르는 사이 주눅이 들어 일탈(逸脫)의 세계로 빠져 들어가 이웃을 외면할 수밖에 없었는지도 모른다.

젊은 사회는 멍들고 더욱 거칠어져 양보와 배려, '질서와 인간 존중'의 기본문화가 사라져가는 현실을 실감하면서도 누군가 앞장서 개선을 외치는 목소리를 들어 본 지 오래다.

1977년부터 시작된 고교평준화 이후 교육정책과 대학 입학시험제도가 20여 번 가까이 바뀌면서 교육현장은 혼수상태(昏睡狀態)에 이르렀다. 학생들의 능력에 맞는 학습을 실시하여 소질을 살려내고, 장래희망을 키워나가는 길을 찾아 갈

수 있도록 필요와 수준에 맞는 교육을 시행해야 한다.

학생들은 그를 바탕으로 자기 인생을 설계해야 '행복'이라는 생각의 틀 속으로 찾아들어 가련만 현실은 그렇지 못하고 일방통행을 하고 있다.

꿈을 이루는 재능은 이상과 현실에 의해 그 틀은 각자에 따라 달라질 것이다. 행복의 근원은 마음에서부터 오는 것이나, 그것을 다져가는 지혜는 배움에서 시작된다. 현실에서 빗나간 교육방법으로 모든 사람들의 행복을 가늠하는 저울의 추(錘)가 오차(誤差)의 범위를 넓게 했을 때는 걷잡을 수 없는 불행이 밀려온다.

그래서 올바른 교육제도가 필요한 것이다. 힘의 부족이나 판단의 잘못으로 뒷걸음질 쳤다거나, 제자리에만 오래 머물러 있게 되면 기회를 잃을 수도 있다.

교육행정의 방법이나 제도가 여론의 질타대상이 되고 있다면, 머뭇거리지 말고 보완 수정해가는 용기를 서둘러서 내야 한다.

교육 행정가들이여! 현명한 사람은 귀를 열어 타인들의 말을 열심히 듣고, 모든 사람들로부터 배우려드는 사람이라고 한다는데 당신의 생각은 어떠신가요?

중등교육 현장에 산재(散在)한 문제들을 근시안적(近視眼的)인 미봉책(彌縫策)만으로 해결하려한다면, 더 이상 교육을 통한 국가발전은 기대하기 힘들 것이다.

17개 시 · 도 교육수장(市道 敎育首長)들을 선출한 직선제(直選制)의 부작용은 교육 발전에 매우 나쁜 영향을 주고 있다.

뇌물수수와 횡령, 아집과 독선(我執과 獨善)이 부른 부작용은 그 피해가 고스란히 학생들에게 돌아가고 있다. 아울러 교육행정당국은 행정의 지원차원을 넘어 모든 운영과 제도를 예산 지원의 무기를 들고, 길들이기 식으로 간섭하려든다.

현실교육의 미래는 수백만의 학생승객이 승선하고 있는 대형 '교육호(教育號)'이라는 이름의 함정(艦艇)이 나침반 고장으로 캄캄한 바다를 질주하는 돛단배 형상과 비슷하다. 이러한 현실을 지켜보면서 사랑하는 자녀들이 가고자하는 행복으로 가는 길에서 점차 멀어져 갈까봐 걱정이 된다.

교육의 궁극적인 목적은? 자라고 있는 학생들을 무엇을 위해(목표설정) 어떻게 살아가느냐(방법)를 가르쳐 각 분야의 인재를 길러내는 것이다.

✍. 2013년 11월 13일-한국문학신문

8. 우리의 교육! 지금쯤은 뒤돌아 볼 때다.

5월은 가정의 달로 초목(草木)의 생명들이 꽃을 피우고 꿈틀대는 계절의 여왕답게 기념일이 무려 13일이나 되는 의미 있고, 싱그럽기 그지없는 달이다.

사랑이 가득한 가정에 정(情)을 붙이지 못하고 방황하며, 정상(正常)의 길에서 벗어나는 상당한 학생들의 어두운 미래에 가슴이 아파오는 기성세대의 입장에서 평소의 생각했던 것들을 메모해본다.

일등과 일류만이 살아남는 세상이라면 이 지구상에 남겨질 사람이 얼마쯤이나 될까? 뒷자리에 머무르는 사람들이 있어야만 그들 나름대로의 빛이 날 것이다. 세칭 영재와 수재(英材와 秀才)들이 모여 미래를 그려가는 일류대학에서 발생하는 생각조차 못했던 비극은 어디서부터 기인되었을까?

학교의 사명과 기능은 어쩌면 교과교육보다 더 중요한 건전한 시민으로서 갖추어야 할 인성 및 사회성(人性 및 社會性)을 고취시켜 주어야 하며, 학생지도의 핵심은 인성지도에 기초를 두어야 한다.

교육현장에서 교권(敎權)이 위협을 받고, 학교의 기본질서가 무너져 내리는 현실에서 적절한 대응책이 마련되지 않는 한 학교교육의 현실은 양적(量的)인 팽창은 있을 런지 모르나, 적재적소(適材適所)에 필요한 수준 높은 인재 양성과 배출은 어려울 것이라고 생각된다.

교육의 의미는 지적수준(知的水準)을 깨우쳐 끌어 올리고, 인성을 다듬고 함양(涵養)시키는 것이 그 목적이며, 탄탄한 인격의 기반위에 쌓여진 지식이라야 영롱한 보석으로 가공 될 것이다.

학생이나 교사들 모두 이질적인 구성원들로 이루어진 교육의 현장에서 교육의 목적을 달성하기 위해 때론 강제성도 용인(容認)되어야 할 것이고, 학생들의 권리와 자유는 상황에 따라 제한되고 유보될 수도 있어야 한다. 민주교육의 현장에서 체벌의 용납과 인권침해를 정당화 하자는 주장은 결코 아니다.

독일의 철학자 칸트는 "교육은 사람을 사람답게 만드는 것."이라고 했다. 지구촌시대에 살면서 제대로 된 교육을 받지 못하면 자신이 그리는 유토피아의 인생을 만들어 낼 수가 없다. 즉 가난의 대물림은 교육의 불평등에서 기인되었기 때문이다.

우리나라는 '선생님'이란 호칭이 무척 많은 나라다. 학교와 학원 선생님, 사회의 명사님들, 교양·취미·기술을 생활 속에서 가르쳐 주는 선생님, 주변의 어른을 일컫는 선생님, 작가 선생님 등 존경하고 배우고 이끌어 줄 선생님들이 많은 나라인데도 어쩐 일인지 잘못을 저질렀을 때, 진정으로 앞장서서 깨우쳐 주고 질타하는 선생님이 보이지 않는 까닭은 어째서일까?

세상을 슬기롭게 사는 사람은 한쪽 눈은 크게 뜨고, 한쪽 눈은 지그시 감아본다고 한다. 떠 있는 눈으로는 현실과 앞을 보고, 감고 있는 눈으로는 이상을 그리고 이면(裏面)을 본다는데?

이 땅에 계시는 선생님들! 사랑하는 학생들에게 수십 년을 살아갈 지혜를 가르쳐 주시고, 소질과 특기를 찾아내어 알찬 인생설계로 꿈의 나래를 펼 수 있도록 지도하실 선생님을 절실하게 찾고 있답니다.

1980년대 이후 교복과 두발(頭髮) 자유화가 갑작스럽게 이루어지면서 교단에도 새로운 물결이 밀려와 유능한 교육인재들이 교단을 떠나거나 현장에 있으면서도 외면할 수밖에 없는 현실이 결과적으로 교사들에 대한 사회적 존경과 신뢰가 줄어드는 풍조가 공교육의 불신(不信)을 불러오고 결국 교사들과 학생 그리고 학부형들 모두가 피해자가 되었다고 본다.

교육의 틀에서 보면 가장 중요한 역할은 부모와 교사다. 덕망과 실력을 갖춘 소신 있는 교사들이 어깨를 펴고 근무할 수 있도록 교육현장의 분위기가 쇄신되었으면 하는 바람이다.

가정과 학교와 사회가 비포장 길을 의식 없이 터벅터벅 걷는 청소년들을 바로잡아 주는 꾸짖음이 없다면, 우리나라의 교육은 머리로만 살아가는 지식 전달의 범주를 벗어나지 못한 채, 바로서기가 더욱 어려워 질 것이다.

토끼의 해에 토끼와 같은 영민(英敏)하고 따뜻한 교육의 본틀로 한국사회가 진정한 교육이념이 뿌리내려 교육복지 국가로 거듭 성장하기를 기원해본다.

✍. 2011년 5월 4일 – 전북일보

☺. 남의 조그만 허물을 꾸짖지 말고, 남의 비밀을 드러내지 말며, 남의 지난날의 잘못을 생각해내지마라. ; (채근담에서)

☞. 강태공의 인간관계론 ; 근원이 깊어야 강물이 흐르고, 강물이 흘러야 물고 기가 생기며, 부리가 깊어야 나무가 잘 자라고, 나무가 잘 자라야 좋은 열매를 맺는다.

9. 교육현장에서 바라 본 모습.

2011년 9월 어느 날 우리나라에서 두 번째로 개교한 (공립) 대안학교인 전북 동화중학교에 간 적이 있다. 그곳에는 어떤 학생들이 모여 있으며, 전교조 전북지부장을 지낸 관리자의 교육철학은 어떤 것일까? 하고 궁금했던 것이다.

교문에 들어서면서부터 느껴지는 분위기가 사뭇 다른 모습이었다. 축산학교도 아닌데 곰. 나귀. 염소. 닭. 오리. 등의 동물들과 여러 종류의 예쁜 새들이 나를 반갑게 맞아주는 것 같았었다.

교감선생님의 안내로 교내를 순회하던 중, 땀을 흘리면서 목수(木手) 일을 하는 수학 선생님을 만났다. 학생들을 위해서 황토방(黃土房)을 짓기 위한 과외 일을 열심히 하는 그 모습에서 새로운 교사상을 보았다. 이 학교에 근무하는 분들은 교감선생님만 빼고 모두 전교조(전국 교원 노동조합)에 몸담고 있단다.

나는 전교조 선생님들에 대한 인상이 그리 좋지는 않은 게 사실이었다. 어긋난 생각으로 그 모임에 가입한 분들을 흔하게 보아왔기 때문이리라. 오늘 이 시간 이후부터 그 생각이 바뀌가길 자신에게 주문해보려 한다.

이곳에 온 학생들은 빠르게 적응하여 낙오자 없이 재미있는 생활로 개성을 잘 살리고 있으며, 전학 희망자들이 줄지어 기다리고 있다는 교감선생님의 말씀이다.

처음 보는 나에게도 웃는 얼굴로 인사를 하는 맑고 밝은 순수한 학생들의 표정을 보았다. 저렇게 착한 아이들이 前에 다니던 학교에서는 어떤 사유로 전학해 왔을까? 하고 궁금증이 일어나는 것은 어쩔 수 없는 직업에 대한 본성이었다.

검은 염소를 서부의 카우보이 흉내를 내며, 신나게 타면서 티 없이 웃고 있던 학생을 기다려서 말을 붙여 보았다.

"학생이 타던 염소는 다른 사람들을 보면 들이받으려고 달려들던데 학생은 어떻게 염소와 친숙해졌느냐."고 물었더니, 그는 싱긋 웃고서 자기만 보면 도망을 치는 염소에 대한 호기심이 발동하면서부터 시작되었다고 한다.

왜 도망을 갈까? 하고 생각을 하다가 볼 때마다 도망가는 염소를 붙잡아 쓰다듬어 주는 애정을 표현했단다.

지금의 학교는 인간관계의 벽이 무너지고 있다. 학생들 간의 우정과 신뢰, 교사와 학생들 간의 존경과 사랑의 관계, 학부형들과 교사와의 불편한 관계, 학부형들과 자녀들과의 불신의 관계 등 무너져버린 교권은 누구로부터 왜 시작되었을까?

학생들에 대한 선생님들의 따뜻했던 사랑은 왜 떠나버렸을까?

학부형들은 왜 자기의 자녀를 믿지 못하고, 선생님들에 대한 불신의 벽을 높여만 갈까? 학생들의 인권문제는 화두(話頭)가 되면서 교권의 확립은 서로 눈치만 보고 있을까?

줄 세우기 학습에 익숙해진 현장교육은 '더불어 사는 방법'을 왜 가르치지 못하는 것일까? 일등만 존재하는 사회보다는 개성과 취향을 살린 살아 있는 현장교육은 왜 실행하지 못할까? 개성이 담긴 '잘 할 수 있는 일'을 찾아 자신감을 지닌 구성원들이 주류를 이룰 때, 이 사회는 활력이 넘쳐 날 것이다. 주입식 교육보다는 발표와 토론을 통한 의사교류와 개인의 창작활동의 역량을 키워내야 한다.

숨은 재주와 능력을 찾아주는 제대로 된 학교교육이 이뤄진다면 이 나라를 이끄는 3~5%의 인재들은 어디에선가 무럭무럭 자라나기에 걱정을 하지 않아도 될 것이다.

서로가 서로를 믿는 풍토가 뿌리내갈 때, 돈과 권력과 명예의 편견으로 결정지어지는 행복의 가치관이 또 다른 이정표를 만들어 낼 것이다.

2차 세계대전의 영웅인 영국의 처칠이나, 발명왕 에디슨도 학교성적이 낮았던 학창시절에는 문제아였던 사실은 누구나 알고 있으며, 세계적인 갑부 스티브 잡스도 대학 졸업장(미국의 하버드 대학 중퇴)이 없다.

우리나라 선생님들의 위상(位相)이 OECD회원국을 포함한 주요 21개국 가운데서 의외의 순위인 네 번째란다.

그러나 선생님들에 대한 존경심은 조사에 응한 나라 가운데서 맨 꼴찌였다고 하니, '위상 순위 4위와 존경심 순위 꼴찌'의 의미는 무엇을 말하고 있을까?

교사를 존경하는 나라별 순위는 1위 중국, 2위 터키, 3위 싱가포르. 순이며, 꼴찌로 자리매김해주는 우리나라의 학부형들은 교사에 대한 신뢰는 낮게 평가하면서 자녀들의 직업으로는 교직을 권하는 비율이 상당히 높게 나타난다.

사람을 대하는 첫인사에서 좋고 나쁨을 결정짓는 시간이 10초면 충분하다는데, 사람이나 물건이나 어떤 사항에 대한 첫인상은 매우 중요하다.

대안학교를 찾은 이후 말썽꾸러기 학생들(?)도 환경이 바뀌고, 상대하는 사람이 달라질 때, 순수한 감정으로 되돌아갈 수 있다는 사실을 직접보고 배웠다. 이것이 바로 3천여 년이 흘러간 교육 환경론 즉 맹모삼천지교(孟母三遷之敎)가 증명해주고 있다고 생각한다.

어떤 이유로든 일정한 궤도에서 벗어난 학생들을 제자리로 돌리는 방법은 가정과 학교와 사회가 서로 협력하여 이 사회에 만연된 가치관을 다시 설정하고, 노력하는 땀을 배신하지 않는 사회분위가 형성될 때, 젊은이들은 자신의 길을 열심히 찾아갈 것이다.

✍. 2014년 1월 8일-한국문학신문

10. 인성(人性)교육이 먼저다.

교육정책의 키워드는 '인성교육'이어야 한다.

한국교육개발원이 전국의 성인 1,800명을 대상으로 실시한 '2012년 교육여론조사'에서 「대한민국 교육의 최대 현안이 뭐냐?」는 설문에 의하면 10명 중 4명 가까이(35.8%)가 시급하게 해결해야할 교육문제로 학생의 인성과 도덕성 약화와 학교폭력, 높은 교육비 부담, 교권의 약화 등의 순이었다고 한다.

인성교육을 초등학교에서는 45.6%, 중학교 39.5%, 고등학교에서는 27.3%로 현재의 교육과정보다 더 중시해야할 교육과제 1순위로 꼽았다.(2013년 2월 5일 중앙일간지 J일보 참조)

같은 해 교육과학부 '인성교육 실태조사'에서도 교사나 학부형들은 인성교육의 문제점을 지적했으며, 인성형성에 가장 부정적인 요소를 학생과 학부모들은 '성적위주의 학교교육'을 교사들은 '부모의 잘 못된 교육관'을 꼽았다한다.

교육전문가들은 청소년들의 비행과 폭력 등 사고의 근원지는 가정에서부터라고 말한다. 「홍익인간-弘益人間」의 교육이념이 무색할 정도로 급변하는 사회 풍조의 영향을 받아 자녀들 교육에 올인 하는 열성부모들은 사교육에 경제적 희생도 마다하지 않는다. 그런데도 성적은 시원하게 오르지 않고, 人性은 부모나 교사들로부터 또는 스스로 지어 받는 스트레스로 인해 갈수록 거칠어져만 간다.

상당수의 부모들은 눈감으면 코를 베가는 세상에 人性 타령이라니, 무슨 잠꼬대냐고 무시한다. 1% 정도의 문맹율과 고졸 대비 85% 이상의 대학진학률은 세계에서 으뜸이나, 인성의 가늠자인 청렴도는 꼴찌에 가까운 현실이다.

人性의 개념은 남들에게 직간접으로 '손해를 끼치지 말아야 하고, 물질적 정신적 사회적으로 해로움을 주지 않아야한다.'는 의미를 지니고 있다. 올바른 사람으로 기르기 위해 사회가 더불어 살기 위한 '예절과 도덕교육'을 하고, 준법정신을 길러주는 법률 같은 인위적인 제도를 만들어 지키게 하는 것이다.

인성은 7세 이전까지 80%가 형성되어지며, 잘못 길들여진 버릇은 평생을 이어간다. 인성은 지식과는 달라 말이나 글로는 교육되지 않고 많은 시간을 함께 생활하는 사람들의 언행을 본받는다.

한 나라의 미래는 '그 나라의 교육방법이 어떻게 이루어지고 있느냐가 판가름 한다'고 한다. 교육의 궁극적인 목표는 '자아실현을 통한 올바른 민주시민 육성'이며, 지식과 인성교육을 병행하는 전인(全人)교육이 초중등교육 과정부터 이뤄져야 함에도 현실은 그렇지 못하다.

빗나간 인성을 가진 학생이 실력이 뛰어나 '출세나 성공'이라는 자리에 안착했을 때, 그 사람은 과연 구성원들에게 존경받고 사회에 유익한 사람이 될 수 있을까?

우리사회에 팽배해진 자살률, 이혼율, 낮은 출산율 등의 문제는 물질만능주의가 남긴 유산물이다.

맞벌이 부부 양산과 핵가족 사회 풍조로 자녀들은 남의 손에서 자라게 된다. 감수성이 예민한 어린아이들이 부모의 감정이 전달되는 언행의 예절과 사랑의 스킨십을 가슴으로 배워야할 시절에 시간 때움의 교육이나, 돌봐주기 식의 맡김이 자녀의 성격형성에 어떤 영향을 주었을까?

물질의 풍요에 젖은 시대적 유행을 추구하면서 정신적으로 황폐한 사람들이 저지르는 결과는 생각만 해도 아찔하다.

지식보다는 人性의 근간을 이루는 교육이 가정과 학교에서 제대로 이루어져야 일류국가로 발돋움 할 것이다. 모든 것들을 보이기 위한 포장으로 변질시키는 사회양상을 보고 있노라면 순자(荀子)의 성악설(性惡說)이 연상되어진다.

삶의 목표가 '좋은 대학을 나와 대기업에 취직하고, 좋은 배우자를 만나 충족하게 사는 것'들이 행복관이라 한다면, 인성교육은 사치스런 용어가 될 것이다.

✍. 2013년 6월 17일-전북일보

11. 자녀와의 갈등관계를 푸는 법.

교육은 예나 지금이나 개인의 운명과 미래를 결정짓는 요인이 되는 밑바탕이라는 사실은 불변의 법칙이다. 역대 통치자들이 사교육(私教育) 대책에 절치부심해왔지만 눈에 띠는 효과는 없었다.

개천에서 용이 났다는 가슴 뿌듯한 옛이야기는 찾아보기 드물고, 재력과 권력을 갖고 있는 부모를 만나야 고속도로를 질주하며 웃으면서 달려간다.

교육의 현실은 시장논리와 국민들의 표를 의식한 정치인들의 노리개가 되어 온 지 오래다.

* 고교평준화 정책은 과연 성공한 작품이었을까?

* 대학 수학능력고사(修學能力考査)는 왜 커트라인이 없을까?

* 학생의 인권은 보호받고 존중되어야 하면서 교권은 왜 함몰된 현실일까?

* 인생의 장래를 갈라놓는 '수능(修能)'이라는 큰 산을 넘어 선 모든 대학생들은 교수들의 강의 내용을 제대로 이해하는 교육을 받고 있을까?

* 자율고교와 특성화고교(自律高校와 特性化高校)의 교육마저도 본래의 취지대로 잘 운영되고 있지는 않은 것 같다.

공교육의 어떤 면이 잘 못 되었기에 그렇게들 야단일까? 부족한 내용이 있었다면 그런 방향으로 가도록 안내했거나, 선봉장(先鋒長) 노릇은 누가 했을까?

가정마다 자녀들과의 관계정립이 엇나가 고민하는 부모들이 늘어가고 있다. 어른들의 눈으로 볼 때 빗나간다고 생각되는 자녀들을 설득하려고 가슴을 태우지만 대화를 통한 의사소통을 시도(試圖)는 해보았을까?

끝내는 얼굴을 붉히면서 목소리의 톤이 올라가면서 갈등의 골은 점점 더 깊어져만 간다. 급변하는 사회 조류(潮流)에 파도를 잘 타는 능력도 갖추어야 좋은 부모가 된다고 한다.

청소년들의 사고와 행동은 가늠하기가 어렵게 변화해 간다. 전근대적인 근엄한 훈계나 일방적인 지시나 명령은 오히려 역효과만 부를 뿐, 잘 못하면 비극을 초래할 수도 있다. 부모노릇이나 자식노릇이 쉽지 않은 현실이다.

부모들은 먼저 자신을 돌아보자.

* 과연 내 언행들이 나도 모르는 사이 자녀들에게 마음에 상처는 주지 않았는지?

* 혹여 틀에 맞추려다 안 되니까. 큰소리로 자존심을 건드리는 행동은 않았는지?

* 자녀가 요구하는 것들은 얼마나 채워 주었는지?

* 내 행동은 반듯하고 건강한 모습으로 부모노릇을 하고는 있는지?

냉정하게 돌아 본 후에 자녀의 입장에서 허심탄회하게 마음을 열도록 자녀를 따뜻한 품안으로 끌어안아 준다면 어색했던 부모자식간의 관계는 뚜렷하게 좋아질 것이다.

자녀들과의 갈등관계는 대체로 교육문제에서의 욕심이 부른 결과이며, 엇박자가 일어날 땐 배신감마저 느껴지고 삶의 의욕을 잃는 상황으로 악화 될 수도 있다.

부모들의 욕심대로만 자라준다면 서운했던 감정들은 눈 녹듯이 사라질 텐데?

'해야 할 일'이라고 생각되는 것들을 '하고 싶어 하는 일'로 도와주면 가정에 웃음꽃이 피어오를 것이다. 성적 때문에 주눅이 된 모습을 애처롭게 바라보지 않아도 될 것이다. 자기가 '해야 할 일'은 두렵고 지겨워 짜증과 압박을 가져다주기 때문에 능력 또한 오르지 않고 상대와 감정만 싸여 간다.

축구의 박지성, 야구의 류현진, 피겨 스케이팅의 김연아 같은 선수는 지혜로운 열정을 가진 부모를 만나 소질과 재능을 살려 피나는 노력의 결과로 지금은 성공한 삶을 펼치고 있지 않은가?

요즈음 '인기'라는 날개를 달고 세계를 누비며 삶의 존재가치를 재조명하고 있는 세계적으로 유명가수가 된 '싸이'(본명; 박재상)가 어려서부터 공부를 잘 해 미국 유학을 갔던가? 자녀를 키우다보면 뜻하지 않은 돌발 상황이 일어나 몹시 당황할 수도 있다.

부모의 진정한 사랑을 받고 자란 아이는 매사에 충만한 자신감으로 활기찬 모습으로 성장해간다. 자녀가 겪고 있는 걱정거리는 없는 지? 먼저 다가서보자.

자녀들이 생각하는 것들에 공감을 해주면서 작은 것들에서 불만이 싸여가지 않게 하는 세심한 배려는 그들의 행복지수를 끌어 올릴 것이다.

더 높은 곳으로, 더 많은 것을, 더 큰 것들에 욕심을 부리다가 오히려 더 잘못 될 수 있다. 자신의 잘못을 인정할 줄 아는 사람은 행복의 의미를 알고, 잘못했다는 말을 절대로 하지 않는 사람은 불행하다고 했다.

✍. 2013년 8월 28일-전북일보

12. 자녀들의 미래를 좌우하는 부모들의 언행(言行)

현대인들의 뇌리 속에 깊숙하게 각인된 '행복'이란 단어는 '심신(心身)의 욕구가 충족되어 조금도 부족감이 없는 상태'라는 사전적 의미를 담은 매우 추상적(抽象的)인 용어다. 일본의 메이지시대에 서양에서 유입된 'happiness bonheur'를 번역하면서 적당한 단어를 찾지 못해 일본어(日本語)인 '사치(奢侈)의 뜻을 가진 행(幸)과 오랫동안 동양권에서 많이 쓰여 지는 '福'자를 합해서 '행복–幸福'이란 단어를 만들었다고 한다.

21세기는 시공(時空)을 뛰어넘는 지구촌시대다. 짧은 시간에 국제 가수가 된 '싸이'의 '말 춤'이 아메리카 대륙과 유럽을 동시에 뒤 흔드는 폭풍을 일으킨 대 드라마가 이뤄질 줄을 누군들 예상이나 했겠는가.

오늘도 부모들은 자녀들의 성공과 행복을 위해 부지런히 일하면서 희망을 노래하며, 땀을 흘린다. 자식들이 원해서가 아니라, 부모 된 도리와 의무와 사랑이 그리 만들어 낸 것이다.

부모들도 잘 못을 저지를 수 있는 보통 사람들이기에 때로는 지나친 언행인 줄을 알면서도 '부모로서'자식에게 사랑의 표현을 그리 할 수밖에 없었을 것이다.

부모와 자식 간에 기본적인 애정과 신뢰감만 싸여 있다면 부모들이 화를 내며, 거친 언행으로 나무란다고 해서 자녀가 금방 잘 못되는 일은 없을 것이다.

그러나 부모라 해서 자녀들에게 인격을 모독하고 무시하며, 다른 사람과 비교하는 행위는 전근대적(前近代的)인 가르침이다.

오랜 세월 머릿속에 저장된 사고(思考)나 습관일지라도 현실에 맞게 서서히 바꿔가야 한다. 부모들의 말과 행동을 자녀들이 보고 배우기 때문이다.

부모들의 애정 결핍이나 신뢰의 부족을 인지하지 못한 채, 정신적 육체적 폭력을 휘두르는 가해자가 되어졌다면, 자녀들은 견뎌내기 힘든 고통으로 정상적인 삶의 궤도에서 이탈하여 비뚤어지고 엇나간다. 이때, 부모는 자녀에 대한 믿음이나 기대가 흔들리는 부작용이 따르면서 마음 아파한다.

우리들 가정에서의 현실을 들여다보자. 부모들은 너나없이 "자녀를 위한다면서 그들의 숨통을 짓누른다."그러면서도 "다 너를 위한 일"이라는 명분을 앞세워 무심코 던진 말들이 자녀에게 얼마나 큰 상처를 주고 있다는 사실을 모르는데서 불행의 싹이 터오른다.

자녀 교육에 성공한 가정은 그 비결이 따로 있겠지만 공통분모(共通分母)는 「자율과 소통」 이다.

그런데 대부분의 부모들은 자기들이 못다 그린 아쉬운 그림이나 나름대로의 삶의 가치관을 그대로 심어주려고만 고집한다. 어느새 훌쩍 커 버린 자녀들과 마음을 열고 대화를 나눴던 시간이 많지 않았기에 경직된 상태라서 쉽게 받아들이기 힘든 일방통행이 되었을 뿐이다. 취미나 소질을 살린 창의적 방법이 아닌 일종의 모방교육의 시스템이었다.

시대 흐름 따라 행복의 개념인 인생관이나 가치관의 척도가 달라졌는데도 "부모이니까, 사랑하니까, 너를 위해서"라고 하는 평소 습관대로 했을 뿐이었는데, 「잔소리나 강압」으로만 느껴오는 자녀의 입장에서는 이유를 달지 말고, 따라 오라는 명령으로 받아들여 자기도 모르게 싸여진 반항심에 부채질만 하는 격이다.

어릴 적부터 체벌을 많이 받았거나, 부모의 반 억압적인 요구를 많이 받고 자란 아이는 의사 표시를 제대로 못한 불만들이 가슴을 짓눌러 정상적인 思考를 가진 청소년으로 성장해 갈 수 없다고 한다.

이런 마음의 메커니즘(mechanism-무의식적 방호수단)은 성장한 뒤에도 지속되며, 삶의 여러 방향에서 부정적인 나쁜 영향을 끼친다.

부모의 말 한마디 행동하나에서 자녀의 미래가 달려 있다. 부모들에게 두텁게 드리워진 자기의 인생을 자기의 손으로 개척할 수 있도록 안내하고 협조하는 마음가짐으로 변화해 갈 때 가능한 일이다.

부모님들의 넓고도 깊이 숨겨진 사랑의 언행을 자녀들이 웃으면서 헤아리기엔 육체적으로는 성인이 되었다할지라도 사회통념상 지금도 충분한 일조량(日照量)과 영양분을 필요로 하는 덜 익은 풋과일이다.

2%쯤 부족한 재능과 소질을 노력으로 꿈을 실현시킨 성공한 작은 영웅들을 우리들 주위에서 찾아보자. 꿈이 있으면 자신의 숨겨진 재능을 계발해 내는 일은 그리 어려운 일이 아니다.

무엇인가를 하고 싶어 하는 사람은 아무리 힘든 일이라 해도 방법을 찾아내어 좌절하지 않고, 항상 도전하는 정신으로 굳세게 살아간다.

지금부터 부모들의 생각을 바꿔보자. 자녀들에 대한 사랑의 표현을 뒤 돌아보고, 정도(正道)를 벗어난 지나친 언행으로 마음에 상처를 주었다면 개선하는 길이 서로를 위해 좋을 것 같다.

아버지들의 퉁명스럽지만 정(情)이 담긴 나무람과, 어머니의 포근한 사랑이 맞물려 자녀에게 꾸밈없이 전달되어갈 때 그들은 부모의 기원이 무엇인가를 알고 자기인생을 은근하게 설계하며 꾸며나갈 것이다.

✍. 2013년 5월 1일-한국문학신문

13. 자녀들에게 꿈을 심어주자. (1)

우리나라 현장교육의 이면(裏面)을 들여다 본 외국인의 눈에는 그 모습이 어떻게 보여 졌을까. “다른 집 아이들은 뭐든 잘 하는데 우리 집 아이는 왜 그런 것도 못할까?”고민 하는 엄마들은 ‘어떤 생각으로 무엇을 걱정’하고 있을까.

우리의 교육현실은 눈앞에 가로놓인 ‘입시와 성적 올리기’의 험준한 준령을 딛고 넘어 설 대안이 없어 이상과 꿈(Vision)을 말하거나, 교양과 인성을 이야기 할 마음의 여유를 갖지 못하고 있다.

「mother ; 어머니」는 세상에서 가장 아름다운 단어라고 한다. 영국의 문화원에서 非영어권 100여 개 나라 4만여 명을 대상으로 “가장 아름다운 영어 단어”찾기를 조사한 결과다. 어머니의 품속처럼 따뜻한 곳이 세상 어디에 또 있을까?

자식을 위해서라면 죽음도 불사하는 사랑의 요람이 어머니의 마음자리다. 그런데 21세기를 살아가는 엄마들의 진정한 모성애의 향기가 변해가고 있는 것 같다.

독일의 철학자 니체는 “어머니는 아들의 친구가 성공하면

질투를 한다."고 했다. 이웃집 아들보다는 내 아들이 우선인 것은 두말할 여지가 없다.

그런데 평범한 내 자식이 '수재'니 '영재'니 하는 격이 높은 칭찬을 듣고 싶어서 허세와 과욕을 부리다가 평생을 후회하는 삶을 살아갈 수도 있다.

세상의 어떤 부모든 자식에게는 가장 좋은 것들만 주고 싶어 하는데, 엄마들의 본능적인 사랑만으로는 자녀에게서의 욕구충족은 어렵다. 조건을 곁들이지 않은 사랑과 냉철하고 현명한 판단력으로 가장 좋은 엄마가 되는 길을 찾아 나서자.

엄마들은 '내 아이가 갖고 있는 미래의 꿈'이 무엇인지도 모르는 채, 이웃 자녀들과 비교하면서 자녀의 장래를 자신의 생각의 틀에 넣으려고만 하는 것은 아닐까? 멋지고 알찬 삶을 자녀에게 선물하고 싶지 않은 엄마는 세상 어디에도 없으리라. 그렇다면 사랑하는 자녀가 무엇을 좋아하고, 어떤 것을 잘 하는지?

그리고 무엇을 싫어하며, 바라고 있는 삶의 목표와 가치관은 어디에 두는 지, 마음을 열어 대화를 해본 엄마들은 얼마나 될까?

생활에 쫓겨 어쩔 수 없이 좋아하지도 않는 일을 해야 하는 사람은 늘 어둡게 살아가면서 매사에 지친 모습을 보일 수밖에 없다.

미처 발견하지 못한 숨겨진 재능은 고독 속에서 성장되어 가며, 세상이라는 파도에 휩쓸리다가 현실화 되어지는 것이다. 자녀에게 좋아하거나, 재미있는 일을 하게 한다면, 어둡던 지금까지의 표정은 분명하게 달라 질 것이다.

사랑하는 자녀가 아무런 흥미나 취미도 없고, 꿈도 없이 외롭게 방황하며 '마마보이'가 되어가는 것은 아닐까 하고 살펴봐야한다.

엄마의 따뜻한 사랑과 풍요로운 집안 분위기에서 "너는 매우 행복하지?"라고 물어봤다면 그 답은 어떠했을까? 부모들이 못 이룬 꿈을 이루기 위해 내 아이만은 어떤 일을 해서라도 보란 듯이 훌륭하게 키워내고 싶은 욕심이 앞서 주위를 돌아보거나, 생각할 마음의 여유를 갖지 못하고, 동동거리며 조급해 하며 마음이 바쁜 엄마들은 혼자서 괜히 짜증을 내거나, 자녀들이 커 갈수록 때로는 서운함만 더해간다.

자식을 사랑하는 마음은 세상 어느 부모도 같은 심정일 것이다. 지금 이 시간에도 입시와 성적 경쟁에 묻혀 무거운 짐을 지고 큰 고개를 넘어가기 위한 강박관념에 서 헤어나지 못하는 10대들이 매우 안타깝다.

사람은 '자기가 좋아하거나 잘 하는 일'을 하면서 사는 것이 진정한 행복이라 하던데, 그건 한낱 낮잠 속에서나 가져보는 현실이라면 매우 불행한 일이다.

자상하고 슬기로운 엄마는 자녀에게 강요보다는 어떤 경우라도 선택의 기회를 부여한다.

힌두교의 경전에 "인간은 자기가 생각하고 있는 것과 같은 인간이 된다."라는 글귀가 있다고 한다.

우리들 인간들은 생각에 의해 말을 하고 행동하며, 나아가서는 젊었을 때의 청사진으로 자기의 인생을 그려간다.

엄마들이 보기에 따라서는 아이들의 생각이나 행동이 마음에 덜 들지라도 대화의 장소가 자연스럽게 만들어져 자녀가 생각하고 있는 모자람을 채워준다면 몰라도 그들이 그려나가는 꿈을 무시하거나, 선택의 자유를 앗아버리지는 말아야 한다.

혹시라도 그렇게 된 뒤에는 자녀들이 '그려가고 있는 자신의 꿈'을 숨기고 혼자의 생각대로 깊이 빠져들어 불행의 단초가 될 수도 있다.

자녀에게 꿈을 심어주되 '좋아하고, 잘 할 수 있는 일'에 올인하도록 넓은 가슴으로 안아준다면 자신의 꿈을 이루려고 최선의 노력을 다 할 것이다.

우리들 모두의 부모들이여! 늦었지만 오늘이라도 "누구야! 넌 꿈이 뭐니?"하고 다정한 음성으로 물어보시렵니까?

✍. 2013년 4월 3일－한국문학신문

14. 자녀들에게 꿈을 심어주자. (2)

우리나라에서는 옛날부터 삶 깊숙하게 자리 잡고 있는 「밥상머리 교육」이 있어왔다. 아침저녁으로 둘러앉아 함께 식사하는 자리에서 부모는 자녀들에게 사소한 에티-켓에서부터 사회인으로서 갖춰야 할 덕목들을 자연스럽게 가르치면서 절제와 공존의 방법, 그리고 인격 도야의 기본교육이 식사문화를 통해서 다음의 세대로 이어졌던 것이다.

그런데 언제부턴가 가정교육이 시나브로 사라져가고 있다는 사실을 잊으며 살아간다. 여유 있는 경제생활로 외식이 늘면서 펼쳐지는 식당 안의 풍경을 보자.

젊은 부모들과 함께 온 어린이들의 천진난만(天眞爛漫-?)한 무질서가 다른 손님들의 눈에도 사랑스럽고 대견하기만 하였을까? 간혹 용감한(?) 누군가가 아이들의 행동을 저지하기라도 했다면 어김없이 시비(是非)꺼리가 되고 만다.

내 아이의 기(氣)가 어떤 때 살아나고, 어찌할 때 꺾여 지는가의 환경과 시간을 제대로 구별하지 못하는 부모들의 생각을 외국인들의 입을 통해 엿볼 수 있다.

"한국은 동양의 예의 바른 나라라고 하는데, 공공장소에서 예의도 없이 무질서하고 버릇없는 아이들을 빤히 바라보면서도 내버려두는 부모들을 이해할 수 없다."라고 말한다.

보존되어도 좋을 전통이 외국에 비해 형편없는 식사문화로 전락된 저변에는 기성세대들의 빗나간 사고와 서구의 방식을 여과 없이 대입시켜 가는 교육 행정가들의 정책 오류와 학교교육의 과잉된 입시경쟁에서 오는 부산물(副産物)이 저변에 깔려 있기 때문이다.

너와 내가 공존하는 사회에서 중추적인 인물이 되고자하는 사람들이 꿈을 키워가며 공부하고 열심히 사업을 한다.

그런데 옆 사람들을 돌아보며 배려하는 마음도 없이 '나만 잘되면 된다.'라고 가르치는 어른들의 생각이 자녀들의 가치관과 꿈을 흐려가게 하고 있다. 높은 자리에 올라가려다가 국민들의 질타로 낙마하면서 후회하는 마음의 쓰라림은 가정에서부터 잘못되었던 것이다.

어느 날 식탁에 둘러앉은 모양이 때로는 어색한 그림이 될 수도 있겠지만, 서로가 다정스럽게 바라보면서 잔소리 같은 어른들의 타이름을 들으며, 자녀들은 자기의 꿈을 얘기하고, 자문을 받는 그림을 상상해보자.

이런 가정환경이 경험과 지혜로 안내하는 따뜻하고 아름다운 공동체를 만들어가는 사회인으로 적응하는 격조를 높일 수 있을 것이다.

"될 성 부른 나무는 떡잎부터 다르다."고한다. 성공할 아이들은 어린 시절부터 다른 성향을 갖고 있다는 얘기일 것이다. 그런데 요즘의 아이들은 똑똑하지 않은 아이들이 없다고 하는데, 성장해가면서 그 빛이 바래는 것은 왜 그럴까?

교육에서 '피그말리온(pygmalion) 효과'라는 게 있다. 즉 '잘하고 있는 행동을 보고 칭찬으로 용기를 북돋아주면 부모나 선생님들이 교육 효과를 기대하는 만큼 성취할 수 있는 확률이 더 높다는 뜻이다.'

어려서부터 간직해 온 꿈을 이룰 수 있는 사람은 거의 100% 긍정적인 자기 암시를 갖고 있으며, 다른 사람들의 충고나 의견을 기꺼이 받아들일 줄 아는 자세를 갖고 있다.

이런 사고를 갖고 있는 아이들의 배경을 살펴보면 어린 시절부터 자녀가 갖고 있는 꿈과 의욕을 꺾지 않으려고 애쓴 엄마의 살아있는 교육이 이뤄졌기 때문이다.

엄마 ! "나는 커서 0 0 0이 될 꺼야!"그래 너는 꼭 해낼 거라고 엄마는 믿는다."라고 하는 자신감과 욕구를 일깨워 주는 세심한 배려의 한마디로 아이의 자존심을 살려주는 것이다.

학교성적이 낮거나, 엄마의 욕심대로 따라주지 않는 아이가 자기의 꿈을 말했다면, 엄마들은 퉁명스런 어투로 자기도 모르게 내뱉는 한마디 "네놈이 하긴 뭐해? 엄마 속이나 태우지 말고 하라는 공부나 잘해!"라고 윽박질렀을 것이다.

앞의 두 엄마를 비교해보면 아이가 달려가는 속도의 차이가 훗날 시간의 흐름에서 확연하게 드러날 것이다.

일상생활에서 펼쳐지는 긍정적인 사고와 좋은 습관들은 어떤 고비에 이르더라도 훌훌 털고 다시 일어서는 강한 의지가 그 속에 숨겨져 있다.

자식 사랑을 욕심의 감정으로 정도를 저울질 하다보면 부모자식간의 거리는 시나브로 멀어질 수밖에 없다. 과장된 칭찬이나 허세의 자녀 자랑은 자식에게 위선을 은연중에 가르치게 되는데, 그렇다고 엄마로부터 따뜻한 눈길 한번 받지 못하고 성장해가는 자녀가 있다면, 그는 분명 마음의 상처를 받는 아픔을 오래토록 간직할 것이다.

자녀가 갖고 있는 재능과 소질을 찾아내어 그 길을 눈치 보지 않고 편안하게 갈 수 있게 해주는 것도 엄마들의 몫이다.

실수나 낙심할 때라도 당황하지 말고, 의욕을 잃지 않도록 격려해주면서 다시 시도할 수 있는 기회를 만들어 준다면, 훗날 부모의 얼굴에 흡족한 미소를 담게 해 줄 것이다.

다국적 기업으로 세계에서 가장 큰 반도체 제조회사인 미국의 인텔(Intel) 본사 입구에는 “미친 사람들만 살아남는다.”(Only the paranoids survive)는 글귀가 있다고 한다. 세상은 꿈을 일으키기 위해 자기가 하고 있는 일에 진정으로 미친 사람들만이 살아남을 수 있다. 자기 일에 미친 그들은 오직 ‘한 길’만을 가는 사람들로 눈코 뜰 새 없이 열정을 쏟아 붓고, 최선을 다하는 사람들이다.

그들의 인생은 분명히 자신이 원하는 것을 누리면서 행복하게 살아갈 것이다.

✍. 2013년 4월10일－한국문학신문

15. 자녀들을 품안에서 내보내자.

삶의 방식은 누구나 똑같은 틀이 될 수는 없으나, 자기만의 특별한 생각으로 홀로 딴 길을 걷는다는 것은 자신을 외롭게 만들 뿐, 계절이 여러 번 바뀌어 나이가 들다보면, 반드시 후회가 동반할 것이다.

이웃과 동행 하면서, 자신에게 잠재(潛在)한 적성과 소양(素養)을 찾아내어, 소신껏 자기의 길을 걸어간다면, 그 속에는 분명히 행복을 만들어 내는 요소들이 있고, 보배 같은 삶의 비밀이 숨겨져 있을 것이다.

자녀들이 부딪혀가며 좌절하고, 다시 일어서기를 수없이 반복하면서 누구나 겪어야하는 성장과정을 부모들은 안타까워서 안아주고, 부추겨 일으켜 세우려고만 한다면, 그들은 어느 것 하나 자력(自力)으로 해낼 수없는 패닉상태를 불러 올 수도 있다. 내 자식은 능력이 있고, 똑똑하다고 생각했는데, 성인이 되어서도 삶의 방향을 찾아내지 못하고, 머뭇거리는 불행은 언제 어디서부터 시작되었을까?

원인의 하나일 수 있는 것이 세상을 반절쯤 살아 온 능력 있는 부모들이 자녀들을 매사에 자신의 보호막 안에만 두려고 했던 맹목적인 사랑(?)이 아니었을까 한다.

성인이 되면 자신의 말과 행동에 대한 책임과 경제적인 자립은 물론 매사에 혼자의 힘으로 할 수 있는 틀을 마련해야 한다.

그런데 주목해야 할 사회적 문제가 있다. 세계에서 인정받는 한국인들의 근면한 저력으로 눈부신 경제발전과 함께 동반된 무한경쟁사회에서 살아남기 위한 고학력(高學歷) 시대의 양극화 현상과 저출산(低出産) 풍조 등이 사회의 이슈가 되면서 언제부턴가 21세기 한국 사회가 기형화(奇形化)되어 가고 있다.

외형(外形)은 어른인데, 정신력과 사회 적응력은 미성년 상태인 불완전한 성인들이 양산(量産)되는 현실의 모순은 진하게 드리워진 부모들의 무조건적인 보호의식이 자녀들의 판단력과 자립성, 질서의식과 준법정신, 인간성 등을 제대로 분별할 수 있도록 지시하는 대뇌(大腦)를 마비시켜 버린 것이다.

오랜 시간을 부모의 품안에서 의존했던 그들은 무책임 하고, 힘든 일은 기피해왔던 결과가 도전정신의 상실이라는 비극을 가져왔다. 부모 품에 안주하려는 캥거루족이 되었거나, 외롭게 사는 외톨이 은둔형(隱遁型)이 되어, 현실 적응력이 뒤떨어지는 불행한 자녀를 만들고 싶은 부모는 세상에 한 사람도 없을 것이다.

자립정신을 길러주지 못하고, 오랫동안 품안에 두려고 하는 부모들은 대체로 자식자랑으로 대리만족을 찾으려 하거나,

자신의 열등감을 감추고 싶은 심리적 작용으로부터 기인된다고 한다.

사랑하는 자녀가 의젓하게 독립정신을 가진 성인이 되기를 바란다면, 어릴 때부터 적절한 역할을 부여하고, 책임 있는 행동을 스스로 할 수 있도록 지도하고 안내하면서, 시행착오는 어느 때고 있을 수 있으므로, 안타까워하지 말고, 기다리며 지켜보는 인내가 중요할 것 같다.

우리나라에 '학교'제도가 들어온 지, 어언 100여 년을 넘는 세월이 흘렀다. 오랜 기간 동안을 사람다운 사람으로 살게 하려는 '홍익인간(弘益人間)'을 교육이념으로 삼아 오다가, 어느 때부턴가 사회, 직장, 학교, 가릴 것 없이 모든 사람들이 일등과 최고를 향해 미친 듯이 달려가는 맹렬사회로 변해갔다.

가깝고도 먼 이웃나라 일본이 바라보는 한국은 활력이 넘치는 부러운 존재라고 하면서도, 그들만이 가진 특유의 근성으로 억지를 부리는 투정을 많이 하고 있다.

오래 前에 일본의 한 TV 방송국에서 사회 각 분야 별로 세계최고를 맞혀내는 퀴즈 프로그램이 진행되었다. 질문의 내용은

* '쌀 수출량이 가장 많은 나라는 ? 태국.
* 출생아(出生兒) 사망률이 가장 높은 나라는 ? 아프가니스탄.
* 경제 협력기구 국가 중(OECD) 자살률이 가장 높은 나라는 ?

정답은 한국.

＊ 세계에서 얼굴 성형을 가장 많이 하는 나라는 ? 한국이 정답. 이 글을 읽고 계시는 독자 여러분 웃어야 할까요? 아니면 슬픈 일인가요?

미국의 뉴욕타임스는 "한국은 전 국민이 신경쇠약에 걸리기 직전 상태"라고 혹평을 했으며, 세계보건기구(WHO)와 OECD의 조사에서 청소년들의 행복지수가 OECD 국가 중 꼴찌라는 결과가 나왔다고 한다.

젊은 세대들이 최고와 일등만이 살아남는다는 강박관념에 시달리다가, 끝내는 극한 상황으로 치닫는 우리의 현실은 무한경쟁사회가 낳은 역기능적 부산물(逆機能的 副産物)이다.

시공(時空)과 국가와 이념을 초월해서 어떤 부모든 자녀들의 성공과 행복한 삶을 기원하는 것은 공통분모다.

사랑하는 내 자녀가 사회에 역군(役軍)이 되고, 부모들의 기대에 부응하기를 바란다면, 언제까지나 따뜻할 수 없는 부모들의 품안에서 밀어내어, 사람냄새를 물씬 풍기면서 힘차게 살아가는 대중(大衆)들의 틈으로 서둘러 내 보내야 한다.

✍. 2012년 10월 24일 －한국문학신문

16. 칭찬도 상황에 맞게 해야 한다.

칭찬할 줄 아는 따뜻한 마음이 아름다운 세상을 만든다고 한다. 「칭찬은 고래도 춤추게 한다.」 라고 하는 '켄 블렌차드'의 책이 출간 된 이후 미소와 칭찬에 인색했던 우리나라 사람들에게도 성장해가는 자녀들에게 의욕과 용기를 북돋아주는 효과를 거두고 있다.

칭찬은 반드시 그 사람의 눈을 보고 해야 실효가 있다. 칭찬이란 때에 따라서 거울에 비춰진 물체의 상(像)과 같이 비현실적인 허상일 수도 있으므로, 과장된 칭찬은 오히려 상대에게 해독(害毒)이 된다.

'NO'를 거꾸로 쓰면 진실을 의미하는 'ON'이 되듯, 부정적인 사고(思考)와 언행이 습관화된 사람일지라도 그 사람의 장점을 찾아서 꾸준하게 격려를 해주면 경직된 습관을 바꾸게 할 수도 있다.

일상에서 꾸중만 듣고 살았던 사람에게 지금까지 느껴보지 못했던 진지한 자세로 마음에서 우러난 진정어린 칭찬을 해주었을 때, 그에게는 지금까지 살아 온 자신을 뒤돌아보게 하는 절호의 계기가 된다.

처음부터 잘못된 사람은 없다. 다만 삶의 굴레가 그를 그렇게 만들었을 뿐이다. 대부분의 사람들은 상대방의 말과 행동을 의심하는 버릇이 몸에 배어 곧이곧대로 받아들이려고 하지 않는다. 만났던 수많은 사람들의 말이 거짓으로 포장된 허풍(虛風)으로 신뢰를 잃었기 때문일 것이다.

옛말에 "가장 악랄한 적(惡辣한 敵)은 현재 당신이 듣고 있는 가식(假飾)의 칭찬을 하고 있는 사람이다."라고 했다. 립 서비스로 칭찬을 잘하는 사람은 자기는 언제나 관대(寬大)하고, 긍정적인 사람이라고 과대 평가하려든다.

그런 사람의 칭찬이 아첨(阿諂)으로 아니면, 목적을 갖고 던져진 것이었을 때, 그저 웃고 넘어갈 수 없는 독화살이 될 수도 있다.

우리들은 부지불식간(不知不息間)에 굳어진 버릇 중에 하나가 자신에게는 무척이나, 너그러우면서 남들의 행동은 아무렇지 않게 비난과 비판을 하려든다. 밉거나 질투로 인해 타인에게 쏜 화살이 언젠가는 자신의 가슴으로 되돌아온다는 분명한 사실을 기억해두자.

진심에서 우러나오는 칭찬은 듣는 사람의 기분을 상승시켜 주고, 일의 능률도 올려주는 반사작용을 불러일으키면서 자기를 돌아다보는 기회를 만들어 주는 이중효과도 있다.

작가인 '데릭 빙햄'은 「격려」 라는 책에서 "그가 칭찬을 받을 만하면 지금 당장 그를 칭찬하라. 친절하고 쾌활한 칭찬과 인정은 명예나 돈보다도 더 소중하며, 삶에 흥미를 부여(附與)시키고, 그에게 활기를 불어 넣는다."라고 말했다.

말은 그 사람의 이미지다. 말이란 세 치 혀에서 나가는 순간부터 대단한 무기가 되어 큰 복을 가져 올 수도 있고, 다르게는 부메랑이 되어 생명을 잃을 수도 있다는 사실을 우리들은 흘러간 역사에서 익혀왔다. '해서는 안 될 말'과 '꼭 필요한 말'이 무엇인지를 구분하지 못한다면 돌이킬 수 없는 아쉬움과 후회가 뒤 따를 수도 있을 것이다.

불행의 원인은 항상 나에게서부터 시작된다. 내 뒤를 따르는 그림자는 내 외형을 그대로 그려내듯, 내 그림자가 작고 굽어보인다면, 그 모습은 어디서부터 잘못되었을까? 하고 생각해 볼 일이다.

나도 모르게 '아차'하고 순간적으로 저지른 실수라 할지라도, 상대가 그로인해 정신적 또는 물질의 피해를 입게 되었다면, 비굴하지 않을 만큼의 자세로 빠르게 그 실수를 인정해야 상대가 받은 상처도 치유될 것이다.

자신의 삶에 대한 모두를 통제하면서 살아가기란 매우 어려운 일이나, 스스로의 결정으로 모든 행동은 시작되어지므로, 삶의 반경을 구체화 시킬 수 있다.

처세(處世)를 잘하는 사람일지라도 때로는 정도(程度)를 넘어서는 경우가 있을 것이다. 칭찬을 하여 상대를 기쁘게 하는 처세도 좋기는 하나, 받는 사람이 왜 그러지? 하고, 고개를 갸우뚱거린다면 그것은 분명 잘못된 행위일 것이다.

상황에서 빗나간 칭찬을 받은 사람이 잘못 판단하여 똑같은 행동을 되풀이한다면 그 결과는 어떻게 펼쳐지게 될까?

칭찬은 칭찬을 받은 사람을 즐겁게 하고 용기를 주어야 한다. 그래야만 자신과 상대를 위한 좋은 결과를 가져온다.

그런데 달콤한 칭찬의 맛에 길들여져서 그릇된 행동이 버릇이 된다면, 그 사람에게는 분명한 해독(害毒)이다.

아무리 좋은 약이라 할지라도 사람의 체질에 맞아야 약효가 있듯, 칭찬도 그 사람이나, 그 상황에 맞아야 약발이 날 것이다.

삶의 색깔을 구분하는 방법을 배워가며, 조화와 리듬을 알아 처신한다면 모든 사람들은 오늘보다도 더 성숙해질 것이다.

칭찬은 분위기에 적절하게만 활용한다면, 차원 높은 생활예술이 된다.

✍. 2013년 10월 2일 –한국문학신문

17. 흔들리는 교육 풍토.

한 나라의 경제가 어느 정도 안정되고 산업이 발전하면 외국으로 떠나는 유학생 숫자가 줄어드는 현상을 보인다고 한다. 하지만 우리나라는 15억의 중국이나, 1억 3,000만의 일본보다 외국 유학생이 더 많은 것으로 집계되는 기현상을 보이고 있다.

만족할 수준은 아니더라도, 시설과 인력 면에서 교육여건을 어지간히 갖춘 상황에서 외국으로 떠나는 유학생이 많다는 것은 이해하기 힘든 측면이 있다.

물론 외국의 앞선 학문과 기술을 배워오는 것은 국가적으로나 개인적으로 분명 유익한 일이다. 외국 유학을 떠나는 학생들에게는 저마다 이유가 있을 것이다. 그러나 유학을 떠나는 상당수는 우리 교육마당의 현실에 대한 불만이 있기 때문일 것이다.

우리들 앞에 펼쳐진 교육현장은 오래 전부터 극심한 몸살을 앓고 있다. 공교육시스템이 붕괴됐다고 야단들이다. 사교육으로 허리가 휜다며 학부모들은 비명을 지른다. 왜 그럴까?

물론 사람들은 서로 다른 생각과 행동으로 살아간다. 다양성의 사회가 아닌가? 우리나라 교육은 오랫동안 정치인들과 소수의 지배층이 책상 앞에 앉아 만들어 낸 정책(政策)들이 혼란의 원인이 되어온 것은 부정할 수 없는 사실이다.

오랫동안 뒤엉킨 문제들이 하루아침에 명쾌하게 해결되기는 쉽지 않을 것이다. 하지만 지금이라도 백년대계의 안목(百年大計의 眼目)으로 정책의 큰 그림을 그려가면서 교육의 본질을 찾아나서야 한다.

학교와 교사들만의 책임으로 전가(轉嫁)시켜서는 안 될 말이다. 교육당국과 학부모들, 시민사회와 언론 등 모두가 머리를 맞대고 방안을 찾아 나서야 한다.

먼저, 빗나간 학생들을 선도하는 의무와 책임을 누군가 져야한다면 그건 당연히 교육을 책임진 학교요, 선생님들이며, 가정교육을 시켰어야 할 학부형들이다.

첫 번째 '학교폭력 가해 사실(加害 事實)의 생활기록부 기재(記載)' 문제를 살펴보자. 교육은 모르는 것들을 가르쳐 주고, 잘못된 행동을 바로잡아 깨우쳐서 제대로 된 사람을 만들어내기 위해 존재한다.

실수와 호기심으로 저질러진 행위의 결과를 평생 짊어지고 가게 할 수는 없다. 가해자든 피해자(加害者든 被害者)든 육체적 정신적으로 받은 피해로 한 사람의 일생이 망가지지 않도록 사전(事前) 교육과 함께 치안확립 방안도 세워야 한다.

둘째, 대학 반값(半價) 등록금 문제다. 누구든 대학에 가려고 생각만 하면 갈 수 있는 시대다. 수학능력시험은 합격선을 가르는 잣대도 없는 줄 세우기식 시험이다.

가난한 부모를 만나 대학진학을 포기하고, 생업을 위해 직업전선으로 뛰어든 사람의 입장에서는 학업성적이 나보다 뒤진 학생의 등록금을 내가 낸 세금으로 도와주어야 비현실은 정책남발은 분명한 비극이다.

재원(財源)도 마련하지 않은 상태에서 반값 등록금을 국민 세금으로 충당하려는, 정치적 목적을 가진 약속이라면 반드시 재고(再考)되어야 한다.

대안이 없는 고급학력자 양산보다는 일자리를 갖지 못한 청장년 390만 명의 갈 길을 찾는 일이 더 급하다.

셋째, 상급학교 진학문제 때문에 인성교육이 온데간데없어진 중등교육현장의 실태 문제다. 아침식사도 거른 청소년들이 아침 7시부터 저녁 10시까지 생명력 없는 활자(活字)들과 전쟁을 벌이고 있다.

이렇게 배운 대학 졸업자들은 진짜 일자리가 없어 직장을 못 잡는 것일까? 아니면 편하고, 연봉(年俸)이 많은 곳만 찾는 분수 모르는 젊음이 그들의 길을 가로 막는 것일까?

이런 저런 이유와 사정으로 우리나라에서 교육받기를 포기하는 학생들의 유학경비와 영어연수 비용은 해마다 60억 달러(한화 약 7조 2,000억 원)를 상회한다고 한다.

창의력이 없는 교육, 이공계열(理工系列)이 홀대받는 사회현상, 대학을 나오고도 다시 폴리텍대학(polytechnics)이나 전문대학에 편입을 해야 하는 현실, 빛바랜 이념(理念)의 주도권 싸움, 소신 없는 교육정책당국의 실무자들, 한탕주의 사고(思考)가 만연된 사회가 가르치는 것은 우리교육의 현장을 검게 물들여 놓고 있다.

✍. 2013년 1월 25일-전북일보

18. 자녀교육! 비교(比較)하는 꾸중은 독(毒)이 된다.

부모들이 자녀들을 가르치는데 중요한 것들 가운데 하나가 올바른 가치관을 정립할 수 있게끔 지혜로운 교육이 가장 중요하지 않을까 한다.

자녀들을 기르다보면 내가 지금 하고 있는 말이나 행동이 우리 아이들에게 어떤 영향을 주고 있을까? 라고 자문(自問)할 때가 종종 있을 것이다.

이웃집 아이가 들어 간 좋은 학교에 우리 애도 보낼 수는 있을까? 보람을 갖는 사고(思考)의 기준을 세울 수 있도록 안내는 하고 있는지?

그리고 자녀가 살아 갈 긴 세월의 항로(航路)가 되는 나침반을 바르게 보는 방법을 잘 가르치고는 있는지? 하고 늘 번민하는 부모들의 심정은 늘 애처롭게만 보인다.

우리들이 갖고 있는 인생관이나 가치관 정립은 삶의 행동방향을 결정하는 최대의 요인이 되며, 사람마다의 인식(認識)의 틀 속에서 신념의 구조물 같은 역할을 할 것이다. 즉 삶의 목표, 인식의 방법, 근면성, 타인들과 함께 살아가는 방법의 적합성, 급변하는 시대조류에 대한 적응력, 등의 요소들을 만들어 가는데 성장과정에서 부모로부터 받은 영향은 거의 절대적이다.

가정교육이 풀어져 버리고 가족들 간의 대화가 단절된 현실에서 부모들에게 가장 소중한 자녀들을 어떻게 가르쳐야 제대로 키워 낼 수 있을까? 쉽게 풀리지 않는 어려운 문제다.

안개 자욱한 망망대해(茫茫大海)에서 등대를 찾아가는 항해사처럼 인생의 가치가 무엇인지를 아는 부모라면.

「검은 것과 하얀 것의 특징을 구별할 능력을, 칭찬 뒤에 따르는 효과의 유·불리(有利 不利)와 제대로 된 질책을, 진실과 거짓의 행동의 결과가 뒤에 따르는 의미를, 조건이 없는 순수한 사랑과 진정으로 자녀의 미래를 위한 참된 의미의 교육을,」

구분 할 줄 아는 능력을 갖춰, 흔들리지 않는 소신으로 불확실한 시대를 살아가도록 사려(思慮) 깊은 교육관과 애정을 담고 있어야 한다.

부모가 자식들을 평생 동안 가르치며 보살펴 주고, 먹여 줄 것이 아니라면 자식들이 스스로 세상을 살아갈 수 있는 지혜와 힘과 방법을 제시해야 하는 일이 부모들이 해야 할 의무이며, 책임이다.

아이들은 부모라는 거울을 보면서 성장해간다. 바꿔 말하면 자녀 교육엔 엄마, 즉 부모들이 살아가는 모습이 절대적으로 중요하다는 뜻이며, 나아가 아이들에게 자존의식과 자신감을 불어 넣는 게, 기본적인 사랑의 가정교육이 될 것이다.

이것은 자녀를 인격적으로 존중하고 배려하는 마음에서부터 시작된다. 부모들이 화가 났을 때 쏟아 붓는 심한 질책이나 폭언은 자녀들을 주눅 들게 만들고, 심각한 좌절감으로 비뚤어지는 길로 가라고 가르치는 것이나 다름이 없다.

아이들의 모든 것들을 부모의 힘만으로 해결하려 든다면 부모와 자녀간의 관계는 악화되고 지칠 수밖에 없다. 일반적으로 부모들은 조급한 마음에 자녀가 기대에 부응하지 못할 때 다른 아이와 비교하면서 야단을 치거나 자기도 모르게 화를 내기가 쉽다.

"누구 반만 닮아봐라."하고 핀잔을 준다거나, 또는 "누구는 잘하는데 너는 늘 이 모양이냐?"는 식의 표현이 가장 전형적인 비교 교육이다.

이런 때 그 아이는 또래들에 대한 열등감으로 자극을 받으면서 어린 가슴에는 평생 잊을 수 없는 대못이 박히게 된다.

만일 당신의 자녀가 "다른 집들은 부자인데 우리 집은 지금까지 뭐하고, 필요한 것도 제대로 못 사주느냐?"고 반박해 온다면 서운함과 배신감을 느낀 부모들은 과연 뭐라고 답을 할까?

어른들의 지나친 경쟁 심리(心理)는 부모로서 가려야 할 선(線)을 넘어선 욕심이 자녀들에게는 부정적인 자아상(自我像)이 만들어지는 계기가 된다.

어린이들의 정서적 감정은 대개 6~7세 때 거의 형성 되어진다고 하는데, 이 시절에 마음의 상처를 입으면 일생동안 너무 깊이 새겨진다고 전문가들은 진단한다.

감수성이 예민한 시절에 받았던 상처가 치유(治癒)되지 않았을 때, 나타나는 현상은 열등의식, 우울증, 자폐증, 대인기피증, 패배의식 등으로 시달리게 된다.

이러한 결과에 따르는 현상으로는 부모들에 대한 눈치 보기, 학교생활에 대한 싫증, 사소한 일의 실패에도 자포자기 상태에서 거짓말을 반복하거나, 조용했던 성격이 난폭해지면서 공격성향으로 변화되거나, 심지어는 남의 물건을 훔치는 등의 전혀 예상 밖의 일탈행동으로 주위사람들을 놀라게 한다.

부모들의 넘치는 교육열에서 시작되는 시(時)도 때도 없이 질타하는 꾸중은 자녀들에게 돌이킬 수 없는 아픔을 주게 된다.

갈등이 없는 인생살이는 없다. 자녀들에 대한 부모들이 갖는 어느 정도의 갈등은 깊은 자극제가 되거나, 생각할 수 있는 계기가 될 수 있기에 부모나 자녀들이 더욱 성숙할 수 있을 것이다.

부모들은 자녀들과 함께 부대끼면서 자녀의 소질이나 의사(意思)를 존중해주자. 그들이 품고 있는 꿈을 키울 수 있도록 서두르지 않는 배려로 언제라도 고민을 들어 주는 자상한 인생의 선배의 입장이 되어야 한다. 그리고 가장 가까이에 있는 생활의 안내자가 되는 길이 사랑하는 자녀를 자립하여 떳떳하게 살아갈 사회인으로 성장시킬 수 있을 것이다.

✍. 2012년 7월 25일 - 한국문학신문

19. 잔소리에 멍드는 사랑스런 자녀들

내 자녀가 행복하지 않기를 바라는 부모가 세상 어디에 있을까? 교육에 대한 관심과 정열이 세계 으뜸인 우리부모들이 자녀들을 위해 자신의 희생을 마다않는데도 자녀들에게 '행복한가?'라는 질문에 그들은 거의가 '그렇지 않다'라고 한단다.

서울의 名門「Y대학 사회발전연구소」가 발표한 한국 어린이 청소년들의 행복지수의 국제비교는 OECD 국가들 중에서 가장 낮았다는 슬픈 통계다.

물질의 풍요로운 삶을 영위하는데도 그들은 '왜 불행하다고 생각하는 것일까?'그 이유는 일방통행인 가정 분위기와 반 강압으로 느껴지는 학교교육의 현실에서 받는 스트레스가 원인이었다고 한다.

사람들은 현실에서 얻는 좋은 것보다는 자기가 처한 불리한 것들에만 비교하는 심리를 갖고 있다고 한다.

자녀들의 '자존감'은 영아기(嬰兒期) 때부터 주변 환경에 의해 형성되어 가는데, 영향을 가장 많이 주는 사람은 부모들이라고 한다. 우리 아이들이 가장 많이 듣고 자란 말이 무엇이냐고 한 질문에 "공부해라"라고 한 엄마의 '잔소리?'였다고 한다.

수재(秀才)들만 모였다는 미국의 하버드 대학생들에게 물으니, 잘못이나 실망하고 있을 때 "다 괜찮을 거야(Everything is going to be ok)"라는 격려의 한마디는 자존감을 살려 주며, 다시 도전 할 기회와 힘을 길러주었다고 하니, 나라마다의 교육방법과 문화의 차이가 아닌가 한다.

가르침의 본질은 삶의 질을 향상시키는 데 있다. 계절의 여왕이라 부르는 아름답고 화사한 5월은 '가정의 달'이다. 가정은 모든 사람들의 보금자리며, 교육마당의 요람이다. 부모님의 말씀이 '사랑의 가르침이냐? 잔소리냐?'의 물음에 그들은 서슴지 않고 '잔소리'라고 한단다.

엄마들의 넘치는 사랑이 때와 장소를 가리지 않고, "공부해라, 방 정리해라, 일찍 들어와라, 게임하지 마라, 등. 숨 쉴 틈을 주지 않는 무차별 공격성 간섭(?)은 '말씀'을 뛰어 넘어 잔소리"라고 생각하는 자녀들과 함께 서로의 스트레스를 해소하는 길은 없을까?

'잔소리'의 사전적 의미는 '세설(細說). 또는 꾸중으로 하는 여러 말.'이다. 부모의 사랑이 가득(?) 담긴 감정의 전달을 '꾸중'이라고 하니, 참으로 안타까운 일이다.

학교에서 돌아오는 자녀에게

"오늘 힘들었지 어서 씻고 쉬어라."어지러워진 방을 보고

"오늘은 엄마가 정리할게, 내일부턴 같이하자. 응!"
"오늘은 일찍 들어와 엄마랑 함께 TV 같이 보지 않을래." 지금까지 굳어 진 언행을 짧은 시간에 벗으려하니, 조금은 어색하기는 하나, 힘들게 바뀐 내 모습으로 자녀를 긍정적인 사고를 갖게 할 수 있다면 못할 것도 없지 않을까?
"이거 다 널 위해서란다."의 지금까지의 표현을
"엄마의 욕심을 사랑하는 내 아들은 이해 해주겠지?"라고 정감 있는 솔직한 어투가 그대로 전달되어진다면, 자녀의 굳게 닫혔던 마음의 문도 열려 부모들을 '잔소리꾼'으로 여기지는 않을 것이며, 부모자식간의 높았던 장벽도 어렵지 않게 허물어질 것이다.

자녀들은 '익어가고 있는 과일'이다. 풋과일은 적당한 영양분과 일조량(日照量)이 필요하듯, 성숙하지 않은 자녀들의 감정과 행동을 이해하고 인정해가면서 차분한 자세로 신뢰를 심어가는 단계를 밟아 가면 좋으리라. 부모로부터 행동을 강요받는 성장과정에서 의도하는 길과 엇나가는 '웃자람-徒長'을 가져올 수도 있다.

그들은 겉으로는 의젓하고 바람직한 행동을 하고 착한 외양(外樣)을 갖고 있지만, 점차 시간이 흐르면서 통제가 불가능해진 변모된 성격의 소유자가 될 수도 있다.

부모들의 잔소리는 스스로 생각하고 판단할 기회를 만들어 주지 않은 '필요 악(必要 惡)'으로 그들의 소중한 '자존감과 사고력'을 앗아갔다면 다시 생각해 볼 일이 아닌가?

잔소리는 부모들의 근시안적(近視眼的)인 교육방법으로 '소리

없는 폭력이나 학대(虐待)'라고 여기는 자녀들에게 슬기로운 부모가 되는 길을 찾아 나서자.

그들이 귀가 아프게 들었던 부모들의 잔소리가 30대 중반부터는 세상살이에 도움이 되는 약(藥)이 되었음을 알아간다고 한다.

✍. 2013년 4월 24일-전북일보

20. 횡설수설(橫說竪說)

'횡설수설'이란 제목이 지닌 의미가 무엇이냐고 묻는 다면 사람들 각자에 따라 답은 천태만상(千態萬象) 일 것이다. 교육에 관한 소신을 문자화(文字化)해서 칼럼이라는 장르로 紙面으로 옮기면서 내 생각들이 독자들에게 공감을 얼마나 주었을까? 하고 늘 궁금해 하는 사람이다.

사람들은 성장해서 결혼을 하고, 부모가 된 뒤부터는 모든 관심이 자녀에게로 쏠린다. 경제활동을 하는 것도 한 편으로는 자녀들에 대한 의무와 욕심이 먼저일 것이다.

세상에는 부모를 웃게 하는 자녀도 있고, 슬프게 하는 자녀도 있을 것이며, 때로는 부모들의 관심 밖으로 밀려 외롭게 사는 아이들도 흔하게 볼 수 있다. 그러나 그들을 누가 그렇게 만들었느냐고 물어 올 땐 '글쎄요'라고 답할 뿐!

자녀교육에 대한 몇 가지 부분적인 예를 들어본다.

* 자녀의 창의성을 높이는 데는 아버지와의 대화가 중요하다. 그 연령대는 5~7세의 유아(幼兒)들로 매일 30여 분씩 고정된 틀에서 벗어나, 반복학습과 의견을 묻고, 부모의 의견을 곁들여 시정(是正)을 해주면 상당한 효과를 본다고 한다.

* 아이큐가 높은 것과 상위 성적의 확률은 36%선이라고 한다. 다만 아이큐는 높은 성적을 낼 수 있는 요인이 될 수는 있으나, 환경과 교육의 기회, 본인의 노력 등이 지능보다 성적에 더 큰 영향을 주며, 특히 고학년으로 올라갈수록 성적과 지능과 의 상관 관계는 점점 낮아진단다. 아이큐가 평균(120)을 넘어가면 학교수업에 흥미를 못 느끼는데, 적응력의 부족과 앞서가는 이해능력 때문이라고 한다.

* 학교가 자녀들의 모든 것을 해결해주는 곳은 아니다. 지식의 기초를 다듬어주고, 더불어 사는 방법을 배우는 곳이며, 인간관계를 맺어가며, 협력하고 배려하는 길을 찾아 주는 법제화된 교육의 장소다. 더 나아가 어두워지는 사회를 밝은 곳으로 이끌기 위해 존재가치를 배우는 곳이 학교다.

* 학교 밖으로 떠나가는 학생들이 2012학년도 말, 교육관계기관의 통계에 따르면, 연 75.000명으로 하루에 200여 명이나 되는 엄청난 숫자다. 이유는 학교생활이 즐겁지 않거나, 구속이 싫고, 의미가 없다고 생각하면서 행복하지 않기 때문이란다. 학교는 학생들이 적성에 맞는 가능성을 찾아 꿈을 키워가는 공간이다.

학교 밖으로 떠나가는 학생들에 대한 이해와 심리상태를 연구하여 시류(時流)에 떠밀린 일회성 대책이 아닌 구제방법을 위한 실질적인 대책을 장기적으로 수립해야 한다.

* 우리나라 교육에서 최대 현안이 뭐냐는 질문에는 학교폭력, 성교육, 특기적성교육, 외국어교육이나, 진로교육보다도 하나같이 인성교육의 강화란다.(학부모, 교사, 초중고 학생들의 순) 그렇다면 전에는 그걸 몰라서 교육하지 않았다는 말인가?

* 학생들이 가장 싫어하는 말은 "누구의 반(半)만 닮아봐라." "그만 놀고 좀 공부해라." "바보 멍청아! 넌 도대체 누굴 닮아서 그러냐?" "네가 할 줄 아는 게 뭐냐?" "그만 좀 먹어라."등의 인격을 모독하는 언어폭력이다.

* 자녀들의 자존심을 살려주어야 한다. −자녀들과 대화를 할 때는 그들의 자존심을 키워주어야 하고, 눈을 마주보면서 자녀의 의견을 흥미 있게 들어주어야 한다.

옆 사람과 비교하지 말고 야단치는 기회를 모아서 하되, 칭찬을 하려거든 과장하지 말고 확실하게 해주어야 한다.

* 자녀들에게 행복의 길을 찾아가는 방법을 가르쳐 주어라. −사람들은 누구나 하고 싶은 일이 있고, 잘하는 것이 있는 것이 인간의 본성이다. 하고 싶은 것과 잘하는 것이 일치한다면 그는 매우 행복한 사람이다. 반대로 체질도 아니고, 적성에도 맞지 않고, 어쩔 수 없는 일을 하고 산다면 그 삶은 어떤 길을 가고 있을까?

'한 번만 더'하는 욕심은 나를 파멸로 몰아간다. 그쳐야 할 때 그칠 줄 아는 것은 최고의 지혜요 지략이다. 그러나 그게 어디 쉬운 일이던가? 칼집이 없는 칼을 갖고 다니다가, 상처를 입을 수도 있고, 아무리 외형과 성능이 좋은 자동차라고 해도 브레이크가 고장 난 차를 운행하다가 내 귀중한 생명을 잃을 수도 있다.

잘 나갈 때나 지나치다고 느낄 때, 제어해야 할 타이밍을 알고 있으면, 생명과 명예, 또는 삶의 전반에 변화를 가져오는 큰 화의 근원이 되는 것을 미리 막아낼 수 있다. 욕심을 조정하여 하고 싶은 것, 또는 잘하는 일을 하면서 사는 사람은 대단히 현명하고 행복한 사람이다.

✍.2014년 3월 26일-한국문학신문

21. 배움이 거래(去來)가 되어서야.

사회가 다변화(多變化)될수록 파괴되는 것은 인간성이다. 그러기에 패륜의 범죄가 사회를 병들게 하는 심각한 사회문제가 되고 있다. 그 원인은 어린이와 어른 모두가 출세와 물질만능주의에 젖어가는 풍조 때문이다.

사람들은 사소(些少)한 것들에서 무의식적으로 법을 어기는 불감증에 걸려 살고 있다. 작은 일들이 큰 화(禍)를 불러온다는 현실을 감지하지 못하는 것인지는 몰라도 사람들은 '다른 사람들도 다 하는데'왜? 나만 안 되느냐고 반문하면서 수치심을 버린 지 오래다.

외출을 할 때면 거울 앞에서 자기의 앞모습을 남에게 보이기 위해 또는 자기만족을 위해서 아름답게 화장하고 옷매무새를 가다듬는다. 행동의 뒷모습이 중요하고, 꾸며진 화장 뒤에 숨어 있는 아름다움이 그 사람의 인격을 더 높여준다는 사실을 사람들은 알고 있을까?

어른으로, 부모로, 아내와 남편으로, 여성과 남성으로, 교사와 학생으로, 시민으로, 각자의 위치에서 앞면도 중요하지만,

살아가는 뒷모습이 아름다울 때 진정한 멋스러움이 깃들여 있다.

다른 사람의 뒷모습을 안다는 것은 그 사람의 모두를 안다는 것이다. 인간의 진실은 꾸며진 앞면보다는 있는 그대로 보여주는 뒷모습이 훨씬 더 진실하다.

「서산대사의 詩 한 수가 생각난다.
"눈 덮인 들판을 걸어 갈 때, 발자국 하나라도 어지럽히지 말라.
오늘 내가 가는 이 길은 뒷사람들의 이정표가 될지니."
(답설야중거 불수호란행 금일아행적 수작후인정-
踏雪野中去 不須胡亂行 今日我行跡 遂作後人程)」

삶의 과정에서 가끔씩 뒤를 돌아보며 산다는 것은 쉽지는 않겠지만 매우 바람직한 일이다. "나는 내 모두를 언제라도 활짝 열어보여도 부끄럽지 않다."고 하는 삶은 행복의 의미를 알고 있을 것이다. 사회가 거칠어지고 영악하게 사는 사람들이 날개를 달고 살아가는 세상으로 변모해가고 있는 양상이 안타깝다.

부자(富者)로 살면서도 행복해하는 모습을 볼 수 없고, 문맹률이 1%미만으로 교육입국을 자랑하는데도 이 사회는 문명인들이 사는 곳이라 생각이 들지 않는다. 지식이 많은 배움과 부유한 생활정도가 사람들의 인간성과는 상관관계가 낮아서일까?

학교교육을 문제 삼아 설문조사를 한 결과에 의하면 모든 분야보다 시급한 분야가 '인성교육'이라고 한다.

그런데 우리나라 교육과정에서 인성교육을 제대로 한 적이 있었던가? 윤리와 도덕 과목이 입시에 떠밀려 냉대를 받고, 음악, 체육, 미술 과목 역시 설 곳을 잃은 지 오래다. 입으로만 인성교육을 하자고 외쳐대며 실행은 없다. 학교수업보다는 학원수업으로 내몰리는 학교 밖 현상은 부모들의 대리만족과 사회에 만연된 일등 지상주의가 문제다. 좋은 학교, 좋은 직장, 고소득의 연봉, 남이 부러워하는 위치에 선 사람이 되기 위한 출세 지향의 가치관은 비단 어제 오늘의 이야기만은 아니다.

이런 사고(思考)가 꼭 잘못된 것만은 아니라, 할지라도 그 저변에 깔린 기성세대의 사고가 더 큰 문제다. 위로 올라가는 모든 것들의 원리는 기본과 기초를 튼튼하게 쌓은 뒤에야 눌러지는 무게를 이겨낼 수 있는 것인데, 그 기반들이 약하다보니, 위의 것들이 흔들릴 수밖에 없다.

학교라는 제도는 하나의 과정으로 자격을 얻는 곳으로 전락하였다. 학원수업에 실력 쌓기를 의존한다. 상급학교 입시도 학원에서 얻은 실력으로 치러낸다고 하니, 모든 상황들은 거래로 이어져 간다.

뒤처지면 도태되고, 패자로 전락하면 설 자리가 없어진다는 강박관념에 자기 일에만 몰두하면서 옆 사람에게는 관심이 없다. 그들은 태어나면서부터 영재학원 영어학원 등에서 생존의 법칙을 너무 일찍 익히면서 성장했기 때문이다.

실력이 없으면 정직성도 없다. 생존력도 없으면서 예의나 염치나 법질서 준수는 웃기는 일이라고 그들은 생각한다. 이렇게 그들의 가치관이 바뀌다보니, '학교에서의 배움'은 교사는 지식을 제공하는 전달자에 불과하다.

학생들은 대가(代價)를 지불하고 얻어가는 거래가 성립되어진다. 마치 자판기와 흡사하다. 값어치에 알맞게 넣어지는 동전의 소리만큼의 결과가 주어진다.

그들은 학교라는 자판기보다 학원의 자판기가 더 구미에 맞는다는 이유가 학원은 이런 저런 간섭이 없어서란다. 학생들 탓만 할 수 없는 세상이다.

이 사회가 추구하는 가치관이 변모한 지 오래다. 학교의 선생님이 잘 닦여진 인성으로 기초한 뒤에 실력이 싸여져야 올바른 사회인으로 지성인이 되어 성공할 수 있다고 말한다면 학생들의 반응은 어떠했을까?

기성세대들은 학생들의 거울이 되어야한다. 그런데 그럴듯한 모습으로 거울에 비쳐질 사람들이 얼마나 될까?

사람들이 어떤 목적을 갖고 배우든 간에 배움에는 자율의 책임감과 생명체에 대한 경외감과 의지의 독립성과 공동체 생활을 위한 헌신의 정신이 먼저여야 하는데, 배움이 목적을 향한 거래가 되어서야 될 말인가?

기성세대의 틀 속으로 들어와야만 성공하는 것은 결코 아닌 것이다. 제대로 된 교육이 이뤄지지 못하는 모든 것들의 원인은 배금사상과 출세우선주의라는 큰 바위가 짓누르고 있어 어둡고 차가운 세상으로 줄달음치고 있는 것이다.

✍. 2014년 4월 9일 - 한국문학신문

22. 스트레스는 선택의 문제다.

스트레스(Stress)는 사람들의 일상생활에서 느끼는 압력(壓力)을 의미하며, 긴장과 불안으로 조성(造成)된 마음의 불안정한 상태에서 역할수행을 방해한다고 한다.

스트레스의 어원(語源)은 라틴어의 'Stringer'로써 '팽팽하게 죄다'라는 뜻이다. 이후 많은 변화를 거쳐 14세기에 이르러 Stress라는 용어가 일반적으로 쓰이게 되었다.

인간은 자신의 욕구를 충족시키지 못했을 때, 불안과 초조한 기분으로는 메마른 사회생활에 적응하기 힘들어진다. 심리학적 분석으로는 스트레스의 요인은 욕구의 좌절과 갈등, 변화와 압박감 등을 들 수 있다.

욕구좌절에서 오는 갈등은 양립할 수 없는 목표가 설정될 때나, 하고 싶은 일에 직간접(直間接)으로 방해를 받았을 때, 또는 주위 환경의 변화에서 온다고 한다.

그리고 자신의 욕구에서 발생하는 내부요인과 경쟁 사회에서의 열등의식, 가족이나 타인과의 관계 등 일상생활에서 일어나는 외부요인으로 정신적 압박을 받을 때 일어난다.

사람은 사생활(私生活)이나 사회생활에서 수많은 갈등을 겪으면서 체험한다. 사람마다의 내적인 갈등일 수도 있고 '너와 나'사이의 갈등일 수도 있다. 사람은 태어나 무덤으로 갈 때까지 갈등과 더불어 존재한다고 한다.

셰익스피어는 '햄릿'을 통해 "사느냐 죽느냐 이것이 문제로다. (To be not to be, that is a question.)"는 갈등하는 인간의 존재를 리얼하게 말해주고 있다. 세상을 살아가는 정도에 따라 다르겠지만 매 순간마다 갈등이 없는 삶이란 있을 수 없다.

갈등(葛藤)은 '경쟁, 반대, 모순, 비타협, 불화, 충돌, 투쟁, 싸움, 등과 같은 다양한 의미로 사용되는 것이 일반적이다. 이러한 갈등은 자기 욕구와 더불어 스트레스로 변해 심리적 변화를 주면서 만병(萬病)의 근원이 되어, 생명을 위협하는 존재로 우리들 곁에 항상 머물러 있다.

삶은 예측하기 어려운 상황에 가끔씩 부딪힌다. 새로운 문제에 직면했거나, 그에 맞게 눈앞에 놓인 상황을 변화시키기 위해서는 분명 새로운 전략(戰略)이 필요하다. 그것은 어쩌면 순발력과의 싸움일지도 모른다. 변화를 거부하고 한숨을 쉬면서 불평을 털어놓는다고 문제가 해결되는 것은 아니다.

'왜 나만 이런 일을 당해야 하나, 다른 사람들은 순풍(順風)에 돛을 단 듯, 잘들 나가는데'글쎄 눈에 보이는 것들 그대로 모두가 행복하기만 할까?

아마도 그렇게 보였다면 그들은 그만큼 많은 땀을 흘렸을 것이다. 내가 다른 것들을 생각하고 있을 때, 그는 자기 일에만 매달려 끼니도 거르고, 밤잠도 설쳐가면서 모든 것들을 포기하고 시간을 아껴 투자했을 것이다.

사람들은 가끔씩 하루를 보내는 벅찬 삶에서 엔진이 갑자기 정지(停止)하는 것 같은 황당(荒唐)한 느낌을 받을 때가 있을 것이다. 사람은 저마다 삶을 엮어가는 방법이 다르다.

그것을 다른 표현으로 자기의 '결 또는 적성適性'이라고 표현해보자. 그 결대로 산다는 것은 그리 쉽지 않다. 자기에게 주어진 결을 모르고 다른 결로 벗어나거나, 혹은 무시했다가 뜻대로 되지 않았을 때 빈틈으로 찾아드는 것이 바로 우리들에게 심한 몸살을 앓게 하는 스트레스라는 놈이다.

즉 자기가 받고 있는 스트레스는 욕심이나 갈등에서 단안(斷案)을 못 내리는 선택의 문제가 아닌가 한다.

이런 생각으로 사는 사람은 스트레스를 덜 받는다고 한다. 남의 잘못을 이해하고, 누구에게서나 좋은 점은 반드시 배우려 들고, 꿈틀대는 욕구와 욕심을 덜 부리면서 열등의식을 훌훌 털어 버릴 수만 있다면 그 사람은 밝은 모습의 행복을 느낄 수 있을 것이다.

먹잇감이 있는 곳에는 어디든 '적(敵)과 상처(傷處)'는 항상 도사리고 있다.

✍. 2013년 6월 5일-한국문학신문

Chapter 4

나눔과 배려 ! 뒷모습이 아름다운 사람들.

나눔과 배려가 넘치는 세상을 만들어보자.
록펠러의 43년이 행복했던 이유.
봉사(奉仕)는 실천이다.
삶의 의미를 실현하는 사람들.
세상을 밝혀 주는 사람들.
아름다운 삶, 나누면서 찾아가자.
아름다운 자원 봉사자들.
유쾌한 봉사활동, 우리 모두 함께 해 봅시다.
자원봉사! 나와 세상을 바꿔간다.
시간의 선물
지족상락(知足常樂)의 의미.

☞. 저지른 행동의 결과보다는 행위를 유발시킨 그 자체가 더 중요하다. 소박한 삶에서 단조로운 생각으로 이해득실을 계산하지 않고서 '나'를 필요로 하는 곳에 따뜻한 손을 내밀면서 짓는 아름다운 미소는 어느 것과도 비교될 수 없다. 서로의 도움이 곁들여지는 삶의 풍경은 한 폭의 정감(情感) 있는 한국화가 될 것이다.

☺. 외로워서 떨고 있는 이웃에게 말없이 작은 나눔을 베푸는 모습을 다 같이 그려보자. 정성을 다 하여 그리움을 포개고, 마음을 열어 서로의 눈맞춤으로 포근한 삶을 꾸며 가보자.

1. 나눔과 배려가 넘치는 세상을 만들어보자.

오늘 한 일이 뭐였지? 뭣 때문에 쫓기다가 점심도 놓쳤지? 잘한다고 했는데 팀장에게는 못마땅한 말을 왜 들었지? 이렇게 보낸 하루가 내 인생에서 보람과 가치는 있었을까?

나는 미력(微力)이나마 옆에 있는 사람들에게 행복으로 가는 디딤돌이 되고 있는가. 아니면 걸림돌인가. 혹여(或如) 내 인생만을 풍족하고 아름답게 꾸며 가려고 남들이 가는 길에 손해를 끼치거나 방해는 되지 않았을까?

세상에서 가장 소중한 사람은 물어볼 것 없이 '나'와 내 가족들이다. 그렇다면 '나와 혈연들' 다음으로 소중한 사람은 누구일까? 글쎄 답은 여러 갈래로 나눠 질 것이다. 우리들은 '행복과 성공'이라는 감옥 속에 갇혀 가끔은 삶의 의미와 가치를 잊고 사는 가운데 삶의 속도는 갈수록 빨라져간다.

모든 것들이 시류(時流)를 따라 빠르게 돌아갈수록 그만큼 잃어가는 것들 또한 많아질 것이다. 눈앞의 것들에 만족하지 않고, 더 크고 더 많은 것을 가지려다보니 마음은 초조해지고 머릿속은 더욱 복잡해지며, 메말라가는 감정으로는 주위사람들과 '나'자신을 돌아 볼 여유가 없어진다.

나누며 사는 아름다운 사람들의 얘기를 해보자. 외국의 부자(富者)들은 국민들로부터 존경과 박수를 받으면서 더 부자가 되어간다고 한다. 우리나라 부자들은 영악한 탈법행위와 영리한 머리에서 나온 불법 증여로 손가락질과 서민들의 따가운 시선을 받으면서 자기들의 배만 불려간다.

미국의 워렌 버핏은 부자들의 사회적 책임을 강조하면서 지난해에도 약 31억 달러(한화 약 3조 4,000억 원)를 사회에 기부했다고 한다. 그는 2011년에도 빌 게이츠 재단에 95억 달러 이상을 2006년에는 자기 소유 재산의 99%를 기부하겠다고 약속하면서 부자들의 기부감각을 자극시켜갔다.

세계의 부호들이 앞을 다퉈 기부 서약을 하고 있다. 예를 들면 러시아의 4대 부자로 꼽히는 광산 재벌인 블라디미르 포타닌은 "내 아들의 인생에서 뭔가를 성취할 동기(動機)를 빼앗지 않기 위해서" 재산의 일부를 기부한다고 했다.

많은 사람들의 도움을 받아서 재산을 모았기 때문에 다시 사회에 환원시켜, 그들에게 도움을 주려고 하는 아름다운 생각들이 세계를 감동시켜가면서 확산되어진다. 以上은 외국 부호(富豪)들의 얘기다.

우리나라에서 작년 통계로 본 기부문화(寄附文化)는 상위 10% 부자들보다 하위 20% 즉 서민들의 기부가 더 많았다고 한다. 자기 代에 불철주야 땀을 흘려 부(富)를 이뤄냈거나, 부모로부터 물려받은 부자 기업들이 많이 있다.

그분들의 통 큰 기부행위가 500원짜리 연탄 한 장에 울고 웃는 독거(獨居)노인들이나 기초생활 수급자들에게 따뜻한 겨울을 선사했으면 얼마나 좋았을까?

세(歲)밑 자선냄비에 1억 600여만 원을 넣고도 아무런 일도 없었던 듯, 사라져 간 60대의 신사(紳士) 분. 연탄 2만여 장을 기부한 충북 제천의 이름을 숨긴 따뜻한 여사님 등 많은 분들이 내뿜는 온정이 어려운 사람들의 가슴을 지키며 삶의 용기를 북돋아주고 있다.

'나'아닌 다른 사람을 배려하고 나누며 사는 길이 그리 쉬운 것은 아니라 하지만, 나타내거나 남몰래 취하는 아름다운 행동을 실천하는 사람이 따로 정해져 있는 것은 아닐 것이다.

그렇다고 도와주고 생색을 고집하는 부자들의 곱지 않은 미담을 배타하는 것도 아니다. 앞서 밝힌 생활정도 하위 20%의 사람들이 따뜻하게 감춰둔 손을 내밀어 어렵지만 함께 가자고 했을 때, 그 손을 잡는 웅크러져 있던 좁은 가슴은 눈시울이 붉어질 것이다.

내 안에 자리 잡은 '나'만 잘되고 잘 살면 되는 것이지, 험난하고 각박한 세상에 앞뒤를 쳐다 볼 겨를이 어디 있느냐고 덜 익은 생각일랑 부끄럽지 않게 거둬들이자. 그 자리에다 이웃을 심어서 바라보며, 나누고 배려하는 사랑나무를 심어 모두가 행복으로 가는 길로 올라서보자.

✍. 2013년 3월 27일-전북일보

2. 록펠러의 43년이 행복했던 이유.

동물(動物)들의 피를 먹고 살아가는 흡혈(吸血)박쥐는 이틀 동안 굶으면 정상적으로 체온(體溫)이 유지 되지 않아 짧은 시간에 체중이 줄어들어 죽어간다고 한다. 먹이 사냥에서 허탕을 친 박쥐는 공생(共生)하는 다른 박쥐에게 구걸(求乞)해서 생명을 보존하는데, 이때 정당한 이유도 없이 부탁을 거절한 다른 박쥐는 다음에 자기에게 위기가 닥치었을 때, 다른 박쥐들의 도움을 절대 받을 수 없다고 한다.

우리들의 삶도 언제 어떤 불행이 찾아올지 모르지 않겠는가? 지금까지의 내 삶이 혹시 이기적(利己的)이진 않았나 하고 돌아보자. 혼자서는 살아갈 수 없는 세상 꼭 물질적인 것으로만이 아니더라도 따뜻한 마음으로 이웃과 나누며 살아갈 수 있다.

세계적인 백만장자(百萬長者) 미국의 록펠러(1839~1937)가 55세 때 불치병(不治病)으로 일 년밖에 살 수 없다는 시한부(時限附) 삶의 사형선고를 의사로부터 받았을 때, 병원의 벽에 걸린

"주는 사람이 받는 사람보다 더 행복하다"라는 문구(文句)를 보고 있을 그때, 딸의 치료비를 마련하지 못한 女人이 의사에게

살려달라고 울면서 매달리는 애절한 모습을 보았다.

록펠러는 비서를 시켜 女人의 병원비를 남모르게 해결해주면서 삶의 가치와 기쁨을 또 다른데서 찾아냈던 것이다.

록펠러는 그로부터 43년을 더 살아 98세에 생을 마감하면서 "내생의 전반기 55년은 사업 때문에 늘 쫒기면서 살아왔으나, 후반기 43년의 삶은 매우 행복했었다."라고 회고했다 한다.

'생각하고 있는 것들을 행동으로 옮기는 사람은 행복한 사람이고, 말로만 그려내는 사람은 불행한 사람이다'라고 했던가?

현대인들은 풍족(豊足)한 현실과 자가당착(自家撞着)에 젖어 옆과 아래를 바라보지 않으려하면서 자신의 존재만 의식한 체 살아가고 있다. 배부름을 나누고, 주머니 속에 있는 것들과 시간을 나눠 가지려는 자세가 이 사회에 서서히 뿌리 내려져 상대의 불행을 맞들고, 어려운 이웃의 애환(哀歡)을 들어주고, 마음의 문을 열어 서로의 아픔을 치유(治癒)해 줄 때 우리들 몸속에서 흐르는 긍정의 에너지가 발산되어 새로운 의미의 행복을 맛 볼 수 있을 것이다.

우리들 주위엔 따뜻한 손길을 기다리는 이웃들이 여기저기에 살고 있다. 시선(視線)을 돌려 그들이 덜 고프고, 덜 아파하고, 덜 춥도록 배려하는 마음이나 물질적인 나눔이 절실한 현실이다.

70억의 인구(2011. 10. 31 현재 통계) 중 1달러(약 1,200원)로 하루를 사는 사람들이 약 15억 명으로 추정(推定)된다. '가난은 죄가 아니다'라는 말은 법의 용어로는 진정 죄가 아닐지는 몰라도 아귀(餓鬼)들처럼 달라붙는 파리 떼들을 쫒아낼 힘마저 없어

앙상한 갈비뼈를 드러낸 채로 굶어 죽어가는 어린이들의 모습이 공중파 방송매체 화면에 처절하게 그려질 때 눈물을 흘리지 않은 사람이 그 누구였을까?

기부(寄附)를 통한 나눔은 우리사회를 건강하고 따뜻하게 만들어간다. 제도의 개선과 공동사회의 이념이 가정교육에서부터 시작하여 학교에서 이어받아 배려의 교육으로 나눔의 문화를 더욱 확산시켜 나간다면 이기적인 양심으로 혼탁해져 가는 정치풍토와 포악(暴惡)하고 거칠게 변해가는 서민(庶民)사회의 분위기가 시나브로 하향곡선(下向曲線)을 그려가면서 제 자리를 찾아 갈 것이다.

우리들이 살고 있는 이세상은 서 있는 위치나 시각에 따라, 그 상황이 다르게 보일 수도 있다. 사람들은 너나없이 물질의 풍요와 화려함만을 따라 성공과 행복의 잣대를 어느 곳에서나 돈 앞에다가만 들이대며, 하나같이 같은 방향으로만 줄달음치고 있다.

자신을 소중하고 값있게 자리메김하면서 자신의 내면 깊은 곳에서 외치는 양심의 소리, 지성의 소리, 인간다운 소리에 귀를 기울여본다면 우리사회는 파릇파릇 돋아나는 새싹들이 봄소식을 몰고 오듯, 너와 나, 그리고 우리들 곁으로 다가오는 시간들은 초록빛깔 에너지로 넘쳐 우리들이 살아 온 세월의 흔적이 살맛나게 풋풋해질 것이다.

이웃의 아픔, 사회의 어두운 곳에 시선을 돌려 어쩌면 덜 채워진 한정된 힘이지만 이웃들에게 무관심하지 말고 포근한 가슴으로 나눔을 베풀어보자.

소외받은 외로운 이웃이 바로 우리들 곁에서 살고 있다.

✍. 2012년 3월 30일-전북일보

☺. 빛깔은 아름다우나, 향기가 없는 모란(牧丹)처럼, 말이 아무리 그럴듯해도 실천이 없으면 결실도 없다 (법구경 ; 法句經에서)

3. 봉사(奉仕)는 실천이다.

우리들의 삶은 어쩌면 늘 전쟁터 같은 기분이다. 시험. 입학. 취직. 일. 승진. 사랑. 대인관계 등 삶의 고리들에 얽혀서 살다보면 즐거워하거나 슬퍼할 겨를도 없이 황폐해진 정신은 자신이 혹시 불감증(不感症) 환자가 아닌가하고 착각할 때도 있다.

만약 이 세상에 거울이 없었다고 가정(假定)한다면, 과연 여성들의 시샘도 없어졌을까? 아니면 자기가 제일 예쁘다고 더 아우성들일까? 그러나 행인지 불행인지 거울은 존재한다. 모두들 자기 거울에 비쳐진 삶이 가장 올바르고 가치가 있다고 자랑하겠지만 어떤 삶이 값어치가 더 있을 지는?

내 작은 손길이 추위에 떨고 있는 사람에게는 따뜻한 이불이 되어주고, 굶주린 사람에게는 빵을 만들어주고, 용기를 잃은 사람에게는 두 손을 벌려 일으켜 세워주고, 길을 잃고 헤매는 사람에게는 등불이 되어주고, 외로움으로 방황하는 사람에게는 따뜻한 차 한 잔을 함께 마시는 멘-토가 되어보자. 서로에게 지팡이가 되어 의지하는 기운이 세상에 활짝 펴진다면 어두운 그림자도 엷어질 것이다.

내가 속해 있는 봉사 모임은 매달 셋째 일요일에 알뜰한 마음을 모으는 사람들이 만나는 날이다. 지난 4월에는 익산시(전북) 동쪽에 위치한 보성원(盲啞학교)을 찾아갔다. 선천적으로 또는 불의(不意)의 사고로 인한 시각장애아들이 사는 곳이다.

그래도 희미하게나마 빛을 구별하는 아이는 행복을 느낀다. 시각장애자와 정신박약의 아이들이 꾸밈없이 웃는 모습을 보고 있노라니 가슴이 저렸다.

맹아원, 농아원(盲啞院, 聾啞院,) 치매노인들의 요양원, 정신병원 등을 매월 돌아가면서 작은 정성을 나누려는 회원들이 가슴 뿌듯하게 자랑스럽다. 밤하늘의 은하수를 하나하나 바라보면 그리 보잘 것이 없지만, 작은 별들이 옹기종기 모여 있는 장관(壯觀)은 사람들의 가슴에 은은하고 넉넉한 평안을 안겨주듯, 작으나마 좋은 생각에다 아름다운 행동을 더하면 이런 마음이 은하수(銀河水) 같은 평화를 부른다.

신념과 갈등은 늘 우리들 내면에서 대립을 일으킨다. 인생은 가치 있고, 즐거운 삶의 목표를 정해놓은 그곳을 향해 달려가는 노력의 연속이라 했다.

학자요, 목사였던 前주한 미국대사였던 제임스 레이니가 조지아 州 에트렌타의 에모리 대학 교수로 재직할 때, 매일 걸어서 출근을 했다한다. 언제나 쓸쓸한 모습으로 혼자 있는 한 노인을 발견하고, 그날부터 노인의 말벗이 되어주었다.

때로는 노인의 집으로 찾아가 잔디도 깎아주고, 이런저런 얘기를 나누면서 2년여의 다정한 시간을 함께하는 친구가 되었다.

그런데 어느 날부터인가 노인이 보이질 않자, 집에 찾아갔을 때는 이미 세상을 뜬 뒤였다.

레이니 교수는 장례식장에서 그 노인이 코카콜라 회사의 회장을 지낸 분이라는 놀라운 사실을 들었다.

비서가 다가와 회장님께서 당신에게 남긴 유서가 있다고 해서 내용을 보니 "말벗이 되어준 친구에게 나는 당신에게 25억 달러(한화 약 2조 6천억)와 코카콜라 주식 5%를 유산으로 남깁니다."라고 쓰였다.

뜻밖의 거금(巨金)을 받은 레이니교수는 세 가지 면에서 놀랐다한다.

첫째는; 세계적인 부자인데도 검소한 삶에 놀랐고,

둘째로; 자신이 코카콜라 회장이었음을 밝히지 않은 점에서 놀랐고,

셋째로는 아무런 연고(緣故)도 없는 사람에게 많은 돈을 남겼다는데서 놀란 레이니는 그 유산을 노인의 이름으로 에모리 대학의 발전기금으로 기부했다.

레이니는 외로운 노인에 대한 사려 깊은 배려와 경제사정으로 인해 배움의 어려움을 겪는 젊은이들에 대한 나눔의 철학을 실행했던 것이다.

배려와 나눔을 실천하는 것은 재산이 많다고 해서 되는 것이 아니라, 마음가짐에 달려있다. 물질이 부족하면 몸으로 봉사하고, 기술이 있는 사람은 기술로 도와주고, 농번기에는 부족한 농촌 일손에 서툴지만 작은 손을, 외로운 사람들에게는 말동무가

되어주는 등 남을 돕는 길은 여러 종류가 있다.

잠재된 습관의 힘은 매우 크다. 예를 들면 어린 새가 나는 연습을 할 때는 날개를 파닥거리다 떨어지길 수없이 반복하다가, 시간이 흐르고 날개에 힘이 더해지면 날기에 익숙해지듯, 내 작은 재주나 능력, 물질이나 땀방울이 미약하더라도 횟수가 늘어나다 보면 나로 인해 웃는 사람이 많아질 것이며, 어설프지만 나눔의 행복을 맛볼 수 있을 것이다.

남을 돕는다는 것은 말처럼 그리 쉬운 일은 아니다. 書經의 洪範編(서경 홍범편)에 있는 오복(五福)의 다섯 번째 항목인 유호덕(攸好德)은 남에게 선행을 베풀어 덕을 쌓는 것이라고 했다.

놀부 같은 이기적(利己的)인 부자보다는 가난하지만 연민과 따뜻한 정에서 우러난 흥부의 선행은 물질이 아닌 마음에서 나온 것이다.

✍. 2013년 6월 19일-한국문학신문

4. 삶의 의미를 실현하는 사람들.

귀엽고 앙증맞은 토끼가 우리들 곁으로 다가온 지도 벌써 한 달이 훌쩍 지나갔다. 새해를 맞이하여 새로운 기분으로 알차게 세운 계획의 매듭들을 이제 서서히 풀어나가 보자. 드넓은 세상을 색안경을 끼고 바라 볼 때와 육안(肉眼)으로 보았을 때, 시각의 차이는 너무나 크게 나타날 것이다.

이미 펼쳐진 인생을 어떻게 재단해 나가느냐에 따라 우리의 운명은 좌우된다. 제대로 된 인생설계도가 있다면 살아가다가 혹여 계획이 빗나가거나 실수하는 일이 있더라도 중심을 잡고 제자리로 돌아 올 수 있을 것이다. 그렇지 못했을 땐 방향감각을 잃고 상당한 시간을 방황 할 수도 있으리라.

사람들은 흔히 여행을 할 땐 설렌 마음으로 치밀한 계획을 세우지만, 정작 자기의 인생은 정해진 틀에 맡겨 놓은 채, 꿈만 먹고 살아가는 경우가 허다(許多)하다.

삶이란 짧게 맛보는 행복의 시간을 벗어나면, 어쩌면 고난과 고통, 좌절과 불안의 연속일지도 모른다. 모든 사람들이 소망하는 행복의 낙원을 향한 발걸음을 가볍게 하고 싶다면, 지금 이 시간 자신들이 흘리고 있는 땀의 분량과 생각하는 수준의 정도를 조절해야 할 것이다.

살아오면서 맺은 좋은 인연들 중에서 인상 깊은 50대 초반의 젊은 사업가 k 社長 얘기를 하고자한다. 충청도 출신인 k사장은 서울에서 직장생활을 하다가, 익산에 내려와 2공단에서 자동차 부품을 생산하는 중소기업을 운영하고 있다.

그는 평소 사원들에게 "능력 있는 사원도 꼭 필요하지만 더 소중한 구성원은 내 회사라는 주인의식으로 업무에 종사하는 것"이라고 강조한다. 또 성과급을 줄 때는 만족할만한 수준으로 지급하려 노력하고, 애사(愛社)정신을 각인시키다보니, 노사분규(勞使紛糾)는 말할 것도 없고, 이직율(離職律)도 거의 없다고 한다.

부품제작을 의뢰한 M기업의 중간책임자 S에게서 들은 얘기로는 k사장이 운영하는 회사는 약속한 납기일을 어긴 적이 한 번도 없었으며, 부품에 흠결(欠缺)이 있어 반품 조치된 일이 지금까지 전혀 없었다고 칭찬을 한다.

매월 k사장과 전 사원들은 일정액의 성금을 모으는데, 매년 봄이 되면, 시내 초중등학교와 대학의 추천을 받아 어려운 학생들에게 거액의 장학금을 전달한다.

비록 지금은 그들이 많은 시련을 겪고 있지만, 그들에게 용기를 불어 넣어 세상을 바로 보게 하고, 강하게 자랄 수 있도록 마음을 열어 보이는 자신들의 작은 위로가 훗날 이 나라의 주춧돌로 성장해 가는데 큰 힘이 될 것이라는 신념으로 땀과 열정을 즐거운 마음으로 모으고 있다고 한다.

순수한 마음을 나누어 주는 그 흔적은 오랜 시간이 흘러도 지워지지 않을 것이다. 그것은 다른 사람들의 가슴에 깊이 저장(貯藏)되기 때문이다. 몸보다는 마음이 배불러야 한다는 말처럼 외롭고 힘이 들 때에 따뜻한 위로와 격려는 그 어떤 것과도 비교 할 수 없는 큰 용기를 줄 것이며, 겉치레로 위장된 나눔이 아닌, 진정 보석 같은 나눔의 희열은 그들의 삶의 의미와 가치를 충족시킬 것이다.

톨스토이는 "진정으로 가난한 사람은 꿈을 잃은 사람이며, 또한 진정 행복한 사람은 자기가 해보고자 했던 생각을 현실로 옮겨 실현해보는 것이다."라고 했다.

벚꽃은 활짝 피었을 때에, 그리고 배꽃(梨花)은 가까이서 보았을 때가 가장 아름답다고 한다.

유년기의 꿈을 현실로 옮겨 묵묵한 자세로 실행해가는 K 사장을 가까이서 지켜보면서 마냥 자랑스럽고 흐뭇하다. 현실에서의 일부는 흔히 어려운 이웃을 돕고서는 지면(紙面)이나 방송매체를 통해 자신의 위상을 배가시키려고 하는 세상의 풍경에서 k 사장처럼 조용히 실천해가는 든든한 모습은 화려하진 않지만, 은은하고 해맑은 배꽃을 연상한다.

이러한 아름다운 품성들은 사려 깊은 가정교육과 인성을 기본 바탕으로 한 학교교육에서 키워졌을 것이다. 가치관을 확립시키는 올바른 교육을 가정과 학교에서 성실하게 제대로 받은 사람들은 이 사회가 아무리 메마르고 황량(荒凉)하더라도 반듯한 자세로 성장해 가고, 자신이 설정한 꿈의 실현을 위해 열악한 환경을 헤치고 무소처럼 나아가 자기의 목표를 완성할 것이다.

인생설계는 자신이 지니고 있는 지혜와 지식과 용기와 신념의 결정체로 수립해야 한다. 그런 사람은 어떤 상황에 처하든 소신껏 행동할 수 있고, 가치 있는 선택으로 인생의 그림을 아름답고 윤택하게 채색해 갈 것이다.

✍. 2011년 2월 9일 – 전북일보

☺. 멀리 있는 물로는 급한 불을 끌 수 없으며, 멀리 사는 친척은 이웃만 못한 것이다. (명심보감에서)

5. 세상을 밝혀 주는 사람들

필자가 살고 있는 전북 익산에 거주하는 31만여 명의 시민 가운데 자원봉사센터에 등록된 봉사단원은 6만 9천여 명에 이른다고 한다(2012년 말 현재의 통계). 대단한 의미를 담은 숫자다. 기부(寄附)나 봉사는 시간이나 재력의 여유가 있다고 해서 행해지는 일이 아닌, 적성과 마음에서 우러나온 감정으로 흥미를 느껴가면서 자신의 삶을 의미 있고, 소중한 순간으로 채워가며 나름대로의 행복을 가꿔가는 것이다.

각 분야에서 봉사활동을 하는 사람들은 이타심과 이기심(利他心과 利己心)을 함께 충족시켜 간다. 오롯한 자세로 마음을 비운 봉사는 일상의 이해(利害)에 빠져버린 숱한 사람들에게 더덕더덕 달라붙어 있는 욕심의 군살을 덜어낸다.

마치 처음으로 다이어트를 시작하는 사람들처럼 자기만이 느낄 수 있는 작은 행복을 안고 가는 사람들이다.

기부와 봉사는 그 뜻이 아무리 숭고(崇高)하다할지라도 누구에게라도 강요할 수는 없는 일로, 그 일을 실천하는 사람들은 가진 것들을 나누는 기쁨을 자기만족으로 삼는다.

방송이나 신문지상의 미담(美談)이 되어 시청자들의 코끝을 찡하게 하는 사연들을 보면서 우리는 자신을 돌아다보아야 할 것 같다.

이야기의 주인공들인 할머니들은 안 먹고, 안 쓰면서 오랜 세월에 걸쳐 구겨진 천 원짜리들을 모아갔다. 그분들의 직업은 대학 근처에서 먹거리 장사를 하셨거나, 일찍 홀로되어 자식들을 가르치려고, 행상(行商)으로 시작하여 조그만 가게로 삯바느질을 하면서 고생고생 하신 질긴 운명의 삶을 이어오신 분들이다.

그분들은 못 배웠던 설움과 한(恨)을 풀고 싶어서 평생 동안 절약하여 모은 재산을 대학의 장학재단이나, 대학병원에 연구비로 기부하면서 굳이 이름도 밝히지 않으려는 비슷한 공통점을 지니고 있다.

자기 살기에 바쁜 각박한 세상이라 하지만 사회를 밝혀주는 등대가 되신 그분들에게 저절로 머리가 숙여진다.

우리사회의 부유층들이 선행을 했다는 이야기는 어쩌다가 들려오는데, 왜 어렵게 살아 온 할머니들만 대표 역할을 맡고 계실까?

잘 먹고, 잘 입고, 잘 쓰고 사는 사람들은 어린 손자들에게까지 몇 십억 원의 재산을 넘겨주면서도 시간과 돈이 남아돌아 서울에서는 아침을, 부산에서 점심을 해결하는 재벌 2세들은 배고프고 추운 사람들의 이야기가 들리지 않는 것인지? 아니면 자기들과는 상관없는 일이라서 그런지 하나같이 어찌 그리도 인색할까? 물론 그 사람들이나, 그들의 부모들이 부자가 되는데 직접적인 도움을 주었느냐고 한다면 더 할 말이 없다.

우리를 부끄럽게 만든 사례(事例)는 주위에서 어렵지 않게 볼 수 있다. 어쩌면 통 크게 기부하는 그분들의 따뜻한 마음을 높이 사기 위해 신문 기사(記事)거리나, 방송의 뉴스로 선택했을 수도 있으나, 세상에는 정도(正道)라는 게 있다.

미국의 부자들은 국민들로부터 존경을 받는 반면, 우리나라의 통치자들 또는 고위층들과 부자들은 손가락질을 당하는 원인을 되새겨보아야 되지 않을까? 재물은 모으기도 어렵지만 어떻게 쓰느냐는 더욱 어려운 일이라고 한다.

빌 게이츠나 워렌 버핏은 평생 모은 재산의 절반을 기부하자는 운동을 벌이면서 솔선수범(率先垂範)을 한다. 또한 중화권(中華圈) 최고의 쿵후 배우인 성룡(成龍)이 전재산(全財產－한화 약 4,000억원)을 사회에 기부하겠다는 의사를 밝혔다. 그는 어렸을 때 가난으로 인해 학교를 못 다닌 문맹(文盲)이다.

“아들에게 능력이 있으면 아버지의 돈이 필요치 않을 것이며, 능력이 없다면 더더욱 아버지가 모은 재산을 아들이 헛되이 탕진하게 할 수는 없다”라고 한 성룡은 자녀 교육관이 엄격하고도 분명하다고 한다.

그는 아마도 불가(佛家)에서 말하는 「空手來 空手去;공수래 공수거」의 의미를 터득하지 않았을까? 맑고 따뜻한 마음으로 살맛이 나는 세상을 만드는 그분들을 바라보는 구경꾼 노릇만 하는 것도 부끄러운 일이다.

우리들 모두 작은 손을 놀려 일손을 돕고, 적은 마음들을 모아 이웃들과 함께 웃는 사회를 만드는 일원이 되어보는 길을 찾아가보자.

우리사회는 좋은 일을 하는 사람들의 등 뒤에 숨어서 비겁한 행동을 하는 사람들이 종종 있다. 박수를 보내기는커녕 비아냥거리고 악플(惡 + Reply; 惡意的인 댓글)을 달아 마음의 상처를 주면서도 아무렇지 않는 놀부의 심보를 갖고 있다.

호화로운 생활자들과의 이질감(異質感)이 남긴 골 깊은 감정의 불신이라 해도 박수를 보내야 할 때는 머뭇거리지 않아야 한다.

올 여름은 유난히도 수은주(水銀柱)가 평년보다 더 올라가고 있다. 이제까지 젖어 온 생활 습관으로는 쉽지 않겠지만 배려와 나눔을 생각하고, 사람들의 시선을 의식하는 메-너 있는 시민 노릇을 해보는 것도 나쁘지 않을 것 같지 않은가?

✍. 2013년 8월 7일 - 한국문학신문

6. 아름다운 삶, 나누면서 찾아가자.

다른 사람을 위한 배려나 봉사(配慮나 奉仕)는 바로 나 자신을 위한 행위라고 한다. 일을 즐기는 사람만이 자신의 원(願)하는 바를 이룰 수 있으며, 나누는 삶을 즐길 수 있을 때, 비로소 진정한 배려가 되고, 봉사가 시작된다. 이 세상을 아름답게 꾸미는 것들 중에는 어떤 것들이 있을까?

즐거운 여행을 위해 들 뜬 기분으로 가득 챙겨 놓은 짐을 들고 나가려니, 그 짐이 너무 커서 매우 곤란했던 일, 그리고는 여행지(旅行地)에서 한 번도 사용을 못해보고, 다시 가져 올 때, 이럴 줄 알았더라면 힘들여 가져오지나 말았을 것을! 당신께서도 이런 경험을 해 보신 적이 있으십니까?

우리 인생살이도 이와 비슷함을 느꼈을 때는 인생의 겨울의 끝자락에서 지긋한 시선으로 석양노을 바라보며, 그게 아니었던 것을 왜 그랬을까? 하고 미소를 지어보는 감정일 것이다.

(주)유한양행 一家는 2대에 걸쳐 '노블레스 오블리주('귀족은 귀족다워야 한다.'는 프랑스의 속담으로-높은 신분에 따른 도덕적 정신적

의무의 뜻.)를 실천한 것으로 세간(世間)에 알려져 있다.

창업자인 故유 일환(柳一韓)회장은 세상을 뜨면서(1971년) 全 재산인 유한양행 주식 36만 주(株.– 당시의 시가 2,400억 원)를 사회사업과 교육 사업에 써달라는 유언장을 남기며, 아들에게는 "대학까지 공부를 시켰으니, 앞으로 자립해서 살라."는 말을 했다고 한다.

그런가 하면 상중(喪中)인데도 유산 분할(分割) 문제로 추태(醜態)를 부리는 가족들의 모습들을 언론에서 적잖게 보았을 때, 참으로 미묘해진다.

대기업 오–너 형제들의 재산 다툼은 어제 오늘의 일이 아니다. 보기 싫은 정도를 넘어 혐오(嫌惡)스러울 지경이다. 재산 다툼으로 세상을 그리도 시끄럽게 했지만, 그들이 사회에 대한 기여도(寄與度)는 너무도 초라하다.

억대(億臺)의 재산은 아니지만, 평생 동안 성실하게 모은 재산을 선뜻 사회에 기부하는 팔순(八旬)의 김춘희 할머니가(서울 양천구 신정 3동에 居住) 내미는 온정의 손길이, 7년 전 중앙 일간지(日刊紙)에 소개되었다. 평생 행상(行商)을 하면서 홀로 힘들게 살아 온 할머니는 자신이 숨을 거두면 통장에 있는 예금 1,000만원과 옥탑방 전세금 1,500만 원을 사회복지 공동 모금회(募金會)에 기부하겠다는 아름다운 이야기다.

생활비를 절약해가며 검소하게 살았던 그 할머니는 "여러 사람들이 당신의 물건을 사준 덕으로 지금까지 살아왔기에 적은 금액이나마, 그분들에게 다시 돌려주고 싶다."고 했다. 어려웠을 때 받았던 도움을 잊지 않고, 진정한 되돌림을 아는 아름다운 마음에 고개가 숙여진다.

나누며 사는 것이 곧 행복이라는 것을 믿고 실천하는 사람들이야말로 우리사회의 희망이며, 꺼지지 않는 한 줄기 빛이 되어 퍼져 나갈 것이다.

주위를 둘러보면 너무나 많은 것들에 대한 욕망에 갇혀 자신의 삶을 돌아 볼 여유를 갖지 못하는 현대인들, 밤낮으로 일에 몰두(沒頭)하여 자신을 찾지 못한 채, 모든 에너지들이 돈 앞에서 소진(消盡)되고, 상대적 박탈감(剝脫感)과 누적된 정신적인 피로, 등으로 어렵게 사는 이웃들에 대한 배려를 우리들은 흔히 잊고 살아간다.

어쩌면 물질만능주의로 점철된 이 시대가 사람들에게 무한한 경쟁을 시켜 마음의 병을 앓게 하는 지도 모른다.

행복하게 사는 길은 여러 가지가 있겠지만 지금까지의 얽매었던 틀에서 잠깐 생각과 시선을 돌려 작은 것들에게서 만족을 알고, 내가 가진 어느 한 부분을 나눠가며 작은 정성을 나와 이웃을 위해 펴 보일 때, 경제적으로 육체적으로 아니면 능력에서 조금은 부족해서 어려움을 겪는 사람들과 손을 마주 잡아가며 웃음을 만들어 낼 수 있을 것이다.

우리들은 테레사 수녀님이나, 슈바이처 박사 같은 인류를 위한 큰 나눔은 아닐지라도, 내 열정과 마음을 열어 내미는 작은 손길이 닿는 곳에서 여린 얼굴에 해맑은 미소가 잠시라도 머무르게 했다면 오늘 하루의 삶이 내일을 위한 자양분(滋養分)으로 축적될 것이다.

✍. 2012년 8월 30일-전북일보

7. 아름다운 자원 봉사자들.

학창시절부터 내가 자라온 과거(過去)를 떠올리며 미력(微力)한 힘이나마 누구에겐가 도움이 된다면 서로 돕고 살겠다는 생각을 키워나갔다. 그래서 대학에 다닐 때부터 형편이 어려워 배움의 끈을 이으려 몸부림치는 어린 학생들을 위해 야간학교에서 그들에게 용기를 심어주던 작은 봉사를 시작으로 최근에는 '충남(忠南) 태안반도 기름유출 현장'에 수능을 치러낸 3학년 학생들과 함께 찾아갔다. 하루 종일 새까만 기름때를 닦아내며 어업에 종사하는 사람들의 한숨어린 고통을 생각해보았다.

외롭고 어려운 삶의 현장을 찾아가는 일을 연장시켜 지금은 내가 살고 있는 곳에서 '아름다운 자원봉사단'의 一員이 되어 활동하고 있다.

매월 세 번째 일요일엔 4~6시간에 걸쳐 농사일을 돕거나, 또는 가난했던 어린 시절에 그리도 먹고 싶었던 추억의 자장면에다 정성과 사랑을 실은 점심을 제공하는 봉사를 이웃에게 드린다.

지난 8~9일 태풍 '무이파'가 몰고 온 하루 강우량 400mm라는 엄청난 집중폭우로 전북지역에 남긴 피해는 잠정 집계된 피해액만도 무려 3,000억 원이나 된다는 관계기관의 통계수치다.

수해지역 주민들의 재산상의 피해와 정신적인 아픔의 상처는 언제쯤이나 치유가 될는지 너무나도 안타까운 현실이다.

그분들과 아픔을 같이 나눈다는 생각으로 지난 14일(일요일)에 정읍 산외면(井邑 山外面)을 향해 익산(益山)을 출발한 '아름다운 자장면 봉사단'남녀 30여명은 착잡한 심정으로 차에 오르기 시작했다.

휴대폰 문자로 연락을 하면 모든 일정을 뒤로 하는 봉사단원들, '나'한사람의 열정이 다른 사람의 얼굴에 웃음을 가져다 줄 수만 있다면 언제 어느 곳이라도 찾아간다는 훈훈한 정을 가진 사람들이다.

한 시간 이상을 달린 승합차는 목적지인 산외면 파출소 뒷마당에 짐을 내리고 점심 준비를 해 나갔다. 어제는 1,300여명의 자원봉사자들이 사랑의 마음을 함께 나눴다고 한다.

군 장병들, 정읍시청 공무원, 정읍 관내경찰관, 소방대원, 시・군 자원봉사센터 단원들, 어린 학생들까지 산외 면소재지를 중심으로 마을에서 그리고 가게와 수돗가에서 구슬땀을 흘리는 모습의 따뜻한 생각을 가진 그들이 산외 면민(山外 面民)들의 마음의 아픔을 위로하는데 조금이라도 보탬이 되었으리라 여겨진다.

가재도구와 그릇을 닦는 분주한 손길들은 그릇하나라도 더 닦으려고 쉬지 않았고, 물 폭탄을 맞은 지, 며칠이 지났는데도 지금까지 건물 안에 남아있는 진흙더미를 퍼내는 공무원들과 경찰 봉사자들의 땀방울은 어떤 어려움이라도 같이 나누자는 무언(無言)의 진심이 담겨 있었다.

군인들은 무너진 재방을 다시 쌓아 올렸고, 여성 봉사원들은 이불이나 옷가지들을 빨아 말리느라 여념이 없는 가운데서도 서로를 마주보며 정다운 애기로 피로를 이겨내는 모습들이 그 무엇과도 비유할 수 없는 아름다운 정경(情景)이었다.

상점마다 영업을 할 수 없이 모든 것들을 무너뜨린 수마(水魔)가 할퀴고 간 참상(慘狀)은 생업마저 앗아간 주민들을 망연자실(茫然自失)하게 만들었다.

칠순(七旬)을 넘은 어르신이 들려주는 말로는 '치산치수(治山治水)를 잘못한 행정관청이 이러한 엄청난 피해를 불러왔고, 과학(科學)을 무시한 시공업자(施工業者)들의 주먹구구식으로 진행된 관급공사의 잘못된 관행의 탓'이라고 하는 그분의 애처로운 절규는 면민(面民)들 모두의 서운함이 아니었을까 하고 생각해 보았다.

집중호우로 전혀 예상치 못한 피해를 당한 지역 주민들의 가슴위에 뒤덮여진 진흙탕물이 하루라도 빨리 말끔하게 씻겨 내려가고, 뒤돌아보고 싶지 않은 깊은 상처가 전국 곳곳에서 찾아드는 자원봉사원들의 땀방울에 씻기워지면서 관계 당국의 따뜻한 정성이 담긴 피해 보상의 정책이 기쁜 소식으로 전달되는 날, 상처가 치유(治癒)되는 속도가 빨라질 것이다.

우리들 일행은 정성껏 마련한 자장면을 땀 흘려 일한

봉사자들의 점심으로 준비하였다. 단원들 중 나이가 제일 많은 나는 면(麵)가닥을 빼면서 언제나 말없이 일하는 'h 단원'의 옆에서 보조를 하였는데, 물이 끓는 솥 옆에 자리한데다가 햇볕을 더하니 힘은 배로 더 들었지만 가슴은 뿌듯했다.

자신을 불태워 남을 돕는 사람들과 뜻을 함께한다는 의미 있는 시간에 자원하여 봉사하는 사람들이 구슬땀을 흘리고 난 뒤에 자장면으로 이어지는 점심의 꿀맛은 "한 그릇 더 주세요."하고 내미는 젊은 미소가 무척이나 아름답고 믿음직스러웠다.

✍. 2011년 8월 19일-전북일보

8. 유쾌한 봉사활동! 우리 모두 함께 해 봅시다.

2000년대에 접어들어 사람들의 의식(意識)이 변화되고, 국토의 모형(模型)이 바뀌져 가는 등 많은 변혁(變革)이 일고 있다. 그중 괄목(刮目)의 대상은 낯설었던 자원봉사자들의 양적(量的)인 팽창과 질적(質的)인 향상, 그리고 행정의 정책변화(政策變化)는 크게 주목(注目)된다.

물론 지금도 우리주변에서는 형식의 틀을 벗어나지 못했거나, 이벤트 중심의 보이기 위한 '자원봉사'라는 미명(美名)을 앞세운 봉사가 이뤄진 것들도 사실이다.

이런저런 바람직하지 않은 겉포장 된 봉사들도 서서히 다듬어지면서 긍정적 방향으로 정착(定着)되어 갈 것 이다.

생활고에 시달리는 저소득층(低所得層), 배움에 목말라하는 젊은 인재(人材)들, 홀로 사는 노약자(老弱者)들, 쪽방촌의 사람들, 복지혜택의 사각지대(死角地帶)인 영세(零細) 복지시설에 기거하는 장애인(障碍人)들, 그들의 힘에 겨운 삶을, 따뜻한 정으로 보듬어 가며, 함께 사는 길을 찾아가는 것이 우리들의 몫이 아닌가 한다.

얼굴만 예쁘게 꾸미려는 사람보다는 마음을 화장(化粧)하면서 작은 것부터 남모르게 실천하는 미소 띤 아름다운 모습을 우리들 곁에서 더 많이 보았으면 좋으련만!

매섭게 다가올 추운 겨울을 앞두고 당신께서 선뜻 내놓은 단돈 500원짜리 연탄 한 장으로 누군가의 냉(冷)골방에 불을 지피면 12시간 정도의 온기(溫氣)를 불어 넣는다. 연탄 한 장속에 담겨진 작은 정(情)이라고 치부(恥部)하지 말자.

세월의 불도저로 깊게 파인 주름에서 피어나는 밝은 미소는 어디에도 비교될만한 사랑의 불꽃이며, 나눔의 의지에서 솟아오르는 훈훈한 정이 겨울 한파(寒波)를 이겨내는 출발점이 될 것이다.

이런 우스갯소리가 있다. 유엔에서 각 나라 대표들이 나와 자기나라의 국민성을 소개하는 자리를 마련했는데,

영국은 '신사(紳士)'

프랑스는 '예술(藝術)'

독일은 '근면(勤勉)'

미국은 '민주주의'

중국은 '인구人口'

이탈리아는 '낭만浪漫'이라 하면서 장황하게 자랑하는 설명을 듣고 있던 한국대표가 도중에 뛰어 나와

"좀 빨리빨리들 하고 들어갑시다."라고 했단다.

한민족의 성정(性情)이 급한 것은 세상이 다 알고 있으나, 정(情)이 많은 민족이라는 사실은 잘 모른다. 눈물과 정이 많은 사람들은 이웃들을 사랑하는 마음과 측은지심(惻隱之心)으로

동정하는 봉사의 정신도 매우 강하다는 사실이다.

국가라는 공동체 아래 살다보면 동질의 가치관, 행동양식, 기질 등이 쌓여져 각양각색의 문화와 그 나라 국민들의 특성인 국민성이 형성되어간다.

21세기는 자원봉사의 시대라고 한다. 2010년 말경, 행자부(行政自治部)의 자원봉사단체 통계를 보면 전국은 77,000여 단체의 630여만 명, 전북은 2,400여 단체의 29만여 명이 활동하고 있다.

하루를 살아가기가 피곤하고 바쁜 일정이지만 관심을 갖고 물질이든 노력이든 따뜻한 손을 기다리는 곳으로 내밀어 땀을 흘리면서 자기실현을 위한 삶을 만들어보자. 생활이 어렵거나, 거동(擧動)이 불편한 이웃을 돕는 것을 보람으로 여긴다면 우리사회는 살기 좋은 나라가 되어 어두운 뉴스만 보면서 살아온 날들에 대한 조용한 혁명이 일어날 수도 있지 않을까 하고 생각한다.

지난 해 11월 일간 중앙지에 "미국의 시카고 대학병원에서 권위(權威)보다 소통을 앞세운 의사의 따뜻한 진료에 감동한 80대의 환자(벅스봄 夫妻-남편 매슈(85세)는 미국에서 두 번째로 큰 쇼핑몰 체인을 소유한 사업가)가 그 병원 내과 전문의 마크 시글러 박사(70세)에게 고마움을 표시하면서 환자와 소통하는 따뜻하고 자상(仔詳)한 의사를 많이 배출해달라고 4,200만 달러(韓貨 약 500억 원)의 거금을 쾌척했다."고 소개된 기사를 읽은 기억이 있다.

의사(醫師)들의 친절한 말 한마디로 우리들은 안도의 위안과 기쁨을 느끼면서 병원 문을 나선다. 갈수록 쓸쓸해지는 시골의 경노당(敬老堂)이나 생계유지를 위해 새벽부터 뛰는 재래시장에서의 노동자들, 그리고 우리들 곁에 있는 소외된 사람들을 위해서 젊은 봉사자들의 상쾌하게 흘러내리는 구슬 같은 땀방울들이 더욱더 아름다운 모습으로 승화되길 바란다.

봉사는 거창하지도 않고, 자랑거리도 아니다. 단돈 500원이 한 사람 두 사람의 정으로 쌓여가고, 정겨운 마음들이 여기저기서 결실로 이어진다면, 외롭고 어려운 그 '누군가'의 얼굴에 웃음을 주기에 충분하지 않을까 한다.

✍. 2012년 8월 9일-전북일보

9. 자원봉사 ! 나와 세상을 바꿔간다.

날이 갈수록 쓸쓸해지는 시골의 경로당이나, 삶의 전쟁터 같은 복잡한 도심의 재래시장 속에서 소외되고 고달픈 삶의 애환과 아우성을 일반인들이 보고들을 때, 피부로 다가오는 감정은 어떤 것들일까?

먼저 자원봉사의 용어 개념과 역사를 간략하게 정리해본다. 자원봉사는 영어로 'Volunteer'라고 하는데, 라틴어 Voluntas(자유의지)에서 유래된 용어(用語)이며, 사전적 의미는 '독지가(篤志家), 지원병, 무상(無償) 봉사자, 자발적인 봉사 행위, 등으로 표현되고 있다.

한편 YMCA나 YWCA와 같은 사회교육기관에서는 '자원지도자'로 대한적십자사에서는 '봉사자' 혹은 '봉사원'으로 그 외 여러 기관에서는 '자원봉사자' 혹은 '자원봉사'로 쓰고 있다.

우리나라는 전통사회에서 활발하게 행해졌던 두레(촌락村落의 조직으로 성인 남자들의 작업 공동체), 품앗이(노동력을 주고받는 마을의 공동체로 나눔의 형태), 계(契-상부상조의 관행)조직, 향약鄕約

(친목도모를 위한 자발적 협동조직) 등이 그 시발점(始發點) 이라 하겠다.

현대적 의미의 자원봉사활동의 시초는 1903년에 설립된 YMCA에서 기독교 사상을 바탕으로 선교사 및 젊은 엘리트 대학생들이 중심이 되어, 정신적 상태의 개선을 도모하고 농촌 계몽운동을 하면서 활발하게 번져 나갔다.

지금은 남녀노소 회원들이 열정과 땀을 쏟아가며 따뜻한 손길로 이웃들과 웃음의 꽃을 피워가고 있다.

자원봉사는 타의에 의해 강제로 하는 활동이 아니라, 자신이 생각하고 판단하여 스스로 행동하는 것이며, 나아가 자발적 활동이라고 해서 모두를 자원봉사라고 하지는 않는다. 왜냐하면 자신의 이익이나 일시적인 감상, 취미활동, 특정인의 이익을 위해서가 아닌 불특정(不特定) 다수의 복지증진에 기여하는 영역의 활동이어야 하기 때문이다.

자원봉사자는 반드시 지켜야 할 룰이 있다.

첫째; 진정한 의미의 봉사는 가진 사람이 덜 가진 사람들에게 베풀거나, 도움을 주는 것이 아니고, 자신이 갖고 있는 것(기능, 능력, 금품, 시간, 따뜻한 情, 등)을 필요로 하는 사람들과 나누면서 친한 이웃이 되어주는 것이다.

둘째; 자원봉사는 그 자체가 목적이지 다른 목적을 성취하기 위한 수단으로 이용 하지 않아야 한다.

셋째; 내가 먼저 내 것들을 나눈다고 해서 상대의 인권(人權)을 무시한다면

자원봉사의 이념에서 벗어나 크게 잘못된 행위다.

세답족백(洗踏足白)이란 고사성어가 있는데, 뜻은 '주인집

빨래를 밟아주다 보면 종놈의 발뒤꿈치가 하얗게 된다.'는 의미로 어떤 일을 하다 보면 처음부터 특별하게 이득이 있으리라고는 생각지 않았는데, 남을 위해 성의껏 일을 하다 보니, 자신에게도 상당한 이득이 있더라는 뜻일 것이다.

타인을 위한 봉사란 처음에는 의무나 책임의 이행으로부터 시작하여 의외의 값진 경험을 얻어내고 보람을 찾는 것이다.

여러 나라의 국민성을 비교할 때 흔히 등장하는 나라가 유럽의 프랑스, 영국, 독일이다.프랑스의 역사가 쥘 미슐레(1798~1874)는 "프랑스는 개인이고, 영국은 제국이며, 독일은 민족이다"라고 압축해서 표현했다. "프랑스 사람들은 달린 후에 생각하고, 독일은 생각한 후에 달리고, 영국 사람들은 걸으면서 생각한다."

그렇다면 한국 사람들은 어떤가? 실행보다는 말이 앞서는 민족으로 보이지는 않았을까?

빌 게이츠의 상상을 초월한 봉사행위가 별다른 일상이 되지 않고, 가진 사람들의 멋진 나눔을 허심탄회하게 칭찬해주는 미국의 사회적 분위기는 민간인들의 성숙한 헌신에 어떤 의구심도 품지 않는다고 한다.

그러나 위정자(爲政者)들이나 가진 사람들에게 학대받고 속임을 당하면서 고달프게 살아왔던 우리들 선조로부터 받은 유산은 극소수나마 나누며 살려는 재벌들의 행위에 그들이 정치적 목적을 숨기지 않고, 진정한 나눔의 정신을 이행하려는 것일까? 하고 언제나 의심의 눈초리가 뒤 따랐던 것은 사실이다.

'세 살적 버릇이 여든까지 간다.'라는 속담이 있듯이 교육

심리학에서는 10세까지의 습관과 성격의 형성이 평생을 지배한다고 한다.

어려서부터 양보하고 배려하는 습관, 질서를 지키는 습관, 조신(操身)한 언행, 남을 도우려는 봉사의 정신, 등을 함양시켜주는 부모님들의 자상하고 따뜻한 가정교육이 시나브로 이루어져 갈 때, 부모들의 사랑을 먹고 성장해가는 자녀들이 아름다운 인생을 펼쳐나갈 자양분이 되리라 생각한다.

✍. 2012년 8월 15일-한국문학신문

10. 시간의 선물.

우리들은 지금보다 더 풍요롭고, 더 안전하고, 더 높은 곳을 향한 욕구 충족의 삶을 항상 염원하며 살아간다. 더 많은 것들을 추구하는 이런 욕구들이 우리들의 생활수준을 향상 시켜온 것을 부정할 수는 없지만, 그곳에 흠씬 빠져들어 사는 사람들이 더 행복하게 산다고 할 수는 없다.

우리들에게 주어진 모든 시간은 모래사장에서 움켜쥔 모래가 손가락 사이로 빠져 나가듯이 필요한 만큼의 전부가 손에 잡히지는 않을 것이다.

그러나 앞으로 맞이할 시간은 넉넉하여 새로운 패러다임을 제공할 것이다. 누구나가 행복해지고, 성공할 가능성은 지나간 시대보다 훨씬 더 높아진 공평한 세상이 되었다.

의사인 맥스웰 벨츠 박사는 "우리들의 인생이 24시간 내내 진공의 연속일 필요도 없고, 더 이상 감정의 감옥 속에서 살아야 필요도 없다."라며 또한 당신의 생각, 관념, 이미지들은 당신의 가장 소중한 자산이라고 했다.

쉼 없이 돌아가는 시계바늘을 바라보며, '어쩌면 삶의 현장이 전쟁터 같다.'는 식의 부정적인 생각을 갖고 사는 사람들을 우리는 주위에서 간혹 접한다. 잘못된 신념이나 소신으로 실패를 여러 차례 맛본 후에야 뉘우침이 따른다면 아무리 강인한 사람일지라도 인생의 좌표가 흔들릴 수밖에 없을 것이다.

나를 위해 살아가는 것이 우리들의 삶이다. 그렇다면 내가 나를 위해 개선하거나 투자할 가치를 바르게 찾아가는 길이 미래의 목적을 향한 삶을 위해 땀을 흘리는 자신을 사랑하는 사람이 될 것이다.

내가 나를 위해 미처 의식하지 못한 귀중하게 간직한 자산은 무엇일까? 누구나가 공유하면서도 무의식중에 고마움을 잊고 있는 '귀중한 시간의 여유'일 것이다.

우리들은 누구나 잠에서 깨어나면 스물 네 시간이라는 매우 큰 선물을 받는다. 그 찬란한 시간들은 내 인생을 구성하는 중요한 요소다. 귀중한 시간은 누구도 아무런 이유 없이 빼앗아 갈 수 없다.

그럼에도 우리들은 자기 지갑에 가득한 시간도 제대로 활용을 못하면서 시간에 쫓겨 '늘 바쁘다'고 입버릇처럼 되 뇌인 체, 가식의 허울을 쓰고 시간을 죽이면서 살아가고 있다.

나는 스물 네 시간 속에 나의 건강과 쾌락, 돈과 행복, 그리고 권력, 명예 등과 어우러져 살고 있다. 그것들을 효과적으로 사용해야 할 의무와 권리가 있으면서도 지혜롭게 풀어내지 못한 채로 환상 속으로만 빠져 들 때, 끝내는 텅 빈 가슴으로 외롭고 고통스런 울안의 시간으로 들어간다.

아름다운 스물 네 시간을 효과적으로 분배 활용하며, 하고 싶은 일을 진행 시킬 때 목적하는 일은 꼭 이루어질 것이다. 또 바쁜 시간들은 값어치를 창출하여 즐거운 시간으로 바뀔 것이고, 방황하며 공상(空想)속에서 떠돌던 영혼은 참된 인생의 의미를 찾아낼 것이다.

시간을 무의미하게 보내는 사람은 인생에서 자기 자신에게 주어지는 흔치 않은 기회를 헐값으로 버리는 것과 같다. 반면 목표가 분명한 사람은 주어진 시간을 유용하게 자기 것으로 만듦으로써 참된 자아를 찾아 행복의 길에 들어 설 것이다.

"당신은 왜 그 동안 살아오면서 광활한 시간의 바다를 느끼지 못했을까요?"그것은 아무래도 텔레비전, 술, 스포츠에 관한 것들 같은 오락프로그램들, 그리고 인터넷 사이트 등 수많은 목소리들이 당신의 청각과 시각을 흐려놓았기 때문이 아니었을까요?

우리는 많은 것들 중에서 선택을 해야 하는 즐거움도 있지만, 그로 인한 엄청난 스트레스도 받는다. 경쟁사회에 만연된 조급증(躁急症) 때문에 사람들은 시간과 약속에 쫓기면서 단 10여 분도 편안을 찾지 못한다.

지금부터라도 넉넉하게 부여 받은 시간들을 차분한 마음가짐으로 서두르지 말고, 슬기롭게 관리해 보자. 그리고 관계된 주위 사람들을 향한 아낌없는 시간을 투자한다면, 나를 더욱 사랑받는 사람으로 만들어 갈 것이다.

✍. 2007년 10월 11일-전북일보

11. 지족상락(知足常樂)의 의미

2014년 갑오년(甲午年)의 새해를 여는 태양이 힘차게 솟아올랐다. 지구의 표면을 딛고 살아가는 사람들의 꿈의 색깔은 각자가 다를 것이나, 행복해지려는 소망은 하나로 그려질 것이다.

"내가 살고 있는 집의 크기 자체가 중요한 것이 아니라, 어느 날 내 집 옆에 화려하고 넓은 정원으로 꾸며진 궁전 같은 집이 세워질 때, 갑자기 초라해졌다고 생각하는 모습이 문제다."라는 카를 마르크스가 말한 행복의 상대성 논리다.

주변의 부자들이 만족스럽게 살아가고 있는 나와 내 가족에게 예상하지 못한 불행의 씨앗을 뿌린 것이다.

우리들은 건국 이래 가장 부자로 잘 살고 있다. 행복해하며 살아야 할 현대인들이 별로 행복해 하지 않는 이유를 흔히 운동기구인 '트레드밀(treadmill-제자리 달리기 장치)'에 비교한다.

그 의미는 '트레드밀'에서 땀을 흘리며 열심히 걷고 뛰는데도 언제나 제자리걸음이라는 것이다. 행복은 절대적 가치로 셈하는 넉넉하고 풍성한 富의 축적이 아니라, 부(富)의 크기와 넓이에 비교하는 상대성 원리란다. '트레드밀 이론'과 행복 조건을 만드는 상대성 비교로 행복감각을 가늠하는 잣대는 때와 장소, 시대에 따라 만족을 모르고 언제라도 변할 수밖에 없다는 논리다.

우리들이 그려내는 그림은 각양각색이지만, 큰 틀에서는 몇 개의 공통점을 지니고 있다. 부자 되기를 갈망하고, 지위와 명예를 사랑하고, 큰 권력을 갖고 싶어 하는 욕심이다.

즉 각자의 작품마다에 채색의 정도는 다르나, 그 구도는 비슷하다는 얘기다. 그 모든 것들이 통하는 길은 '행복'이라는 종착지다. 태양이 그림자를 만들어내듯, 지나친 욕심은 언제나 고통을 수반한다.

세계에서 첫 번째 부자로 통하는 미국의 빌 게이츠의 재산을 우리 돈으로 환산하면 약 53조원이라고 한다. (※ 한국은행에서 금방 나온 만 원권 한 다발이 백만 원인데, 그 부피는 1 cm다. 53조원을 쌓아 올리면 530km가 되는데, 서울에서 부산을 가고도 남는 높이가 된다.) 매년 2천 5백억씩을 사회에 기증하면서 살아가는 빌게이츠에게 "당신의 행복지수를 100으로 환산하면 얼마나 되느냐고 묻는다."면 그는 과연 몇이라고 답할까?

사람들의 불행은 대체로 다음 여섯 개의 사항들에 의해 시작된다.

☞. 돈에 대한 끝없는 갈증과

☞. 사랑(애정)에 대한 남다른 결핍과

☞. 타인에 대한 애증(愛憎)과 불신에서 오는 고통과

☞. 신분상승의 욕구와

☞. 남들로부터 인정받고 싶은 자존심과

☞. 자녀들에게 걸고 있는 대리만족의 충족의 정도에서 그 색깔의 농도가 측정되지 않을까 한다.

세상살이는 동전의 양면(兩面)과 같으며, 삶은 시냇물이 흐르듯이 자연스러움에 따라야 하는데, 세상일이 어디 그리 마음대로 되던가?

행복에 대한 갈망은 수천 년의 세월이 흘러도 인간의 기본 마음은 그대로여서 결국 옛날이나 지금이나, 모두 행복한 삶을 그리는 것은 누구나 동질의 것이다.

행복이라는 사슬에서 자유로울 수 있는 가장 가까운 조건은 평온한 마음, 즉 평상심(平常心)을 유지하는 것이라고 하는데, 이것 또한 힘든 일이다.

모든 사람들이 육체의 건강과 정신적 충족을 갖고 싶어 하면서, 행복을 바라고 산다는 것은 당연한 욕구와 욕심이다. 그것은 바로 자신이 살아 있다는 증거이며, 소망을 실현시켜 삶의 질을 높이려하는 의욕이다.

맛이 없어도(공기, 밥, 물 등) 멋이 없어도(모정, 父情, 우정, 등) 꾸미거나 화려하지 않지만 (봉사, 나눔, 배려, 양보, 등) 제 몫을 다하며, 꼭 필요한 존재로 제 자리에 있을 때, 그는 참된 행복을 느낄 수 있을 것이다.

지족상락(知足常樂)이라 했던가! 눈에 보이고, 생각하는 모든 것들에 대한 욕심은 생각에서부터 비롯된다.

마케도니아의 거지철학자 디오게네스는 어느 날 양지에 앉아 따스한 햇볕을 받으면서 생각하는 것에 대한 만족을 느끼고 있을 때, 유럽일대를 정복한 알렉산더 대왕의 명령을 거절했던 일화에서 행복의 척도는 각자의 가치관에 따라 다르다는 것을 시사했음을 알 수 있다.

현명한 사람은 자신의 삶을 옆 사람들과 비교하지 않고, 지금 이 시간을 중요하게 생각하면서 즐긴다고 한다.

베이징 올림픽(2008년)의 열기는 세계인들의 축제로 손색이 없었다. 스릴 넘치는 승부와 역경을 딛고 신화를 이뤄낸 선수들의 뒷이야기, 부상을 입은 선수들의 투혼과 겨뤄보지도 못하고 4년 뒤를 그리며 주저앉은 선수들, 금메달의 행진도 감격스러웠지만 메달 권에서 벗어난 선수들에게도 최선을 다했다는 당당함에서 메달감이 되기에 충분했던 것이다.

"최선을 다했기에 나는 꼴찌가 아니었다라고 웃으며 말하던 역도선수 이 배영, 꼴찌였지만 배운 것들이 있어 만족스러웠다."라고 말한 카누의 외로웠던 이순자 선수 등, 그들은 최선을 다해 겨룬 투혼의 미소가 금메달 못지않은 환호와 갈채에 가치를 실어 그들만의 행복을 느낄 줄 알았던 것이다.

✍. 2014년 1월 1일-한국문학신문

Chapter 5

文化! 다문화 사회의 현실.

다문화(多文化) 사회, 우리들의 이야기다.

다문화 가정의 2세들도 한국인이다.

선진(先進)국민이 되는 길.

다문화 사회의 불협화음(不協和音)

한자어(漢字語)는 한국어다.

한자(漢字)교육은 이래서 필요하다.

국 · 한문 혼용의 당위성(當爲性)

한자(漢字) 문화권 어문(語文)생활의 현실.

漢字의 문맹(文盲)은 국어발전의 저해(沮害)요인이 된다.

「漢字」는 지적수준(知的水準)의 디딤돌이다.

✍. 한국문단의 돌연변이(突然變異) 이상(李箱) 1.

✍. 한국문단의 돌연변이(突然變異) 이상(李箱) 2.

☞. 우리들 곁에 머물고 있는 다문화 사회를 효과적으로 대처하는 방법은 그리 특별하지 않아도 된다. 오랜 세월 지켜 온 소중한 전통을 기반으로 새로운 문화의 트랜드를 자연스럽게 받아들여 융화시켜 간다면 매우 자연스러울 것이다.

☏. 오르막길에서 내려올 대책을 세워놓지 않고, 무작정 오르기만 하는 행동은 매우 무모(無謀)한 짓이라고 한다.

1. 다문화(多文化) 사회, 우리들의 이야기다.

아시아지역(네팔, 베트남, 인도네시아, 태국, 스리랑카, 우즈베키스탄 등)에 한국어 능력시험 (TOPIK-노동부 傘下 한국産業人力公團이 주관)의 열풍(熱風)이 세차게 불고 있다.

그 나라들은 한국어 시험이 치러지는 날은 그 나라의 정부가 군경에 동원령(軍警에 動員令)을 내려 국가 행사일에 버금가는 지원을 한다고 한다.

그들이 한국어에 열광하는 이유는 한국에서 일자리를 얻기 위함인데, 이 시험을 통과하지 못하면 한국에서 일할 자격을 얻어낼 수 없다고 한다.

독일의 문학가 프리드리히 실러가 "나의 무한(無限)의 나라(국가)는 나의 사고(思考)이며, 그리고 나의 날개 있는 도구(道具)는 말(言語)이다."라고 했듯이 언어는 살아있는 모든 것들의 기본이자 '적응(適應)'그 자체다.

이런 맥락에서 다문화 가정에 대한 여러 가지 지원(支援) 중에서도 언어교육은 가장 우선되어야 한다고 본다. 언어에 능통한 인재가 글로벌 시대의 리-더가 될 수 있으며, 세계로 뻗어나가는 언어의 힘이 곧 국력의 자산으로 자리 매김 되어 간다.

사람들이 살아가면서 날마다 접하는 생활문화는 내가 갖는 습관의 뿌리가 되며, 그것이 곧 정체성(正體性 또는 停滯性)으로 굳어져 간다.

외국여행 길에서 국적(國籍)을 묻는 질문을 받았을 때, 우리들은 망설이지 않고 '코리아'라고 떳떳하게 말하는 자랑스러운 시대에 살고 있다.

요즘 T · V를 보면 한국어를 능숙(能熟)하게 구사(驅使)하는 외국인들이 많이 등장하는 것을 보고 놀랍기도 하고, 한편으로는 가슴이 뿌듯하다.

그런데 이렇게 자연스럽게 우리말을 구사하는 외국인들은 대부분 취업이나, 학업을 위해 우리나라에 온 사람들이다. 하지만 외국에서 시집 온 여성들 가운데는 한국어라는 언어의 장벽(障壁)을 넘지 못해 어눌(語訥)한 발음과 서투른 표현 때문에 자녀교육은 물론 곧잘 자녀들과의 생활에도 어려움을 겪어야 하며, 때로는 충돌도 일어난다고 한다.

교육과기술부 통계를 보면 초 · 중 · 고교에 재학중(在學中)인 다문화가정의 자녀는 3만 5,000여 명에 이른다. 이런 속도로 다문화 가정의 자녀가 증가한다면 10년 뒤에는 우리나라 청소년의 20%를 상회(上廻)할 것으로 추산된다.

행정안전부 자료에 따르면 결혼 이주(移住) 여성은 2011년 현재 18만 8,580여 명에 이르며, 이제는 그들의 2세들이 성장하여 국토방위를 위한 병영(兵營)생활을 하고 있다. 이들이 병영생활에서 피부색이나 외모에 상관없이 대한민국 국민으로서 생사고락(生死苦樂)을 함께할 수 있도록 배려하고 따뜻하게 안아주어야 한다.

또 우리들은 다문화 가정의 자녀들을 바라보는 차별의 생각과 따갑게 느끼게 했던 시선을 바꿔 그들이 우리국민의 일원이 되어 좋은 인재로 성장해가도록 사회 분위기를 만들어 줄 책임을 가져야 한다.

세계의 인종시장(人種市場)이라고까지 일컬어지는 미국의 공립학교(公立學校)에서는 다문화가정의 자녀들이 언어의 표현과 이해의 부족으로 수업 부진(不振)을 겪지 않도록 특별반을 운영하고, 담임교사를 따로 배정해 외국 학생들을 세심하게 챙긴다고 한다. 동시에 인종차별적인 언행(言行)을 하는 학생은 엄격하게 다스린다.

시나브로 외국인 140여만 명의 다인종, 다문화(多人種 多文化) 사회로 변화된 모습이 2012년 대한민국의 현실이다. 이제 순혈(純血)주의에서 벗어나고, 제도와 관습의 과감한 변화를 현실로 받아들여야 한다고 본다.

하늘 높은 곳에 교교(皎皎)히 떠 있는 보름달은 바라보는 사람에 따라, 허무와 슬픔과 소원을 그려내는 정도가 다른 것은, 시간과 장소와 마음가짐의 차이일 것이다.

농촌의 총각들이 늦은 나이에 외국 여성과 결혼하여 일궈낸

가정, 그들이 오랫동안 꿈꿔왔을 행복을 만들어가는 과정에서 때로는 가난과 외로움과 언어소통문제로 파열음(破裂音)이 나는 등 안타까운 사연들이 적잖게 들려온다.

서로 다른 문화에서 살며 몸에 배인 가치관의 조화가 덜 이뤄진 탓일 것이다. 또 자신의 입장만 내세우다보니, 상대방에 대한 배려가 부족했을 수도 있다.

불화가 일어나는 그 모든 것들의 이면(裏面)에는 자유스럽지 못한 의사 표현의 수단인 언어 소통이 높은 산으로 자리 잡고 있지 않았을까싶다.

✍. 2012년 7월 5일- 전북일보

2. 다문화 가정의 2세도 한국인이다.

70억 명이 살고 있는 지구촌의 인구를 100명으로 줄이면 아시아인 57명, 유럽인 21명, 아메리카係인 14명, 아프리카인 8명의 비율로 구성된다고 한다. 재미있는 사실은 100명 중 6명이 전 세계 재산의 59%를 갖고 있으며, 80여 명이 비위생적(非衛生的)인 주택에서 살고 있고, 50여 명은 굶주리거나 영양결핍(營養缺乏) 상태에 이르렀다는 통계다.

1945년 독립 이후(以後) 20여 년 동안 굶주리면서 원조를 받던 가난한 나라에서 이제는 부자나라가 되었다. 한국인들은 자타(自他)가 인정하는 지능 높은 민족으로 아무 곳에서나 자랑을 일삼는 일이 습관화 되어 있고, 특히 자기보다 약하다고 생각되면 강하게 얕잡아보는 좋지 않은 버릇과 자신의 단점을 감추어야 할 상황에서는 재빠르게 집단(集團)속으로 몸을 숨기는 민첩성을 지니고 있다.

그 방법도 여러 가지다. 여자들은 자신의 본 모습을 화장술과 성형수술로 감추고, 남자들은 혈연, 학연, 지연(血緣, 學緣, 地緣) 모임 같은 집단의 뒤에 숨어 얼굴을 감추고 목소리만 낸다.

우리나라 사람들은 무의식에 흐르는 동질감(同質感)이 강한 민족이다. 그러기에 강자에게는 약하고, 약자에게는 강한 척하는 양면성(兩面性)의 모습을 보인다. 고난의 시대를 살면서 터득한 생존의 본능일지는 몰라도 결코 좋은 민족성은 아닌 것이 분명하다. 약자에게도 감싸주는 아량과 따뜻한 손을 내밀 감정을 가져야만 진정으로 강한 국가로 발돋움 할 것이다.

"여자는 약하다. 그러나 어머니는 강하다."라고 한 빅-톨 유고가 떠오른다. 즉 여성과 모성(母性)의 본질을 간명하게 대비시킨 말이다. 우리들의 어머니는 자식에게는 조건이 없는 자비(慈悲)와 사랑을 베풀고 희생(犧牲)을 하면서도 억울해 하지 않는다. '신(神)은 모든 곳에 있을 수 없기에 어머니를 만들었다.'는 유대인들의 격언이 주는 의미를 주의 깊게 생각해 보자.

필자(筆者)가 얘기하고자하는 요지는 다문화 가정의 어머니들과 그 2세들이다. 2012년 교육과학기술부가 4월 1일을 기준으로 다문화 가정 학생 현황을 조사한 결과 국내 초·중등 및 대안학교 11.390곳에 재학(在學)하고 있는 다문화 가정의 학생은 46.954명으로 집계되었다고 한다.

집계에서 빠진 외국인학교의 외국인 학생 9.035을 합하면 다문화 학생의 수는 55.989명이나 된다.

교과부가 현황을 파악한 첫해(2006년도) 9.389명의 다섯 배 수준에 이른다. 농촌 학교는 급격하게 변모하여, 다문화 사회를 형성하는 요람이 되고 있다. 농촌지역 초등학교의 다문화 가정의 학생들이 전교생의 30%를 넘는 학교가 늘어나면서 앞으로 6~7년 후에는 전교생의 50% 이상이 되리라고 전망한다.

농촌의 다문화 가정의 청소년들은 새로운 패러다임 (paradigm)을 형성하면서 짙은 회색(悔色)의 그림자를 만들어 낼 수 있다.

긍정적인 면에서는 농촌의 일손 부족의 현상을 해결할 수 있는 인적자원으로 활력을 불어 넣어 주기도 하겠지만, 그보다는 그들이 뿌리를 내리기 전에 가정해체의 비극과 가난이 원인이 되어, 가족 간의 갈등요인이 될 수 있다는 것이다.

2세들이 겪어야 하는 고통은 가난, 그리고 외국인 엄마에게서 배워야 하는 어눌한 한국어의 언어 장애, 끼리들 사이에서의 냉대로 소외 받는 3중고(重苦) 속에서 감수성이 예민한 유소년 시절을 힘들게 그늘에서 보내야 한다.

이런 과정을 겪어내며 성장하는 아이들은 부정적인 시각에서 오는 편향적인 사고가 반사회적 성향을 가져 올 수도 있다는 것이다. 뒤에 따르는 사회적인 문제는 매우 심각해진다.

눈물과 정(情)이 많은 우리 민족에게도 버려야 할 관습이 있다. 외모가 다른 약소국가의 국민이나, 다문화 가정의 2세들을 바라보는 왜곡(歪曲)된 시선이다.

이제는 특권과 편향이 없는 선진 사회, 모든 제도가 누구나 소통할 수 있는 개방사회에서 열린 문화를 키워 나가야한다.

세계 250여 나라 중 일곱 번째로 20-50클럽(국민소득 2만 달러-인구 5.000만 명)에 가입한 국가로 성장한 우리나라다. 지구촌시대를 맞아 국내 거주 외국인들의 삶과 문화를 그들과 공존하는 해법을 찾는 사회 인식의 전환이 필요한 시점이 왔다.

다문화 가정의 아이들은 가난을 벗어나기 위해 낯설고 물 설은 나라에 시집 온 엄마들이 낳은 애들이다. 사랑하는 자녀들에게 안타깝고 서럽지만 물려 줄 수밖에 없었던 것이 '가난'이라는 사슬이다.

그 2세들이 가난을 극복할 수 있는 힘을 길러 사회구성원 노릇을 제대로 할 수 있도록 웃으면서 받아들여야 한다. 그들의 가정이 오붓하게 잘 살아갈 수 있게 문화적인 제도와 경제적인 후원, 그리고 사회제도적 장치를 마련하는 길을 여는 방법을 찾는 것 또한 시급해졌다.

고난을 이겨내며 자란 다문화 가정 청소년들이 우리농촌과 건전한 사회를 일궈나가는 든든한 버팀목으로 성장하여 미래 사회를 주도하는 청소년으로 성장하길 기원한다. 아울러 우리들 모두는 그들이 곱게 자라나도록 가슴을 열어 안아주면서 왜곡된 시선을 하루 빨리 거둬들여야 한다.

다문화가정의 2세들은 누가 뭐라고 해도 분명하고 어엿한 한국인이다.

✍. 2013년 10월 9일 - 전북일보

3. 선진(先進)국민이 되는 길.

문화는 시간(時間)과 공간(空間)에 따라서 소멸되기도 하고 생성되기도 한다. 지구촌 시대가 열린 후 이질(異質)문화와의 교류가 활발해지면서 공존(共存)과 발전의 차원에서 방법을 모색하고 실현해내야 진취적인 사회가 형성되어진다. 여기서 중요한 것은 융합이고 소통이며, 이런 자세로 다문화 사회를 익혀가야 한다. 어려서부터 몸에 밴 문화만을 고집하는 배타심으로는 다른 문화를 받아들일 수가 없다.

문화는 사회구성원들의 요구와 필요에 따라 새롭게 만들어지는 것이다. 그러기에 내부나 외부에 존재하는 서로 다른 문화 간의 장벽을 극복하고 새로운 문화를 조성하려면 융합, 조화, 충돌에 의한 대안을 찾아야 한다.

다문화, 다민족 국가의 대표적인 나라 미국은 이민자(移民者)들을 위해 미국의 가치와 규범을 수용하여 同化되기를 바라는 정책을 유지해오고 있다.

우리나라는 경제선진국 10위권 내외를 넘나드는 잘 사는 나라가 되었다. 부자나라들의 행복지수는 과연 얼마나 될까?

미국의 여론조사기관 갤럽이 2010년에 155개국을 대상으로 (조사기간; 2005~2009년) 실시한 행복지수 결과를 미국의 경제 전문지 「포브스」의 발표에 따르면 1위는 덴마크. 2위 핀란드. 3위 노르웨이. 4위 스웨덴과 네델란드 등 북유럽 국가들이 상위에 포진되었고, 미국은 14위. 러시아 73위. 81위에 일본. 125위에 중국. 우리나라는 56위였다고 한다.

평가방법은 각 나라 국민의 전반적인 삶의 만족도를 나타내는 '인생평가'와 조사 하루 前에 하루 동안의 행복한 정도를 묻는 '일상경험'의 두 가지 항목을 합한 점수였다고 한다.

세계문화의 흐름 속에서 피해갈 수 없는 다문화 사회를 슬기롭게 풀어가는 방법으로는 소중한 전통을 기반으로 다문화의 새로운 문화와 트렌드(Trend-경향. 추세)를 받아들여야 한다. 깊게 뿌리박힌 한민족(韓民族)의 동질감이나 단일민족의 우월론(優越論)을 자랑삼는 것도 중요하지만 변화하는 이 시대의 흐름을 거부하는 일은 없어야 한다.

다문화 속에서 주로 불화가 되는 요인으로는 언어소통의 장벽에서 오는 문화의 차이, 인종차별, 성차별 등 다양하지만 그중에서도 비중이 가장 큰 것은 언어와 생활문화에서 오는 이질감이다. 즉 언어와 습관화 된 생활문화를 무시하는 태도는 상대방의 모든 것들을 무시하는 것으로 생각되기 때문이다.

2006년 7월에 '월간지 서울' 발표에 따르면 2020년에는 20세 미만의 인구 다섯 명중에 한명은 혼혈아(混血兒)이며, 열 가구(家口) 중에 한 가구는 다문화가정이고, 세 명의 신생아(新生兒) 중 한명은 혼혈아로 구성된다고 한다.

문화란 무엇인가? 정의(定義)는 그리 간단하지는 않다. 문화는 동질의식을 공유할 때 더 가까워지는 습성이 있다. 문화란 그 사회에서 행해지는 이상(理想)과 여러 분류의 가치관, 이루어진 틀(종교, 관습, 의식주 등)과 삶의 관습에서 오는 무의식 또는 의식적인 思考들이 뇌리에 자리 잡아 뿌리가 되어 개인과 집단의 정체성을 일궈낸다.

단일 환경에서 자란 사람들은 다른 문화를 받아들이고 이해하는데, 다중문화 속에서 자란 사람들에 비해 훨씬 더 힘들어한다. 한국 사람들은 자기들과 조금만 다르다 싶으면 집요하게 바라보고 모든 것들을 궁금해 하는 습관이 있다.

우리나라에서는 2003년경부터 다문화가정이란 신조어(新造語)가 모습을 보였다. 그 이전에는 혼혈아의 호칭이 방송 언론매체들의 영향으로 급속도로 번져나갔다.

최근 우리나라의 국제결혼의 역사는 1950년 한국전쟁 이후 의식주 해결을 위한 수단으로 주한 미군들과의 결혼과 동거에서 시작되어 2세들이 태어났다.

2000년 전후부터는 한국의 농촌총각들과 동남아 여성들 간의 국제결혼이 증가세를 보이고 있는데, 앞으로 이런 현상은 피할 수 없는 현실이 되었다. 한국으로 이주해온 다문화가정 안팎의 문제들이 수없이 발생되어 정부는 제도나 대책 마련에 숨 가쁘다.

지금은 유명인이 되어 방송인, 배우, 정치인, 가장(家長)으로 살아가는 자스민 李(본명; 자스민 바쿠어나이)는 필리핀에서

부유한 생활을 한 아테네요, 대학 의대생이었으며, 1994년 미스 필리핀 다바우 지역 예선에 입상하였고, 대학밴드에서는 리드보컬이었다고 한다. 이국인(異國人)과의 사랑에 빠져 고국을 떠난 외국인으로 살면서 겪은 애환도 많았다. 띠 동갑인 2등 항해사 이 동호 씨와 1995년에 결혼하여 다문화가정을 꾸린 두 아이의 엄마가 되어 열심히 살고 있으나, 그는 2등 국민으로 때로는 등외(等外)의 국민으로 살면서 우리나라 사람들이 즐기는 궁금증과 조소(嘲笑)와 무시하는 어투의 행동과 불쌍하게 여기는 시선을 느끼는 것은 다른 동남아 여인들과 크게 다르지 않았다고 한다.

2008년 미국 최초의 흑인 대통령으로 당선된 오바마도 다문화 가정 출신이다. (※미국에서는 미국인과 아시아인의 결혼이 가장 이상적인 천상의 작품이라고 한다.)

한국사회의 다문화가정에 대한 비뚤어진 시각에 대해 어떤 교수는 諺년 후 다문화 가정의 자녀들이 이 사회의 시한폭탄(時限爆彈) 이 될 수도 있다."고 경고한 기억이 난다.

대한민국 다문화가정의 자녀들은 누가 뭐라고 해도 엄연한 한국인이고, 한국의 미래를 짊어지고 나아갈 기둥이다.

한국의 밝은 미래를 원한다면 다문화 가정과 그 자녀들에 대한 시대착오적 편견을 버려야 한다. 자신의 언행을 합리화하면서 개념 없는 말과 행동으로 상대방의 가슴을 아프게 하지는 말자. 그것이 선진 국민이 취해야 할 행동이다.

✍. 2014년 1월 22일- 전북일보

4. 다문화(多文化) 사회의 불협화음(不協和音)

21세기는 흑백이 어우러져 사는 지구촌사회다. 서로 다른 환경에서 자란 사람들이 살아가면서 부딪히는 불화나 마찰은 어쩌면 당연한 일이다. 몸이 아프면 의사나 약사에게 진단을 받고, 처방을 받아 적절한 치료를 하듯, 살면서 일어나는 불화(不和)도 대화나 이해를 통해 소통되어야 한다.

색다른 문화가 존재하는 곳에서 불화가 일어나는 원인은 생활에 젖은 관습의 문화, 의사소통의 장벽, 인종과 性의 차별 등으로 다양하지만, 그것들 중 가장 큰 요인은 의사소통이다. 같은 언어로 생각을 주고받을 수는 있지만 의견의 충돌이나, 다른 가치관으로 사상의 마찰이 불협화음을 만들어 낼 수도 있기 때문이다.

단일 민족을 자랑하던 우리나라도 20세기 중간부터 함께 사는 사람들의 외모에 큰 변화를 가져왔다. 2013년 말, 현재 150만여 명에 달하는 이민족(異民族)이 우리들과 삶의 호흡을 같이하고 있다.

여기서 일어나는 문제점들을 살펴보면

* 엄마가 외국인이라서 의사소통이 불편하고

* 자녀들의 학교 적응력 부족과 외모의 이질감에서 오는 어울림의 문제가 있으며,

* 결혼을 위해 온 여성들이 겪어야 하는 음식과 생활습성에서 오는 불편 등이다.

갈수록 외국인들이 많아지는 이유로는 코리안 드림을 안고 찾아오는 동남아인들의 일자리 취득, 농어촌과 도시 영세민들의 노총각들 결혼문제, 유학생들, 이런 현실에서 외국인들의 분포도는 중국이 44%, 미국이 12%, 베트남 6%, 필리핀 5%, 태국 4% 등으로 100여 개 나라의 사람들이 모여 사는 다민족 사회로 변모했다.

文化(culture)의 뜻은 그 사회에서 행해지는 理想과 가치관 그리고 사회의 틀과 삶의 목표가 무의식이나 의식적으로 옳다고 판단되는 행위를 같이 인정하고 나누는 것이다. 더 나아가서는 시대상황에 따라 사회의 트렌드(trend-추세. 경향)가 어떻게 진행되느냐로 이어지면서 변화한다.

문화는 태어난 後부터 주변사람들의 교육으로 삶에 뿌리를 내리면서 만들어져 가는 것이다.

오랜 세월에 걸쳐 몸에 익숙해져 있는 생각과 습관과 가치관 등 길들여진 것들을 바꿔간다는 것은 그리 쉽지 않은 일이다. 다른 문화의 배경에서 자란 사람들끼리 넓지 않은 공간에서 같은 일을 하는 것은 매우 어려운 일이긴 하지만, 시대의 변화에 따라 적응력을 높여야만 서로가 불편이 적어질 것이다.

초 · 중고교의 교내식당 광경을 눈여겨보면, 이슬람권에서 온 아이들은 돼지고기를 먹지 않고, 인도권역에서 온 아이들은 쇠고기를 먹지 않으며, 몽골에서 온 아이들은 생선을 먹지 못하는 경우를 찾아볼 수 있다. 이처럼 몸에 젖은 생활문화는 자신의 뿌리가 된 정체성이다.

'인격적인 스승보다, 따뜻한 숨결을 불어넣는 인간적인 兄이 더 좋다고 한다.'인간적인 스승이었으면 더욱 좋으련만, 사람들은 거짓이라도 칭찬이 아니면 들으려 하지 않고 따분해 한다.

다시 말해 '칭찬이나 사랑이 덜한 쓴 소리'는 들으려 하지 않는다. 편견과 고정관념은 상대방을 제대로 볼 수 있는 시야(視野)를 가려서 부정의 面만 보이기 때문에 서로가 어울리는데 결절이 생길 수밖에 없다.

시간이 갈수록 세계는 더 좁혀지면서 다문화 현상이 세계 각국에서 일어나는 보편적인 현상이다. 거절과 따돌림의 상처를 받고 자라나는 외모가 다른 아이들이 성장해서 이 사회에 끼칠 영향을 생각해서라도 서로가 깊이 생각하여 행동을 이해해야 하지 않을까 한다.

서양문화와 동양의 문화는 본질적으로 크나 큰 차이가 있다. 서양문화는 자신에게 주어진 운명은 자기의 노력과 개발에 의해 좌우된다고 생각하며, 이론이나 현상을 받아들일 때는 논리와 과학적 근거를 토대로 삼는다. '시간은 돈이다.'라고 생각하는 그들은 간결하고 정확하게 의사를 전달한다.

반면, 동양 문화는 자연을 숭배하고 운명을 합리화 하며,

상대방의 기분을 더 중요하게 여긴다. 그러기에 개인주의의 사고는 어려서부터 강요하지 않았고, '나'보다는 상대를 먼저 배려하는 생활이 습성화 되었다. 또한 많은 말을 필요로 하지 않고, 상대방의 표정과 제스처(gesture)만 보고도 상대를 이해하려든다.

개인주의에서 오는 강한 독립심은 부정적인 인상을 주며, 또래들과의 어울림에서 따돌림을 당하기 쉽다. 이러한 문화의 틀이 바뀌어가면서 동·서양이 그 경계를 넘어 조화를 이뤄가기 시작했다.

2014년은 비상하는 기운을 담았다는 청마(靑馬)의 해로 갑오경장(甲午更張)이, 이 땅에서 새로움을 주장한 지, 60년을 두 번 돌아온 해다.

이런 맥락에서 개인과 국가의 모든 일들이 어우러진 다중문화사회가 펼쳐진 이상, 외모가 다른 어린이들이 상처를 받지 않고, 밝고 명랑하게 자라가도록 불협화음이 덜한 소통하는 사회가 되었으면 한다.

✍. 2014년 4월 16일 – 한국문학신문

5. 한자어(漢字語)는 한국어다.

국어사전에 수록(1961년에 간행된 국어대사전 -이희승 편)된 25만 7,800여 개의 한국어는 고유어(24.4 %). 한자어(69.7 %). 외래어(6.3 %)의 비율이다. '한자(漢字)'는 4세기 경 삼국시대부터 우리나라에 들어와 7세기 통일신라 때는 전국으로 널리 쓰여졌다. 우리말이라 할 수 있는 설총(薛聰)에 의해 제작된 신라의 이두(吏讀)문자도 한자(漢字)의 범주를 벗어나질 못했다.

고대 동양에는 크게 두 개의 문화권이 존재했다. 인도문화권과 중국문화권인데 중국문화권은 '漢字'사용 지역(국가)인 우리나라 일본 등이 이에 속한다. '漢字'를 사용하는 국가라고해도, 민족이 다르고, 풍습과 생활권이 서로 같지 않기 때문에 동질의 문화를 이룰 수 없었다.

그러나 선사시대(先史時代)부터 중국문화의 영향을 받은 우리나라는 유교와 불교의 전파로 인한 학문, 사상, 예술, 지명(地名) 등 비슷비슷한 닮은꼴을 이룬 문화가 형성되었으며, 고대 동양에서는 불교가 문화예술의 강한 촉매가 되어 건축,

조각, 공예, 등 불교문화가 생활중심의 축을 이루었다.

언어와 문화는 불가분(不可分)의 연결고리다. 우리들이 현재 사용하고 있는 한자어(漢字語)는 천 년을 훨씬 넘어가는 세월을 건너뛰면서 역사와 문화가 조상들의 얼에 녹아들어 갔다. 한글 전용만을 주장하여 어문 정책의 변화로 '漢字'를 전혀 사용하지 않는다거나, 한자어를 소홀히 한다면, 오랜 세월에 걸쳐 이루어 놓은 역사와 문화의 뿌리를 송두리째 무시하는 결과가 된다.

올바른 국어생활을 위해서 한글 표준어 교육이 매우 중요한 만큼 올바른 한자교육 역시 필요하다. 우리의 역사와 문화 속에서 '한글과 漢字'는 상반되는 별개의 것이 아니었다는 사실은 모두가 알고 있다.

한글이 창제되기 이전에 민족어의 역할을 대신해 오던 문자와 언어가 '漢字語'였음을 부정하지 못하는 현상은 역사의 기록이 말해주기 때문이다.

한글 창제 이후에도 문화유산을 생성하는 언어는 '漢字'였고, 시대가 변하여도 언어는 전승되어가기에 한자교육의 필요를 느끼는 것은 동음이의어(同音異議語)의 뜻 구분을 못해 오류(誤謬)와 불편을 느끼기 때문이다.

세종대왕께서 만든 훈민정음은 15세기(1446년)에 반포되었다. '漢字'를 배울 기회를 갖지 못했거나, 너무 어려워서 깨우치지 못해 문맹(文盲)으로 살아가던 백성들은 가슴에 맺힌 사연이 있더라도 글자를 몰라, 답답했던 한(恨)을 풀어 주기 위해 새로운 문자를 만든 것이다.

그러나 세종대왕의 거룩하고 깊은 뜻을 담은 그 원본이나 해례본(解例本) 역시 모든 내용을 '漢字'를 사용한 한문장(漢文章)으로 표기되었다는 사실을 가볍게 보아 넘기지 않아야 한다.

훈민정음 28자 닿소리(자음)의 이름을 밝히지 않고 'ㄱ'은 君字 初發聲(군자 초발성)이라 했을 뿐이다. 글자는 있었으나, 글자의 명칭이 없었던 것을 조선 11대 중종 때 최세진(崔世珍)이 훈몽자회 범례(訓蒙字會 凡例)에서

자음과 모음의 명칭을 지어 ㄱ(其役-기역), ㄴ(尼隱-니은), ㄷ(池末-디귿), ㅏ (阿-아), ㅑ (也-야), ㅓ(於-어),로 그 이름을 표기했다.

최세진은 우리글자인 훈민정음의 자모의 명칭까지도 '漢字'로 표기할 수밖에 없었던 사회상과 언어 환경을 '漢字'와의 불가분의 관계를 사용하던 언어 관습을 통찰하고 있었던 것이다.

한글은 읽기에 편리하고, 漢字는 의미를 쉽게 파악할 수 있는 장점들을 지니고 있다. 지금의 초중고 교과서는 한글로만 적혀 있어서 내용과 의미를 이해하는데 학생들이 겪게 되는 고통은 '漢字'가 아니라, '漢字語'때문이다.

한글로 된 한자어를 읽을 줄 몰라서가 아니라, 뜻을 몰라 힘들어 하는 학생이 '거의'라고 하니, 학교수업에 큰 구멍이 뚫려 있다고 생각한다. 뜻을 몰라 수업 내용을 이해하는데까지 어려움을 느낀다면, 경우에 따라서는 학교에 대한 흥미와 필요성의 가치를 잃어 학생의 본분을 벗어날 가능성을 배제할 수 없다.

어휘(語彙)지도는 한문(漢文) 선생님이 아니라도 좋다. 국어나 한문, 또는 관련된 학과목 이외의 모든 선생님들은 漢文하면

거부감부터 일으켜 '한자어'로 된 용어자체의 뜻을 가르쳐 주지 않거나, 자신도 모르기에 말해주지 못하는데서 기본적인 이질감을 갖는다.

'漢文'또는 '漢字 교육'에 대한 일부의 반감과 저항을 사전에 막을 수 있는 방법은 초·중고 모든 교과서에다 '한자어'로 된 단어는 뜻풀이를 해주어서 어렸을 적부터 낯설지 않게 길들여 가는 것이다.

즉 초·중고 지정 기본 한자 (교육용 한자)를 하나둘씩 눈에 익혀 영어의 알파벳처럼 자연스럽게 생활화 시키면 대학생이 되어서도 자기의 이름을 漢字로 쓰지 못하는 낭패(狼狽)는 사라질 것이다.

✍. 2013년 9월 4일- 한국문학신문

6. 漢字(한자)교육은 이래서 필요하다

우리나라 학생들은 학교수업을 마치면 학원(學院)돌림의 교육으로 몸과 마음이 지쳐 있다. 그들은 시험 점수에 기를 펴지 못하고, 온실 속의 화초(花草)처럼 기성세대들의 욕구와 사고(思考)의 틀에서 허약하게 성장해가고 있다. 젊은 부모들의 분별의식을 벗어난 욕심과 자녀의 성공에 대한 일념(一念)은 서로의 고생을 더해만 간다.

서울시 교육청이 2학기부터 초·중학교에서 방과 후 '한자(漢字)'교육을 실시하고 있다. 한자어(漢字語) 교육지도는 학력을 신장시키는 지름길이기에 늦은 감이 있지만 환영한다. 신문이나 일반서적 등에 기재된 글이나, 학교수업의 일상용어 중 열 단어 중 일곱 개가 '한자어'다. 漢字語로 펼쳐진 교과서에 수록된 단어들이 학생들을 괴롭히고 있다.

그러나 그것을 가르쳐 주는 사람은 없고, 국어사전을 찾기에는 귀찮아서 싫다. 왜 그럴까? 모르거나 답답해도, 아니면 그냥 넘어가도 경제적인 손실은 없다. 사회인이나 선생님들은 유창한 시사영어로 또는 대화나 수업 중에 토막영어의 활용이 지식을 평가받는 시대가 되었다.

수학(修學)의 능력은 모든 과목마다 촘촘하게 박혀 있는 한자어의 어휘력에 달려 있다. 국어사전과 친해질 수만 있다면 '漢字'를 몰라도 그리 답답하지 않을 것이다.

누군가는 이렇게 말했다. "멋진 삶을 살고 싶거든 자기가 하고 싶은 일을 해라. 세상에는 절대로 공짜로 얻어지는 것은 없다."하기 싫은 일은 의욕이 좌절되고, 세월에 매달려 살아가는 오늘만 있을 뿐, 내일이 없다.

우리들은 알차고 멋진 삶을 살아가기 위해, 16년이란 긴 세월을 학교 교육을 받으면서 삶을 익혀간다. 그런데 여러 가지로 반토막 교육의 과정을 밟고 있다.

'한자교육'은 교과목 편성의 새로운 패러다임보다는 교육용 한자 1.800자를 교재 속에 묻어 초등학교 1학년부터 쉽게 풀어 가르쳐간다면 그리 어렵게 느껴지지는 않을 것이다.

韓. 中. 日 세 나라가 공용한자(共用漢字) 800자를 합의하여 새로 지정한 의미를 되새겨보자. 요즘 학생들은 시대에 발맞춰 나가기 위해 여러 가지를 배우느라, 정신 차릴 틈이 없는데, 구태의연한 '한자'를 왜 배워야하느냐고 정색을 한다. 그런 학생에게 '식구'와 '가족'의 뜻은 어떻게 다르냐는 질문을 해보자. 대답은 퉁명스런 어투로 인격모독을 했다고 반박해 올 것이다.

살다보면 어휘력의 한계를 느낄 때가 종종 있다. 다양한 표현의 뉘앙스 변화를 느낄 때마다, 단어의 조합력(組合力)이 부족해서 사유(思惟)의 폭이 깊어 가질 않는다. 학생들은 '한자'를 몰라 자기 이름을 못쓰는 것을 전혀 부끄러워하지 않고, 영어를 몰라 어리둥절할 때는 자존심에 결절(決折)이 생겼다고 생각한다. 누구나 목표로 하는 희망의 정점을 찍어 풍요로운 경제생활을 소원하는데, 거기에다 넉넉하고 부드럽고 품위 있는 언어생활을 첨가한다면 삶은 더 윤택해질 것 같다.

'한글과 한자'의 혼용생활은 우리의 곁을 떠날 수 없게 되어 있다. 다만 어느 한 편의 고집으로 논쟁을 일으키는 일은 고려해야 한다. 음성언어는 문자언어(音聲言語는 文字言語)가 뒷받침 되어야만 빛이 더 난다. '漢字'유입(流入) 이후 1.500여 년 동안 사용된 언어의 기본은 '한자어'였으며, 570여년의 역사를 지닌 한글과는 오랜 세월 사이좋게 혼용되어왔었다.

예를 들면 알파벳은 그리스 문자에서 파생 되어 유럽에서 사용하는 언어가 된 것이다. 일본어의 '가나'문자는 한자에서 파생되었고, 그 근원지는 중국의 '한자'였다. 그러나 '한글'은 모든 발음을 자유롭게 표현할 수 있다는 것이 다른 언어에서는 찾아보기 어려운 독특한 현상으로 민족적 자부심을 갖게 한다.

그렇지만 우리문화에 절대적인 영향을 준 '漢字'의 틀을 벗어나서는 한국의 고유문화를 말하기엔 매우 어색해진다.

시대 흐름의 요구는 매우 다양하다. 21세기의 경제발전과 새로운 민주주의를 바탕으로 한 지구촌시대에 발을 맞추기 위해서는 한자어의 불필요를 외치는 오류(誤謬)는 깊이 생각해봐야 한다. 한자어의 존재를 빼고서 한국의 문화를 얘기할 수 없듯, 한자문화권 나라인 중국, 일본, 홍콩, 베트남, 대만을 빼고서는 수출과 관광수입도 논할 수 없다.

자랑스러운 한글이 漢字의 사용가치를 인정하여 어문정책으로 반영되어야 한다. 1960년대 말부터 한글전용화 운동에 따라 '한자교육'은 국어과목에서 분리되어 '漢文'이라는 교과가 만들어졌고, 지금은 '한문'이 필수에서 선택으로 축소되어, 그 위상이 낮아진 것이다. 한자교육은 우리 국어 안에 포함되었던 역사를 갖고 있다.

모든 학생들이 학교공부나 사회생활에 문맹(文盲) 아닌 문맹을 벗어나야 한다. 그러기 위해서는 제정된 교육용한자를 활용하자. 배우기 어렵다고 피해가는 방법보다는 우리글에 포함시켜 열린 문화로 가는 길이 바람직할 것 이다.

✍, 2013년 11월 6일 – 한국문학신문

7. 국 · 한문 혼용의 당위성(當爲性)

4천여 년 전에 만들어진 한자(漢字)는 인류가 창안(創案)한 수많은 문자가운데서도 가장 많은 사람들이 가장 오랫동안 사용해온 문자(文字)다.

세상이 짧은 시간에 너무나 혼란스럽고 화려하게 바뀌어 버린 지난 몇 십 년의 생활에서 우리는 하루가 다르게 변모해가는 언어생활과 문자 활용의 습관화를 걱정하지 않을 수 없다.

인기 있는 연예인들이나 개그맨들이 줄여 쓴 말들은 무슨 뜻인지 몰라 고개가 갸우뚱해지거나 때론 바보스럽게까지 느껴지며, 또는 학생들이 휴대폰 문자에 보내는 그림처럼 만들어진 문자는 그 출처(出處)가 어디고 국적이 어딘가(?) 하고 때론 정신이 혼미해지기도 한다.

한자(漢字) 문화권은 중국과 대만을 비롯해서 싱가포르, 베트남, 일본, 한국 등이 속해 있으며, 이 나라들은 수준 높은 문자문화(文字文化)를 갖고 오랜 세월 생활하다가 언제부턴가 서구의 물질문명이 우리들 생활 속으로 젖어들어 문자생활에 시련을 겪어가고 있다.

그 이유를 뒤돌아보면 19세기에 중국(당시 淸나라)의 국력이 쇠퇴해져 아편전쟁에서 패전국이 된 후 대혼란을 거듭해오던 중 원인을 찾아 맞추다보니 '배우기 어렵고 쓰기에 까다로운 한자와 한문사용 때문'이라고 단정하여 문자개혁운동이 시작되었다. 끝내는 중국어를 로마字로 표기하는 음문자(音文字)제정이 1958년에 그리고 1964년에는 간체자(簡體字)를 제정하여 사용하는 운동이 전개되었던 것이다.

이렇게 '한자'의 종주국인 중국에서조차 그 기조가 흔들리게 되자, 이웃 나라들은 덩달아 요동치게 되었던 것이다.

한자(漢字)는 약 5만 6천여 字(※1990년 刊行된 漢語文字典 참조)로 엄청나게 많으나, 실제 생활에서는 2,000~4,000여 字정도의 상용한자만 익히면 신문이나 잡지에 활자화된 한자의 99%가 되기에 거의 불편이 없다고 할 수 있다.

「편리;便利」라는 미명하에 「불편하거나 하기 싫은 일」들을 피해가다가는 언젠가 인간들의 이기심으로 인한 전통의 계승이 파괴되고 문화의 질적인 저하와 정신적인 척박이 후손들에게 죄를 짓는 결과를 초래할 수도 있다.

이런 인위적인 변화와 모색이 큰 흐름을 역행해 가면서 시나브로 오류를 범해갈 때 동양권의 문명과 문화는 그 뿌리가 흔들리게 될 것이다.

인간들이 만든 발명품 중 가장 위대한 것은 「문자의 창제」라고 한다. 문자(文字)는 편리한 생활도구와는 달리 인간의 사고와 정신적인 활동과 언어, 역사, 문화를 만들어가는 기록의 수단으로 쓰이면서 인간이 만물의 영장으로 되어 진 과정의 최대 공로물(功勞物)인 것이다.

세계 文字 중 유일하게 창제시기를 알 수 있는 소리글자인 훈민정음과 시각 문자인 '한자'를 함께 쓸 수 있기에 문화생활면에서는 이 지구상에서 최고의 이상(理想)국가라고 볼 수 있다. 그런데 우리의 문해(文解)능력이 부끄럽게도 세계 OECD 국가를 포함한 23개 국 중 최하위인 22위(※ 2002년 1월 동아일보 발표 참조)라고 하니, 나라의 장래를 걱정하는 많은 사람들을 우울하게 만들어 간다.

몇몇 힘 있는 사람들이나 서양교육을 받고, 교육정책을 입안하는 사람들의 주장이 여과 없이 받아들여진 것이 문제의 발단이다. 그들은 한글 전용만으로 큰 불편 없이(?) 말하고 읽는 생활을 할 수 있다는 족쇄 같은 '한글 전용론'으로 국민들을 호도하였다. 작금(昨今)의 어문정책과 어문교육은 하루라도 빨리 국 · 한문혼용 교육으로 전환되어져야만 제대로의 학습활동이 펼쳐져 심화된 교육 효과의 극대화를 이뤄갈 수 있을 것이다.

한자어(漢字語)는 교육을 받은 사람이면 누구나 알다시피 우리 민족이 수천 년 동안 사용해온 역사성, 사회성, 문화성, 철학성을 지닌 멀리할 수 없는 우리말이다. 오랜 세월동안 우리의 문화생활에 함께해 온 한자어는 우리의 생활감정 속에 깊이 뿌리내려 감성에 녹아들었기 때문에 그만큼 호소력이 크게 작용한다. 한나라의 국어는 그 나랏말로 사용하는 풍속, 습관 또는 역사를 같이하는 공동 운명체의 구성원들이 감지(感知)하는 정서가 함유되어있는 것이다.

한 시대를 함께 살아가는 지식인 또는 지성인들이여!

'한글과 한자'는 상호 보완되어 수백 년 동안 이미 나랏말로 토착화되었기에 이제까지의 편협적인 생각들을 바꿔서 아름다운 말소리 전달과 조상들의 얼을 이어받기 위해 국·한문혼용의 절대가치성을 인식(認識)해주시기 바란다.

✍. 2009년 3월 18일- 전북일보

8. 한자(漢字) 문화권 어문(語文) 생활의 현실

한국 사람이 한국어를 무시(無視)하거나 소홀(疏忽)히 할 때, 그것은 한국 사람으로서 생각이나 정서를 버리는 것이며, 나아가서 한국인임을 포기하는 것과도 같을 것이다.

글은 말을 담은 그릇이므로 그 그릇에 담을 말이 어떤 역사성을 가졌으며, 또한 어떻게 변화되었는가를 생각해봐야 한다. 말(언어)이 생각을 가다듬어 나오는 것이라면, 그 생각이 다른 생각들과 만날 때 새로운 생각에 붙여 쓰이면서 그것들이 우리들 생활에 정착되어지는 것이다.

말(언어)은 머물러 있는 것 같으면서도 쉼 없이 변화하여 또 다른 말을 만들어내는 과정의 연속이며, 그런 변화가 원칙이나 정도(正道)에서 빗나가는 우리의 현실을 들여다본다.

세종대왕이 백성들을 위해 만들어낸 세계의 으뜸이라고 자랑했던 한글이 그 원형을 잃어가면서 이젠 야릇한 상형문자(象形文字)처럼 되어가고 있다.

文字매체 중심의 근대를 넘어선 현대 사회는 텔레비전, 인터넷, 영화 등 이성(理性)보다는 감각에 호소하는 영상매체의 시대에서 인터넷 강국을 자부하는 한국에서 일어나는 국어위기의 현실이다.

무한히 열린 공간으로 퍼져나가는 텔레비전의 영향이 어쩌면 문자파괴와 언어파괴의 주범일지도 모른다. 그 정도(程度)가 위험수위를 이미 넘어선 신(新)사대주의 사상 속으로 침투하고 있지는 않았던 것일까? 하고 심히 우려된다.

국어대사전(1961년에 간행한 이희승 편)에 실린 어휘는 257,854개인데 고유어 24.4%, 한자어 69.3%(178,745개), 외래어 6.3%로 구성되어 있다. 50여 년 동안에 사회적 격동기를 겪는 동안 교육, 문화, 정치 등 제반 상황들의 변화로 심한 훼손과 변형이 이뤄진 것들을 볼 수 있다.

앞서 말한 우리말에서의 한자어가 차지하는 비중이 얼마나 뿌리 깊게 중요한 위치를 차지하고 있는가에서 우리는 한자어를 어떻게 사용하며, 어떻게 생각하고 있는가. 그리고 '한자'를 모르기 때문에 단어의 의미를 몰라 다른 사람에게 설명할 때 겪는 부끄러움과 한자음(漢字音)을 한글로 표기했을 때, 그 뜻을 전달받지 못해 생명력을 잃었던 기억을 더듬어보자.

우리말도 아직 덜 익힌 어린이들이 시대를 앞서가는 성급한 엄마들의 넘친 교육열 때문에 배워야하는 영어 학습이 제대로 되어져 갈 수 있을까?

전 국민이 영어를 잘하는 방글라데시, 필리핀, 인도 같은 나라가 아직은 문화면에서나 경제적으로 후진국이라는 굴레에서 헤어나지 못하고 있으며, 그 반대로 국민들이 영어를 잘못하면서도 자기네 국어를 세계 으뜸으로 자랑하는 프랑스나 일본 그리고 중국이 경제·문화의 강국으로 위치하고 있는 현실은 우리는 어떻게 받아들여야 할까? 그것은 이미 쓰여 진 文字는 그 민족과 떨어질 수 없는 문화유산임을 증명하는 것이다.

한자(漢字)가 한국인들의 언어문화 유산임에는 부인할 수 없는 사실이며, 의심의 여지없이 우리나라의 유구한 전래문자로 내려오고 있지 않은가.

한 종류의 문자를 2,000여 년의 긴 세월을 사용한 민족이 이 지구상에 얼마나 될까. 영국 사람들은 로마문자를 자기네 것으로 만들어 사용한 수백 년 여 동안 로마자를 남의 나라 문자라고 전혀 생각하지 않는다고 한다. 이런 역사의 맥락을 짚어보더라도 한자(漢字)를 도외시(度外視)해서는 안 될 것이다.

배우기에 아무리 불편해도 학문이나 언어에 수박 겉핥기식의 문화계승을 벗어나기 위해서라도 국가와 민족의 장래를 생각하여 어차피 '한자'의 영역을 벗어나지 못할 바엔 漢字사용에 관한 교육제도를 개혁하여 현재의 체면(體面)치레보다는 미래를 위한 변화와 개선이 꼭 필요하다고 생각되기에 교육정책 입안자들에게 제안한다.

초등학교 때부터 기초한자를 약 1,000자 정도 익히고, 중학교 때까지 1,000여자를 더 익힌다면 6~9년간의 습득으로 한문자(漢文字)들이 어렵게 느껴지지 않을 것이며, 학교수업을 받을 때도 문장의 이해도가 높아져 점차 학습에 흥미가 유발될 것이다.

✍. 2009년 5월 14일 – 전북일보

9. 漢字의 문맹은 국어발전의 저해(沮害) 요인이 된다.

한국어 구사(驅使)는 서투른 사람이 영어를 잘했을 때, 그 사람이 얻어내는 소득은 삶의 질적(質的)인 면에서 얼마만큼의 높이로 올라가게 될까?

아마도 알고 있는 지식수준의 반절 효과밖에 얻어내지 못할 것이다. 번역이든 통역이든 한국어와 외국어 사이의 의사소통이 원활(圓滑)하게 될 수 없으며, 문제는 상대와 즉 그 책을 읽는 독자(讀者) 또는 대화를 나누는 사람과의 의미 해석(解析)이 다를 때, 돌출(突出)되는 문제가 발생되기 때문이다.

국어를 잘 하려면 우리말 70%에 해당하는 漢字語인 한문자(漢文字)를 모르고서는 의사전달과 어의(語義) 해석이 불가능할 것이다.

1970년 대 以後의 초 · 중등 교육을 받은 젊은 세대들은 漢字를 「낫 놓고 기역자도 모르는 한글의 문맹(文盲)과 똑같은 처지(處地)에 이르렀다」 고 본다.

즉 성씨(姓氏)로 쓰이는 「金」 을 놓고 무슨 '김字'냐고 물었을 때, 「쇠 김」 字라고 답하는 예(例)를 흔히 접했을 것이다. 이러다 보니, 우리 젊은이들은 漢字를 공용해왔던 교육을 받은 부모들 세대(世代)와의 정신적, 지적, 유산에 접근하기가 그리 쉽지만은 않았다.

이 때문에 父母世代와의 의사소통(疏通)은 말이 아닌 글로 주고받는 고급지식(高級知識) 또는 문화유산의 전수(傳受)가 불가능해져갔다.

젊은이들이 이렇게 漢字에 취약하다보니, 배우는 사람이 이해가 덜 되어 말의 뜻을 되물었을 때, 얼버무리고 넘어간다. 그런 행위는 후배나 손아래 동생들에게 지적수준(知的 水準)을 의심(疑心)받을 수밖에 없다.

혹시 그 단어가 영어였다면 당황(唐慌)하지 않고 대답했을 수도 있었을 것이다. 이런 후유증(後遺症)은 세대 간에 정신적인 대화의 단절(斷絶)이 되는 단초가 되며, 古典에 수록된 소중한 문화유산들이 먼지 속에 묻히게 될 수밖에 없었던 것이다.

자세하게 그려진 지도를 손에 넣었을 때, 목적지를 쉽게 찾을 수 있는 것처럼 漢字를 숙지(熟知)했을 때, 옛 부터 근대에 이르기까지 동양의 유구한 정신문화가 서양의 물질(物質)문화에 뒤지지 않았을 것이다. 그 근간(根幹)에는 漢字의 기록이 조상들의 전통유산(傳統遺産)을 이해하는데 커다란 공헌을 했던 사실로 증명되는 것이다.

19세기에 들어와 생활에 필요한 서양의 물질문명이 점차 동양의 정신문화를 밀어내왔다. 밀리게 된 원인을 漢文字는 「쓰고 익히기가 어렵다.」 고 생각해왔고, 새로운 이념을 가진 세력들이 또 다른 세력을 형성하기 위해 낡은 유산이라고 몰아붙였기 때문이다. 19세기 중반(中盤) 즉 독립 後에 우리 정부가 안정을 찾지 못하고, 혼란과 혼돈(混沌)의 상황에서 사회 기강들이 흔들리는 어지러운 틈을 이용하여 漢字 폐지론(廢止論)이 점차 고개를 들게 되었다.

❀.한자 급수 시험(漢字級數 試驗)이 주는 자신감(自信感)

말과 글은 생각을 기록하는 것만으로 그 임무를 마치는 것이 아니라, 내포(內包)된 뜻을 상대에게 정확하게 전달해야만 그 가치가 있는 것이다.

우리는 지금 지구촌(地球村) 시대를 살아가고 있는 250여 國이 하나의 마을처럼 멀고도 가까운 나라가 되어, 우리나라에서 일어난 모든 일들이 몇 시간 또는 몇 분 만에 전세계(全世界)로 퍼져나가는 시대에 살고 있다.

100여년 아니, 40~50년 전 만해도 미국이나 유럽까지 그 소식이 전달되기까지는 20~30여 일이 걸렸던 것들이 이젠 옛 이야기가 되어버린 체, 모든 것들이 세계화(世界化)가 되어있다. 즉 시간과(世의 뜻) 공간을(界의 뜻) 초월한 시대를 살아가면서 어느 한쪽으로만 치우쳐 살아가다보면 자신도 모르게 뒤떨어질 수밖에 없다.

무한히 열린 공간(空間)으로 펴져나가는 텔레비전의 영향이 그를 증명한다. 방송매체(放送媒體)의 좋은 점은 모든 것을 편리하게 하고, 빠르게 하지만 어쩌면 그 속에 담겨진 것들에서 언어파괴의 정도(言語破壞의 程度)가 훗날을 걱정하게 하는 위험요소(危險要素)가 내포되어 있다.

흔히 회자(膾炙)되는 아날로그(Analog)와 디지털(Digital)의 개념에서 무작정(無酌定) 디지털화 되는 것을 최고로만 여긴다면 그것은 편향된 정보주의(情報主義)로 빠지는 것이며, 본래 인간들의 사고는 아날로그에 가까운 것이었다는 사실을 기억해야만 한다.

21세기를 살아가는 현대인들은 일상적인 언어생활에서나 표기를 할 때 편리하고도 빠른 것들에게 모두를 걸고 있다. 생활에서의 완급과 경중(緩急과 輕重)은 매우 필요하며, 시간이 없어 급하게 일을 처리했을 때 분명 잘못된 것들이 불거져 나올 수밖에 없다.

글자란 말하는 사람의 의사를 정확하게 전달하기 위해서 있는 것이다. 例를 들어 「사람은 정도를 벗어나서 살아가면 안 된다.」 고 할 때 그 정도가 「正道(바른 길)인지 程度(알맞은 한도)」 물론 문맥(文脈)으로 보아 앞의 正道인 것은 分明하나, 글의 뜻을 잘 모르는 사람은 고개를 갸우뚱할 수밖에 없다.

WBC(세계 베이스볼 클래식) 대회에서 한국이 멕시코와 대전(對戰)하여 3연패 했다고 하자. 이때 동생으로부터 무슨 뜻이냐고 물어온 질문을 받았는데, 連敗(계속해서 졌음.)의 뜻인지, 連覇(계속 이김)의 뜻인지 몰랐을 때, 당신의 얼굴빛은 어떠했을까?

읽기는 쉬었으나, 내포된 뜻을 알기까지는 다른 사람의 힘을 빌리든지 아니면 국어사전(國語辭典)을 펼친 뒤 '아 그렇구나!'로 매듭지을 것이다.

'말은 글이 아니어도 되고, 글은 말이 아니어도 된다.'고 믿는 생각들이 잘못된 것이다. 나는 中·高 교사를 거친 뒤 大學에서 10년을 넘게 강의하다 다시 고등학교의 관리자가 되어 돌아왔다.

2004년 9월부터 전라북도 全州에 있는 全北女高(前 우석여고)에 근무하면서 나름대로 교육관(教育觀)을 소신껏 펼치고 있다. 반드시 어떤 사항이나 연간교육 계획안(年間 教育 計劃案)을 반년 前 또는 일 년 前에 예고해왔고, 그동안 토론을 충분히 거친 뒤 합의를 이끌어 냈다.

그 例로 2005학년도 학교운영(運營)계획안을 발표하면서 다음 해에 실시하는 학교長의 3대 지표 中 하나인 '漢字 4급 以上 資格證'취득을 (1, 2학년 대상으로) 예고했을 때 상당한 반대(全 교직원의 약 60%정도) 의견들이 나올 수밖에 없었다.

그 이유로는 입시준비로 인한 시간의 부족, '漢文 교사'의 不足, 漢文科目이 차지하는 比重 등 (국어교과에서도 漢文은 크게 예우 받지 못하고 있음) 다양한 의견들을 수합해 본 후 하나하나 서두르지 않고 추진해갔다. 시간의 경과에 따라 70여%의 동의를 얻어내는 데는 많은 땀을 흘려야 했다.

전교생 30학급의 1,000여 명 중, 대상을 1, 2학년으로 한정(限定)했으며, 기간은 礒학년 1학기부터~ 2학년 1학기 말'까지로 했다.

급수(級數)를 획득한 학생은 수행평가에 반드시 점수를 반영(反影)하고 성적우수(優秀)학생에게는 급수(級數)별

고득점(高得點) 3위까지 운동장 조회 때 시상을 하겠다는 약속과 더불어 드디어 2006년부터 한자급수시험(漢字級數試驗)에 응하도록 교사와 학생들을 설득했으며, 당해(當該) 연도에는 214명이 (2급~4급) 응시(應試)해 80%선의 171명이 좋은 성적으로 級數를 얻어냈고, 그 다음해는 3회에 걸쳐 452명이 응시해 361명(79.8%)이 2008년에는 2회에 걸쳐 547명이 응시해 88.3%인 483명이, 금년도에는 이미 3회 예정으로 1, 2학년 760명 중 80%에 해당하는 600여명이 급수시험 준비를 하고 있다.

❀. 高等學校에서의 漢文敎育의 현주소(現住所)

級數試驗을 따로 준비하는 것이 아니고, 주당(週當) 1시간 밖에 안 되는 수업과 자율학습(自律學習) 1시간 합계 週 2시간으로 어려운 漢字級數試驗을 준비하기에는 더군다나 인문계(人文界) 고교에서는 수학능력 시험과목(修學能力 試驗科目)에서마저도 빠져있는 현실로 보아 상당한 부담이 되고 있는 현실이다.

그러나 漢文 교사와 자율학습을 지도해주시는 선생님들의 열정과 지도가 좋은 성과(成果)를 거둘 수 있는 원인이 되고 있으며, 또한 많은 학생들이 수업을 부드럽게 받기위해 특히나 국어과목(國語科目)의 이해를 돕는데 많은 성과를 거둔다는 사실을 선배들로부터 들은 후에 해가 거듭될수록 그 숫자가 늘어가고 있다.

2급에 도전(挑戰)하는 학생은 드문 편이고, 1,800여 자의 습득(習得)으로 해낼 수 있는 3급의 도전은 해마다 증가(增加)되는 추세에서 학생들의 이야기 중 '좋은 점'을 종합해 보면.

첫째; 漢字를 익히면 國語 科目은 말할 것도 없고 난해(難解)한 윤리 및 타과목(他科目)을 이해하는 정도(程度)가 높아져 가고,

둘째; 교과서의 어휘력, 사고력(語彙力, 思考力) 또는 문제의 핵심을 파악하는데 큰 도움이 되므로 성취도(成就度)가 높아지며,

셋째; 교과서의 문장 또는 단어의 이해가 빨라 예전에는 별 흥미(興味)가 없던 과목까지 흥미가 유발(誘發)되며,

넷째; 全州市內 고등학교에서는 우리학교만 시행(施行)하는 아침 10분독서와 신문(新聞) 읽고 사설(社說)쓰기에 재미가 붙어가고,

다섯째; 대학진학 학과(大學進學 學科) 선택을 하는데 국문학(國文學)이나, 중국어 또는 일본어를 전공學科로 선택(選擇)했을 때 큰 도움이 되며,

여섯째; 급수합격 자격증취득 時에 대학입시 전형에서 가산점(加算點)을 받을 수 있는 현실에서의 직간접적(直間接的)인 도움을 받고 있다는 사실(事實)이다.

'아쉬운 점'으로는

첫째; 하루 수업량의 과다(過多)로 보충수업과 자율학습을 포함하여 (하루 평균 12시간 內外) 漢字級數試驗 준비에만 전력할 수가 없으며,

둘째; 어려서부터 배웠더라면 자전(字典)을 찾는 방법도 알았을 것이며, 치음부터 머리가 덜 아팠을 텐데 두렵기도 하고 너무나 어려워 쉽게 다가서지 못한다.

셋째; 단어의 뜻을 잘 모르더라도 시험문제(試驗問題)풀이 또는

선생님의 수업을 듣는데 별 지장 없이 대충 넘어가진다.

10여 년 전에 부산(釜山)에 있는 D대학에서 漢字쓰기를 시험해봤는데, 新聞이나 책을 읽어가는 일은 더듬거리면서라도 10개 중 3~5개는 읽어가지만 그 단어를 漢字로 쓰는 데는 문제가 있었다.

「동서남북」 네 글자를 漢字로 쓰는 사람들은 열 명 중 1.5명이었다고 한다. 요즘 대학생들의 교재(教材)를 볼 때, 영어문장(英語文章)을 보았을 때는 상당한 실력을 갖고 있지만, 한글로 쓴 漢字語의 제목은 의미를 모른다. '국어개론國語概論'이 있다고 하자. 「개론」의 뜻을 漢字를 모르고선 알 리가 없다.

우리말에는 순수우리말인 고유어가 있고, 漢字로 만들어진 漢字語가 있다. 漢字로 만들어진 漢字語를 한글로 적었다고 해도 그 뿌리는 漢字이기 때문에 漢字를 아는 사람과 모르는 사람은 國語의 개념 이해와 사고의 감정(思考의 感情) 표현에서 상당한 정도의 차이(程度의 差異)가 있을 것이다.

대학생들에게 자기가 다니는 '교명;校名'을 英語로 쓰라고 했을 때와 漢字로 써보라고 했을 때, 그들이 어떤 문자(文字)를 사용했을 것인가는 분명하게 답이 나올 것이며, 왜 그래야만 했던가? 에서 무엇을 생각하고 혹여 반성해야 할 점은 없을까?

요즘의 사회분위기(雰圍氣)에서 보듯이 유아 때부터 英語를 배우고 있지만, 漢字 또는 우리말의 단어를 알고 쓰려 하지 않는다.

학교에서도 단어 뜻풀이를 하는 國語時間은 없어진지 오래다 그러다보니, 그들이 사용하는 언어가 어순도 어법(語順도 語法)도 맞지 않는 이유가 어려서부터 습관화(習慣化)되었기 때문이다.

사람들은 말한다. 금세기에 들어서는 서양의 물질문명의 커다란 축(軸)이 동양의 정신문화(精神文化) 쪽으로 이동(移動)하고 있다고.

더불어 漢字文化圈의 발상지(發祥地)인 중국이 세계 강대국 반열(强大國 班列)에 올라서 국제적 위상(位相)과 함께 상당한 영향력을 발휘할 것이라고 한다. 우리는 여기서 잠깐 생각해 볼 일이 있다.

우리가 사용하고 있는 '漢文字와 國語'그리고 中國과의 관계가 '英語와 國語'와 美國과의 不可分의 관계 못지않게 중요한 맥락(脈絡)으로 이어갈 것이다.

❀. 맺는 말

적잖은 지성인(知性人)들이 이미 선행(先行) 방법들을 제안(提案)했지만, 다시 한 번 구태의연(舊態依然)한 생각이 아닌, 교육 현장에서 반드시 필요하다고 느끼기에 '한자 조기교육(漢字早期敎育)의 당위성'을 주장한다.

첫째, 초등학교 3학년 때까지는 300여 字, 6학년 때까지 1,000여 字, 중학교 때까지는 2,000여 字를 꾸준하게 교육시킨다면, 늘 보고 듣고 익힌 습관으로 漢文敎育에 싫증을 느끼지 않을 것이며, 어렵게도 생각하지 않을 것이다. 그 익히게 하는 교수(敎授)방법의 연구도 곁들여야 한다.

무조건(無條件) 외워오라고 했을 때의 부담감을 덜어주려면 글자의 형성과정이나 구조방법(形成科程이나 構造方法)을 쉽게 풀이해야만 기억이 오래 갈 것이며, 사교육(私敎育)의 대명사가 된 英語학습처럼 반복(反復)학습만이 내 것으로 만들어내는 가장 좋은 방법일 것이다.

둘째, 초 · 중등 모든 교과서에 2,000여 字 내외의 국한문 혼용(國漢文 混用)을 주장한다. 이런 주장이 부당(不當)하다고 생각하는 사람들은 우리들의 고유(固有)문화유산을 버려가면서 서구(西歐)의 것들에게만 박수를 보내는 편견(偏見)을 갖는 성향(性向)일 게다.

필자(筆者)는 지난 3월에 全北地方의 대표 新聞인 「전북일보」에 「國·漢文混用 꼭 必要하다.」라는 제목으로 '칼럼'을 쓴 적이 있다. 중 · 장년(中 · 壯年)들로부터 격려와 함께 '그런 내용의 글을 너무 늦게 쓰지 않았느냐?'는 꾸중(?)도 들어야 했다.

고유어만이 순수국어는 아니다. 한글이 사용된 지, 560여년보다도 훨씬 오래인 2,000여 년간 쓰여 온 漢字가 왜 중국문자(中國文字)라는 겉옷을 입어야하는가?

영어권(英語圈)의 국가들이 로마자를 외국문자(外國文字)라고 생각하지 않는 것처럼 우리도 '한글과 國語''漢文字와 國語'를 따로 생각하지 말아야 하며, 아름다운 우리말 구사(驅使)를 위해 그 의미와 감정을 살리는 길이 '國語 발전發展'에 초석(礎石)이 된다고 지식인(知識人)들 또는 어른들은 후손(後孫)들에게 가르쳐 주어야 한다.

셋째, 서구(西歐) 교육을 받은 교육자들, 그리고 몇몇 권력을 쥐고 있는 사람들의 힘으로 국어교육의 기조(基調)가 뿌리째 무너져 가지 않을까하고 우려(憂慮)를 한다.

현재 시행되고 있는 교육 정책(政策)을 최소한 5년 以上을 실시해 본 후에 부족(不足)하거나 잘못된 점은 개선·보완해야만 차질 없는 교육이 이뤄진다고 생각되기에 교육정책 입안자(立案者)들은 정권교체(政權交替) 또는 장관(長官)교체시마다 전부를 새롭게 바꿔야만 인정받을 수 있다는 강박관념(强迫觀念)을 버려야만 2세들에게 좋은 교육을 실시했다는 평가를 받을 것이다.

「敎育은 百年大計;백년대계」라는 글귀에 눈을 크게 뜨고 귀를 기울여보자. 논리적(論理的) 표현이나 개념상(槪念上)의 정확한 표현을 하는 데는 漢字語로 보완(補完)해가고, 다양한 언어구사는 한글로 담아낼 때 후손(後孫)들에게 진정한 민족의 혼(魂)을 심어주는 길이 될 것이다.

오래된 문화유산을 우리들이 아끼고 가꾸면서 지켜나갈 때 비로소 그 가치는 더욱 빛날 것이다. 아무리 좋은 것이라도 내 것을 버리고 남의 것에만 정신을 팔리다가는 그 남의 것이 잘못될 때에는 어디에도 발을 붙여 놓을 곳이 없어져 깊은 수렁으로 빠져들 수밖에 없다.

✍. 2009년 8월 – 社)한국어문회

10. 「漢字」는 지적수준(知的水準)의 디딤돌이다.

한국어는 고유어(외래어 6.3% 포함)와 漢字語가 3 : 7의 비율로 우리말과 글의 양 날개가 되어, 수레바퀴의 역할을 한다. 한글과 漢字語는 정신세계에서의 감성(感性)과 이성(理性)이 존립(存立)하듯 고유어는 감성을 표출해내고, 漢字語는 이성(理性), 논리(論理), 개념(概念)의 표현 기능을 갖고 있기에 어느 한 쪽으로 기울어지면 말과 글의 균형(均衡)이 무너져버린다.

漢字를 모르면 구문(句文) 단위의 읽기나 이해를 요구하는 데서 불편(不便)과 어휘(語彙)의 개념파악이 힘들어지고, 그 표현이 드러내는 뉘앙스의 변화도 느낄 수 없게 된다. 거기에다 단어의 조합(組合)능력이 떨어져서 사유, 사색, 사고(思惟, 思索, 思考)의 폭과 깊이를 넓히는데 한계를 받는다. 그런데도 사람들은 漢字의 가치를 이해하려 들지 않고, 漢字를 알아야 하는 이유를 모른다.

역사의 흐름에 따라 정치, 사회, 경제, 문화, 교육 등 모든 분야에서 시대적 요구는 달라진다. 외세(外勢)의 억압에서 강한 민족적 자부심(自負心)을 내세우려다보니, 역사와의 단절이 필요했기에 한글전용을 주장했는지도 모른다.

1971년 1월 1일부터 漢字교육을 전면 폐지시켰다. 당시는 한글전용이 곧 애국이라는 편협(偏狹)한 논리의 광풍(狂風)이 몰아친 결과였다. 그러나 20세기 末의 국력과 경제발전을 바탕으로 東西균형의 틀이 달라지면서 자부심과 단절의 요구보다는 열린 문화의 교류가 국익(國益)에 도움이 될 것이다.

그 당시 오지호화백은 '알파벳 문명의 증언'이란 책에서 "국어에 있어서 漢字語란 외국어나 외래어 또는 차용어(借用語)가 아니라, 그것이 바로 국어라는 사실"이라고 지적했다. 사유(思惟)의 세계를 표현하는 것의 거의가 漢字語인데, 그 모태(母胎)인 漢字를 가르치지 않는다면 심각한 위기가 올 것이라고 역설(力說)했다.

漢字는 의미와 사유(思惟)의 세계로 이끄는 言語이자 디딤돌이다. 우리가 사용하는 말 즉 국어에서 思惟와 관계되는 단어의 거의가 漢字語라는 사실이다. 넉넉하고 넓은 '思惟의 바다'는 "창의적(創意的)인 세계와 연결해주는 매우 아름다운 공간(空間)이 되어준다.

21세기에 들어와 한자문화권 국가들과 교역(交易)이 활발해지면서 대기업들이 (금호 아시아나 그룹, 현대중공업, 삼성그룹, 두산그룹 등) 신입직원 공채과정에서 대학의 학점 기입란을 없애는 개혁적인 파격(破格)을 보이면서 '漢字시험'을 필기시험에 포함시켰으며, '한자능력 자격증'소지자(所持者)들을 우대 하고 있다.

요즘 젊은이들이 개념이 없다는 말을 자주 듣는다. 상대방을 배려할 줄 모른다는 것이다. 너무나 빠른 속도로 발전하고 있는 디지털시대가 되었기 때문이리라. 時間과 空間이 하루가 다르게 좁혀지면서 사람냄새를 느껴야 하는 '배려(配慮)와 양보(讓步)'가 언제부터인가 우리들 곁에서 멀어져 가고 있다.

한자교육을 받지 않은 대학생들에게는 차라리 영어로 된 원서(原書)가 이해하기 어려운 漢字語의 번역서(飜譯書)보다도 더 쉬울지도 모르는 현실이 우리의 슬픈 자화상(自畵像)이다. 세계화의 광풍이 휘몰아치는 오늘날 영어구사 능력은 두 말할 것도 없이 중요하지만 그것만이 생존의 필요충분조건은 아닐 것이다.

지식의 수준이나 아이디어의 빈곤(貧困)은 남들의 정신적인 창조물을 거리낌 없이 흉내 내는 '짝퉁'만을 양산(量産)할 것이다. 우리나라의 국보(國寶) 90%가까이가 불교의 유산물이며 신라, 고려, 조선을 이어온 전통문화다. 전통문화는 漢字語로 이어져 왔다. 문화의 전통은 영감(靈感)과 독창적 아이디어의 원천(源泉)이 되며, 문화는 돌고 돌아가는 것이다.

세계화의 물결에 동승하는 길에서 漢字를 쓰고 읽을 줄 아는 것만으로도 이웃인 중국과 일본에서는 30%정도의 문맹(文盲)을 면할 수 있다고 한다. 일본어의 가나문자는 漢字에서 파생(派生)되었고, 근원지는 漢字인데도 그들은 문화생활이나 2세들의 교육에 아무런 탈이 없다.

어휘(語彙)는 만들어지고 발전하고 변화하다가 소멸하는 것이다. 변화는 어떤 방법으로든 막을 수 없듯, 알파벳은 그리스 문자에서 파생되었으며, 유럽권의 언어들 즉 독일어 프랑스어 영어 등의 기조(基調)가 되는 변화를 가져왔었다.

이런 맥락에서 볼 때 漢字의 조기(早期) 교육은 잃는 것보다는 얻는 것이 더 많을 것이다. 한자교육을 다시 시작하는 것은 문화와 지식과 정보가 소통하는 사회로 가는 길의 징검다리가 될 것이다. 한글 전용과 국한문혼용(混用)을 둘러싸고 벌어지는 해묵은 논리전(論理戰)은 늦었지만 멈춰야할 때가 되었다. 한글을 바탕으로 하여 漢字語의 현존 가치를 인정하여 어문정책에 반영시키는 방법이 바람직한 정책이다.

다양한 삶의 영역에서 포괄적인 선택만이 끝까지 살아남을 것이다. 다시 말하면 특정인들의 좁은 식견(識見)이 조급하고 덜 익은 판단이 되어 전 국민을 호도(糊塗)해 왔다.

✍. 2014년 5월 28일-한국문학신문

✍. 한국 문단(文壇)의 돌연변이 李箱(이상) Ⅰ.

1. 불행한 식민시대의 天才 작가

詩人이며 소설가였던 이상(李箱)은 신(神)을 살해하고 난 다음의 인간이 함몰(陷沒)한 거대한 심연(深淵)이라고 할 수 있으며, 그 심연 속에서 헤어나고자 허우적거리다가 죽은 '이상'이라는 한국문단의 鬼才, 그가 못 다한 작업은 그 후 세대들에게 숙제로 남겨졌으니, 그것은 우리가 아직도 그 「근대의 초극(超克)」이라는 작업을 충분히 성취했다고는 말할 수 없기 때문이다.

이래서 '이상'의 작품들은 지금도 많은 문제를 일으키고 있으며, 또한 한국문학의 가장 특색 있는 유산으로 계승되어 갈 것이다.

그는 한국의 하늘에서 반짝이다가 사라져버린, 아니 아직도 반짝이고 있을 것 같은 불멸의 성좌(星座)이기에 후학들을 위해 그의 부분적인 기행(奇行)과 문학을 살펴 보고자 한다.

1933년 늦여름철의 어둑어둑해질 무렵의 어느 날 '구본웅 화백(具本雄 畵伯)'을 졸라서 술집으로 가던 길에 우연히

'양백화(梁白華)'가 앞장을 서고, '구본웅화백과 이상'이 그 뒤를 따르게 되었다. '양 화백'의 뒤에서 걷던 '이상'이 「이 꼴을 좀 보아, 참으로 기막힌 곡마단(曲馬團)이 왔다고 애들이 구경삼아 따라 다닐 것 같다고.」 껄껄 웃으면서 자기들 세 사람을 가리켰다.

그 사나이는 자신이 생각해도 일행의 몰골이 우스꽝스웠 던 것이다. 白 단화를 신은 구레나룻의 사나이가 '이상(1910~1937)' 이고, 불구의 몸에 중절모를 걸친 이가 화가 '구본웅'이었다.

겨울에는 백(白)구두를 신고 다니고, 여름에는 겨울코트를 입는 보통사람들이 이해하지 못할 기상천외의 행동을 아무렇지도 않게 생각하는 그는 또 세수(洗手)는 며칠에 한 번씩 하나마나 하고, 正午인 12시 안에 일어나 본 일이 거의 없는 생활에서 갑작스럽게 덜 어울릴 것 같은 나비넥타이를 매고, 술집에 나타나는 기행 청년이 '이상'이었다고 한다.

불과 27세에 요절(夭折)한 '천재작가 이상.'그는 불행한 식민지 시대에 돌출(突出)한 모던 보이(modern boy)로 그의 등장 자체가 한국 현대문학 사상 최고의 스캔들이었으며, 알쏭달쏭한 아라비아 숫자와 기하학(幾何學) 같은 기호의 난무(亂舞), 건축과 의학(醫學) 전문용어의 남용(濫用), 주문(呪文)과도 같은 해독불능의 구문들로 이루어진 시어(詩語)들, 자의식(自意識)이 정도를 넘어간 과잉(過剩)상태의 인물들, 도저(到底)한 퇴폐적인 소재들을 차용이나, 고의적인 띄어쓰기의 악질적인 거부, 위트와 패러독스(Paradox-역설. 奇論)로 점철된 국한문 혼용의 소설(小說)들, 그의 모더니즘(modernism)과 非일상적 기행들은 그가 일으킨 스캔들의 원소를 이루었다.

본래 '이상'의 姓은 강릉(江陵) 김 氏이고, 이름은 해경(海卿)이며, 그는 한일합방(韓日合邦)이 되던 해인 1910년 음력 8월 20일 서울 사직동에서 태어났다.

부친은 구한말(舊韓末) 궁내부 활판소(宮內府 活版所)에서 일하다가 손가락 세 개가 절단된 뒤 이발소(理髮所)를 경영하던 김연창(金演昌)이며, 해경은 다섯 살 되던 해 총독부 상공(商工)과 기술관직에 있던 백부(伯父) 김연필(金演弼)의 양자로 입양된다.

해경은 8세 때 인왕산 밑에 있던 신명학교(神明學校)에 취학 연령을 훨씬 넘긴 아이들과 함께 입학했는데, 입학생 중엔 스무 살짜리 어른도 끼어 있었다.

그 당시 교과목은 조선어, 일본어, 산수, 지리, 수신, 체조, 도화, 習字로 이루어졌으며, 해경은 지리와 도화에 뛰어난 소질을 보였고 체조는 병적으로 싫어했다고 한다.

해경의 그림에 대한 소질은 화가 '고 의동'이 미술교사로 재직하고 있던 보성고보에 진학하면서 나타났으며, 교내 미술전람회에서 「풍경」으로 1등 상을 받았던 해경은 훗날 조선미술전람회에 「자화상」을 출품하여 입선하기도 했다.

'이상'에게는 '이상'다운 일화가 구전(口傳)되고 있다. 그가 다니던 직장이 건축과 직속상관인 과장이 언제나 봉두난발(蓬頭亂髮)로 출근하여 담배만 하루 종일 피워대는 '이상'에게 아무리 주의를 주고, 잔소리를 해도 여전히 무사태평(無事泰平)한 그에게 어느 날 긴급한 서류라면서 산더미 같은 일거리를 맡겼다. 일본인 과장은 게으름뱅이가 서류를 제대로 정리하리라고는 애당초 꿈에도 기대하지 않았던 것이다.

그렇다면 왜 맡겼을 까? 그 까닭은 그 일을 못해냈을 때, 그것을 구실삼아 해직시키고자 하는 꿍꿍이 계획이 세워져 있었던 것이다. 그런데 놀랍게도 단 이틀 만에 완결했다고 한다. 그것도 틀린 곳 하나 없이 완전하고 깔끔한 일처리 능력에 놀란 그 과장은 그 뒤 자기가 영전(榮轉)하여 자리를 옮기는 곳마다 데리고 다니면서 그의 영리함을 자랑했다고 한다.

'이상'의 시(詩)가 최초로 활자화된 것은 1931년이며, 1929년 3월 경성고공(京城高工)의 졸업과 함께 봉급 55원을 받는 조선총독부 건축과 기사(技士)로 들어간 '이상'은 그해 12월 조선건축학 誌인 「조선과 건축」 표지 도안 현상모집에서 1등으로 당선한다. 바로 그 「조선과 건축」 1931년 7월호에 「이상(異常)한 가역반응(可逆反應)」등을 발표한 것이다.

✍. 2010년 5월 10일 -원광보건대학신문

✍. 한국 문단(文壇)의 돌연변이 李箱(이상) Ⅱ.

2. 알쏭달쏭한 그의 詩

해경이 '이상'이라는 필명(筆名)을 쓰기 시작한 연대에 대해서는 몇 가지의 說이 있다. 하지만 이미 1929년 경성고공 졸업앨범에 '이상'이라는 필명이 등장한다.

고공(高工) 시절 건축공사장에 나갔을 때 人夫의 우연한 호칭의 오류(誤謬)로부터 비롯되었던 것으로 추측된다.

1933년 伯父의 양자로 입양되고 난 지, 23년 만에 가족과 합쳤으나, '이상'은 불과 보름을 견디지 못한다. 백부(伯父) 유산으로 청진동 조선광무소 1층을 전세 내어 「제비」 다방을 개업하고, 백천의 온천 여행 중에 만났던 술집 여급 출신 '금홍'을 불러와 마담에 앉힌 뒤, 두 사람은 동거(同居)를 시작했는데, 그때 '금홍'은 겨우 스물 한 살이었고, '금홍'의 눈에 마흔 살이 넘은 것으로 비쳤던 '이상'은 사실은 스물 세 살이었다.

'이상'은 어디엔가 「나는 추호(秋毫)도 틀림없는 만 25세 11개월의 홍안미소년(紅顔美少年)이다. 그렇건만 나는 노옹(老翁)이었다.」 라고 썼다.

그때 찰나적인 행복 속에 있던 이상(李箱)은 「우리 內外는 참 사랑했으며, '금홍'이와 나는 서로 지나간 일은 묻지 않기로 하였다. 내 과거래야 무엇이 있을 까닭이 없고, 말하자면 내가 '금홍'이의 과거를 묻지 않기로 한 약속이나 다름없다」 라고 말했다.

「제비」 는 당대 일급문인(一級文人)들이었던 이태준(李泰俊), 김기림(金起林), 정인택(鄭人澤), 윤태영(尹泰榮), 조용만(趙容萬) 등이 즐겨 찾았다. 하지만 「제비」 다방(茶房)의 경영은 여의치 않았고, '금홍'은 외간(外間) 남자들과 바람을 심하게 피웠다.

'이상'은 「나는 '금홍'이의 오락(娛樂)을 돕기 위해 가끔 P군(아마도 박태원)의 집에 가 잤다.」 고 고백하기도 했다.

'금홍'의 빈번하고 복잡한 남자관계를 방임하던 '이상'은 때로는 '금홍'이의 난폭한 손찌검에 몸을 무방비(無防備) 상태로 내던지기도 했으며, 부실하게 운영된 「제비 」다방도 결국은 운영난으로 1935년 9월 두 해만에 문을 닫게 된다.

「박제(剝製)가 되어버린 天才를 아시오? 나는 유쾌하오. 이런 때는 연애까지 유쾌하오.」 로 시작하는 「날개」 는 바로 '금홍'과의 동거(同居)에서 얻은 체험(體驗)에서 건져진 작품이며, 조광(朝光)에 그의 대표작 <날개>를 발표한 후 主로 단편을 쓰는 소설가로도 활동했다.

1934년 여름 조선중앙일보의 학에 문예 부장이던 '이태준'의 발탁으로 '이상'은 「오감도(烏瞰圖)」 연작을 발표한다.

30회 연재로 기획된 「오감도」 는 7월 24일부터 8월 8일까지

15회 동안 나갔는데, 그 시(詩)가 나가자마자, 신문사 안팎에서는 난리가 났다.

결국 「오감도」의 연재는 15회로 끝을 맺었으나, 「오감도」가 나가는 동안 사표를 안주머니에 넣고 다니던 '이태준'은 그 사태(事態)를 다음과 같이 전했다.

"'이상'의 「오감도」는 처음부터 말썽이었어. 원고가 공장으로 내려가자 문선부(文選部)에서 「烏瞰圖」가 鳥瞰圖(조감도)의 오자(誤字)가 아니냐고 물어왔어. '오감도'란 말은 사전(辭典)에도 나오지 않고 듣도 보도 못한 글자라는 것이야. 겨우 설득해서 조판을 교정부로 넘겼더니, 또 거기서 문제가 생겼어. 나중에 편집국장에게까지 진정이 들어갔지만 결국 詩는 나갔어. 그 다음부터는 또 문제였어. 「무슨 미친놈의 잠꼬대냐」, 「당장 신문사에 가서 '오감도'의 원고뭉치를 불살라야 한다.」, 「'이상'이란 작자를 죽여야 한다. 신문사에서 격렬한 독자투고와 항의들이 빗발쳐 업무가 마비될 지경이었지.」"

당대(當代)의 사람들에게 모독당했던 「오감도」의 연작은 그 뒤 구태(舊態)의 한국문학과는 차별화된 새로운 모더니즘(modernism-현대사상. 근대사조) 문학의 진경(珍景)을 보여준 「앞서간 문학」으로 '이상 문학'을 한국문학사에 확고하게 자리매김하는 역작으로 평가된다.

「제비」다방의 파산(破産) 이후 '이상'은 종로에 다시 「69」라는 다방을 냈으나, 모두 실패했다. 그 무렵 이화여전(梨花女專) 文科를 나와 단편소설과 수필을 발표한 바 있는 인텔리 여성 '구본웅'의 배다른 동생 변동림(卞東林)을 만나

1936년 10월 17일 '동림'과의 짧은 시간의 신혼생활에 종지부를 찍은 '이상'은 11월에 오래 전부터 별러오던 도쿄 行을 급격히 결행한다.

도쿄에서 고독과 병고와 싸우며 「종생기」, 「실화」, 「권태」, 「슬픈 이야기」, 「실락원」과 같은 소설과 詩들을 썼으며, 이후 폐결핵의 악화로 병원에 입원했다.

훗날 화가 김환기(金煥基)의 아내가 되어, 김향안(金鄕岸)으로 살았던 '동림'이 소식을 듣고 도쿄로 급히 건너온 4월 17일 새벽 4시에 '동림'의 품안에서, 한국문학의 돌연변이(突然變異)였고, 이단아(異端兒)였던 이상(李箱)은 황음(慌淫)과 일탈(逸脫)의 기행(奇行)으로 얼룩진 27세의 생애를 마감했다.

「레몬 향기가 맡고 싶소. …」가 요절한 천재작가 '이상'의 입에서 흘러나온 地上에서의 마지막 말이었다.

※. 이 글은 '작가로서의 李箱의 생애'를 탄생 100주년에 즈음하여 요약한 小考다.

✍. 2010년 6월 10일 – 원광보건대학 신문

河雲 金衡中의 삶의 흔적(痕迹)

✍. 학력 그리고 經歷.

1947년 전북 고창 출생.

원광대학교에서 學士, 碩士를 마치고.

한림대학교 대학원에서 국문학 전공으로 문학박사 取得.

익산 진경여자고등학교. 이일여자고등학교 등 국어교사 12년.

원광대학교 사범대학 강사.

벽성대학 교양과 교수.(학보사 주간 역임;1995년 개교~2003년 8월 퇴직)

중국 연변 사회과학원 문화예술연구소 객원연구원(교수;.2002. 2 ~2004. 1)

전주 전북여자고등학교 교장.(2004. 9 ~ 2009. 8월)

원광 보건대학교 다문화복지과 교수.(2012년 8월. 정년퇴직)

중국 옌타이(연태)대학 외국어학원 객좌교수(2009. 3 ~ 현재)

✍. 학회 및 文壇 활동

한국 어문연구회 회원.(理事) 역임)

한국 문학이론과 비평학회 회원.(理事 역임)

한국 현대문예 비평학회 회원.

한국 漢文학회 회원.

한국 漢文敎育 연구회 회원.

한국 언어문학 교육학회 회원.

한국 문인협회 회원.

전북 문인협회 회원.(2009. 1~ 2011. 12 副會長 역임)

전북 시인협회 회원.(理事)

한국 문예연구 문학회 회원.(會長 역임)

한국 농촌 문학회 회원.(중앙 會長 역임)

전북 문학 포럼 회원.(會長 역임)

전주 문인협회 회원(理事 역임.)

익산 문인 협회 회원.

원광 문인회 회원.(副會長 역임.)

선운산 문학 마당.(편집 주간)

전북 수필 문학회 회원.

행촌 수필 문학회 회원.(副會長)

영호남 수필 문학회 회원.(理事)

한국영농신문 論說委員 역임.(2010.12~ 2012.11)

週刊 한국문학신문 論說委員.(2013년 11. ~ 현재)

月刊 국보문학 편집 고문.(2014년 1.~ 현재)

전북일보 새벽메아리 칼럼 연재.(2011. 1 ~ 6월까지)

✍. 登壇 그리고 受賞

1998년 ; 계간 「문예연구 」로 등단.(詩)

2010년 ; 격월간 「수필시대 」로 등단.(수필)

2008년 ; 한국 농촌 문학상 본상 수상.

2011년 ; 국보문학 대상 수상.

2013년 ; 馬韓 문학상 수상.

✍. 論文 그리고 著書

論語의 考察과 孔子의 人本主義.

한국 姓氏의 起源과 현황.

河西 金麟厚 考察.

開化期 한문소설 연구.

燕巖 朴趾源의 思惟體系에 관한 反省的 고찰.

金笠의 작품성향 연구. 등 다수.

☑ '多文化 교육의 방향과 문학교육의 效用性'은

2011년 10월 우즈베키스탄 니자미 사범대학 국제학술대회의 주제 발표 논문이다.

2001년 ; 애국계몽기의 신문 연재소설.(한국문화사)

2006년 ; 詩集 1. – 허수아비들의 노래.(한국문화사)

2007년 ; 칼럼집 1. – 도전하는 하는 사람이 아름답다.(한국문화사)

2009년 ; 詩集 2. – 어머니의 지게.(한국문화사)

2011년 ; 詩集 3. – 길.(신아출판사)

2014년 ; 칼럼집 2. –당신도 하고 싶었던 이야기들.(도서출판 국보)

☞. 사회활동

동이리 J · C 창립회원 兼 특우회 9대회장(1993년).

전북지구 J · C 특우회 부회장 역임(1997년).

이리 로타리 회원(1986년부터). 익산라이온스 제 1부회장 역임.

익산 경실련 상임집행위원 역임.

전북 환경연합 회원.

원광고등학교(2001년). 익산초등학교(2002년) 초대 학운 위원장 역임.

전북 국민생활체육협의회 부회장 역임(2006년 1~ 2008. 12)

원광대학 총동문회 감사. 사무처장. 부회장 역임.

원광대학 총동문회 15대 익산지부장 역임.

전북 사립중등교장 협의회 이사 역임.

원불교 은혜의 집(知的 障碍) 운영위원.(2010. 1 ~ 2012. 12)

금강방송 시청자 참여 프로그램 운영위원.(2010. 3 ~ 2012. 12)

익산문화재단 소외아동 오케스트라 기획위원.(2010. 4 ~ 2014. 현재)

결식우려 청소년 지원센터 운영위원.(2007. 7~ 2012년 12월까지)

☺. 奉仕 활동

원광 고등공민학교 교사.(夜學- 1970. 3 ~ 1972. 2)

무궁화 중학 교사.(夜學 - 1974. 3 ~ 1978. 2) - ＊2013. 9 ~ 현재)

이리 근로청소년회관 부설 교양전문대학 강사.(1990. 3 ~ 1991. 12)

아름다운 봉사단 회원.(2009년 ~ 현재)

☺. 受賞

2007년 대통령 표창.

2007년 원광대학교 총장 감사패.

2008년 대한적십자사 총재 표창.

2009년 학교법인 훈산 학원 이사장 공로패.

2009년 완주 군수 공로패.

2009년 전북사립 중 · 고 연합회 회장 공로패.

2009년 전북여자고등학교 총동문회장 감사패.

2011년 원광 보건대학교 총장 공로패.

2014년 무궁화 야학 교장 감사패.

☼. 宗教 ; 원불교(圓紀 53년에 입교.- 1969년)

法號 ; 中山(원기 94년.)으로 受與. 동영교당 초대 교도회장 역임.

※. 국기원(跆拳道) 5段 昇段.(1976년 10월) – 柔道. 合氣道. 劍道. 修練.

☺. 家族 관계

* 金完順 (아내) ; 초등교원. 명예 校監으로 정년.

* 김샛별 (長女) ; 영문학 전공. 충남대학교 졸. 박사과정 수료.

* 김나리 (次女) ; 수학 전공. 한양대학교 졸.

고려대학교 대학원 수료. 全北女高 교사.

* 김태수 (長男) ; 법학 전공. 중국 북경대학 法學院 卒業.

북경대학 光華MBA 休學中.

당신도 하고 싶었던 이야기들

김형중 칼럼집

발행처 | 도서출판 국보
발행인 | 임수홍
편　집 | 맹신형
디자인 | 박미영
등　록 | 제 324-2006-0023호

인쇄 2014년 06월 30일
발행 2014년 07월 05일

주　소 | 서울시 강동구 양재대로 114길 32 2층
전　화 | 02-476-2757 / 476-7260
팩　스 | 02-476-2759
이메일 | kbmh11@hanmail.net
홈페이지 | http://cafe.daum.net/lsh19577

값 15,000원
ISBN 978-89-93533-78-1 03800

「이 도서의 국립중앙도서관 출판예정도서목록(CIP)은 서지정보유통지원시스템 홈페이지(http://seoji.nl.go.kr)와 국가자료공동목록시스템(http://www.nl.go.kr/kolisnet)에서 이용하실 수 있습니다.(CIP제어번호: CIP2014019316)」

"이 칼럼집은 (재)익산문화재단의 2014 다이나믹 익산 아티스트 지원사업의 지원을 받아 제작되었습니다."

당신도
하고 싶었던
이야기들